日本
廣域地圖

北海道

●札幌

函館

青森

東北

中部

関東

●東京

京都

大阪

近畿

中国

四国

九州

沖繩

北

北海道
廣域地圖

稚內 11-0　稚內空港

旭川空港
旭川 7-0
美瑛 8-0
滝川
富良野 9-0

小樽 2-0
丘珠空港
札幌 1-0
夕張
定山溪 5-0
二世古 3-0
星野 6-0
新千歲空港
長万部
登別 4-0

函館空港
函館 12-0

北

紋別

紋別空港

網走
13-0

女滿別空港

層雲峽
10-0

阿寒湖
14-0

根室

釧路空港

帶廣
15-0

釧路
14-0

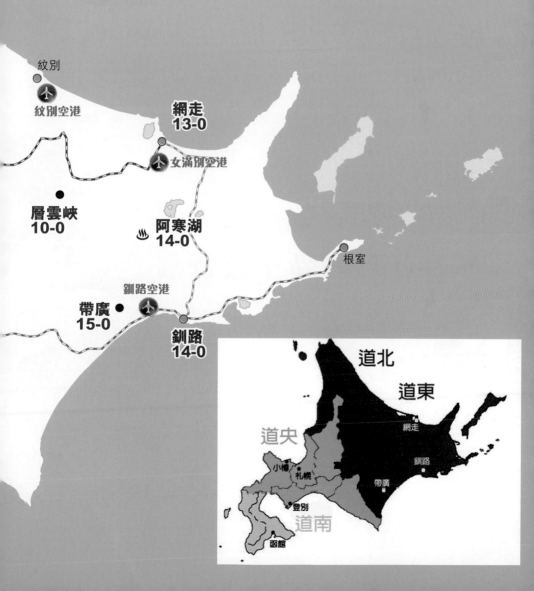

道北

道東

道央

網走

小樽

札幌

釧路

帶廣

登別

道南

函館

目錄

特集
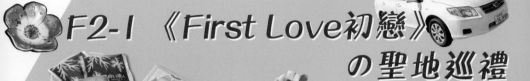

Contents

Visit Japan Web
Online service for quarantine, immigration and customs procedures

Japan.
Tax-free
Shop

北海道新事

新鮮美味聚集地 狸 COMICHI

2022年8月開業

🚗 地鐵大通駅步行 6 分鐘

「狸 COMICHI」位於札幌著名商店街——狸小路商店街，商場以北海道食材作賣點，使用路邊攤風格布置。兩層建築近20間店家，致力給遊客充分品嘗北海道各地美食。商場內除了餐廳外，還有鮮魚店及蔬果店，遊客可以在鮮魚店附屬餐廳即時料理所買的海鮮。吃過美食後，商場旁邊還有「狸神社」可以參拜求籤。如果抽到好籤，可以選擇帶回家或者綁在神社內的籤架上；如果抽到壞籤，就要綁的籤架上祈求可以逢凶化吉了。

遊客在鮮魚店購買食材，可交場內餐廳處理。

地址：札幌市中央區南 2 西西 2 丁目 5
營業時間：餐廳 11:00am-11:00pm / 產品銷售 11:00am-8:00pm（各店不同）
官網：https://tanukicomichi.com/

重建大型百貨商場 IKEUCHI GATE

2022年10月開業

🚗 地鐵大通駅步行 1 分鐘

IKEUCHI GATE 建於1949年，其後由日本著名建築師伊東豐雄操刀重建後，於2022年重新開幕。商場獨特的外觀，代表植物欣欣向榮。商場內主要以戶外用品店、時裝店為主。由於開幕時間不長，暫時商場內店家不多，但官方計劃在8層商場內開設15家零售店及10家餐飲店，相信之後會有更多不同類型店家進駐，真期待札幌又多一家大型商場給人盡情購物！

地址：札幌中央區南 1 條西 2-18
營業時間：10:00am-8:00pm（各店不同）
官網：https://www.ikeuchi.co.jp/

北海道特色名產 北海道四季 Marché

🚕 JR 札幌駅步行 1 分鐘

2022年11月開業

　　如果要買北海道手信，就不能錯過北海道四季 Marché 了。除了零食，這裡還有北海道各地特色點心及名產。店內設有「札幌農學校」和「外帶布袋」一區，札幌農學校販售 JR 札幌站限定的放牧酪農牛奶軟雪糕和忌廉紅豆曲奇，雪糕使用日高牧場的放養牛牛奶，搭配牛油雪糕筒，奶香味濃；忌廉紅豆曲奇用現烤牛奶曲奇夾著北海道產忌廉和十勝紅豆餡，香酥甜脆。外帶布袋的招牌菜—ザンギ（北海道炸雞），酥脆麵衣包覆肉汁滿滿的雞肉，帶回酒店作宵夜也是不錯的選擇。

地址：札幌市中央區北 5 条西 2 丁目 札幌 Stellar Place 1F
營業時間：8:00am-9:30pm（札幌農學校：9:00am-9:00pm）；
　　　　　　（外帶布袋：11:00am-9:00pm）
官網：https://www.hkiosk.co.jp/hokkaido-shikimarche/

『外帶布袋』的招牌炸雞。

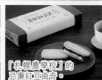

『札幌農學校』的忌廉紅豆曲奇。

娛樂與自然並存

HOKKAIDO BALLPARK F VILLAGE

2023年3月開幕

一邊浸溫泉一邊觀賞比賽的確別開生面。

地址：北廣島市 F ビレッジ
營業時間：10:00am-9:00pm（比賽日有所不同）
官網：https://www.hkdballpark.com/

🚕 JR 北廣島駅下車後，在北廣島駅西口乘坐專線，約 5 分鐘到達

冒險樂園令人期待。

　　F Village 目標是創造一個文化交流活躍的空間，與自然共存的娛樂環境。除了有棒球場，園區內還建造住宿設施、商業設施、餐廳和公寓。園內的 TOWER 11 有溫泉、混浴桑拿、飯店等設施，遊客可以事先預約，一邊享受一邊觀賞比賽。除此之外，官方還計劃稍後開放冒險樂園，利用自然環境進行高空滑索、大鞦韆等活動，是適合一家大小一起遊玩的好地方。

茶屋甜點精品三合一
SNOOPY Village 小樽店

🚗 JR 南小樽駅步行 8 分鐘

SNOOPY Village 結合了 SNOOPY CHA-YA、SNOOPY CHOCOLAT 精品店和 WOODSTOCK NEST 甜點店，是 SNOOPY 迷不可錯過的景點。新增外賣專櫃 an‧co‧an，售賣史努比燒等甜品，不只外賣亦能堂食。手信方面，除了各式明信片、手提袋、公仔等，還有小樽限定的布甸和小樽限定設計精品等，非常適合和朋友分享小樽風情回憶。

二樓是 WOODSTOCK NEST，有大量 Woodstock 精品選擇。

史努比燒有卡士達餡、紅豆餡及季節限定的士多啤梨餡。店內更提供特飲。

地址：小樽市堺町 6-4　　**電話：**0120-975-316
營業時間：產品銷售 9:30am-5:30pm / 外賣 9:30-5:00pm
　　　　　（營業時間可能會根據季節有所不同）
官網：https://www.snoopychaya.jp/

遊客在日必買手信之－ISHIYA 札幌大通本店

 地鐵大通駅步行 1 分鐘　　

華麗的彩繪玻璃窗倍添店內的高雅氣氛。

北海道著名甜點品牌 ISHIYA（石屋製菓），在 2021 年合併旗下三個品牌 ISHIYA、ISHIYA G、ISHIYA Chocolate，在大通站附近建立本店。除了白之戀人、美冬等著名商品外，還販售北海道地區以外的限定商品。你可挑選不同品牌的點心，店家會根據你所選的進行組合包裝。除此之外，本店還有三塊裝白之戀人限定手掌包裝盒，並以客人提供的照片為包裝進行設計，想送些特別點的北海道手信，這就最適合不過。

白之戀人當然是最受歡迎的手信。

客人可按個人喜好組合不同的點心。

地址：札幌市中央區大通西 4 丁目 6-1
　　　　（札幌大通西 4 ビル 1F）
電話：011-231-1483　**營業時間：**10:00am-7:00pm
官網：https://www.ishiya.co.jp/odori/

北海道新事

超長滑雪期 *Club Med Kiroro Peak*

🚗 酒店提供新千歲機場巴士預約接送，全程約 90 分鐘；從新千歲機場，乘坐 JR 至小樽築港駅，轉乘的士前往，全程約 140 分鐘

2022年12月開業

全包式滑雪假期品牌 Club Med 於2022年在余市的赤井川村新建 Kiroro Peak，因為地理位置，這裡雪季長達160日，直到5月初都可以來這裡滑雪。Kiroro Peak 備有不同難易度的雪道，讓無論是新手還是高手，所有人都可以享受到滑雪樂趣。

除了滑雪，當然也少不了住宿、美食、娛樂，就算不喜歡滑雪，也可以在村內泡露天風呂，賞雪山連綿美景。遊客可參加免費的雪地健行，也可以付費嘗試雪地騎馬和冰釣。如果是在夏季前來，Kiroro Peak 亦安排了其他水上活動及山林活動，從餵飼農場動物到山地滑板再到輕艇泛舟，遊客可以在涼爽宜人的氣候下，感受夏季的北海道假期體驗。

Kiroro Peak 得天獨厚，滑雪可以滑到5月。

夏天滑草也非常刺激。

※ 度假村詳盡介紹請參閱本書0-0 星野 Iomamu 部分。

地址：余市郡赤井川村常盤 128 番地 1 キロロリゾート
電話：0135-34-7171
價錢：冬季每人每晚 ¥41,000 起，夏季每人每晚 ¥19,150 起
官網：https://www.clubmed.com.hk/

北海道新事

親子友善的度假村 *Club Med Tomamu*

🚕 酒店提供新千歲機場巴士預約接送，全程約 90 分鐘；從新千歲機場，乘坐 JR 至トマム駅，轉乘渡假村接駁專車前往，全程約 90 分鐘

　　如果想一家大小一起去滑雪的話，選 Tomamu 就準沒錯了！Tomamu 的房型空間比較大，並設有很多兒童有善設施和親子活動。無論想挑戰追求刺激，還是想和小孩共享天倫之樂，Tomamu 都可以滿足你。

　　除了滑雪，Tomamu 還有很多美美的打卡點，像是冰之教堂、愛絲冰城等等，當中冰之教堂還是真正的教堂，每年的教堂設計也不相同。教堂每年1月中至2月中接受舉行婚禮，尤其適合追求獨一無二的新人。冬季以外，夏天亦可前往避暑，遊客可以在度假村周圍騎單車和探索野生動物，參與水上及山林活動，品嘗他們提供的新鮮海鮮，優質和牛以及獲獎本地釀造烈酒，度過一個豐富愉快的夏日假期。

※度假村詳盡介紹請參閱本書6-0 星野 Tomamu 部分。

地址：勇払郡占冠村中トマム 2171 番地 2
電話：0120-790-863
價錢：冬季每人每晚 ￥57,500 起；夏季每人每晚 ￥19,000 起
官網：https://www.clubmed.com.hk/

Ｆｉｒｓｔ Ｌｏｖｅ

初 戀
の
聖地巡禮

2022年風靡全球的日劇《First Love初戀》，劇情圍繞女主角也英與男主角晴道20多年的愛情故事，加上宇多田光的經典情歌《初戀》加持，吸引了無數人回憶起初戀的酸甜苦辣。在劇中大部份的景點都是在北海道取景，以下就簡略介紹當中景點，給準備聖地巡禮的你一些事前準備吧！

宇多田光的《初戀》貫穿了整套日劇的故事。

命 中 注 定 的 圓 環

旭 川 常 盤 圓 環

交通：JR 旭川駅步行 20 分鐘

劇中也英開的士時常會繞行的地方，便是旭川常盤圓環。這個圓環共有6個出口，是北海道有名的難走圓環。圓環本身不讓遊客接近，也沒有什麼制高點供拍照，所以只能在外圈看看圓環及圓環中的標誌塔。值得一提的是旭川在每年11月到隔年3月會舉辦「旭川街道點燈燈飾」，這個圓環也會掛上長長的燈串，給人浪漫唯美的感覺。

地址：旭川市常盤通 1 丁目　　**時間：**24 小時
官網：https://www.atca.jp/kankouspoy/ 旭川常盤ロータリー /

沒 有 拿 坡 里 意 粉 的 ７０ 年 老 店

西 洋 軒

交通：JR 千歲駅步行 12 分鐘

也英品嘗拿坡里意粉以及劇末也英在等待晴道赴約的餐廳，就是西洋軒。西洋軒是當地知名老店，開業超過70年。雖然劇中有出現拿坡里意粉，但現實中的西洋軒並沒有賣這款意粉，也沒有每月11號的「麵量免費加大日」。雖然沒拿坡里意粉，但也可以嚐嚐他們的人氣采品牛排套餐，牛排上配上自家製多蜜醬，加上粟米濃湯、白飯和沙律，美味又份量滿滿，是一道深受當地人的歡迎的菜品之一。

地址：千歲市千代田町 1 丁目 1　　**電話：**0123-23-2216
時間：10:00am-8:00pm（2:00pm-4:00pm 休息）

遙望火星
札幌市天文台

交通：地鐵中島公園駅步行5分鐘

　　位於中島公園的札幌市天文台，是也英和晴道相遇後一同前往觀賞火星的地方。中島公園被日本評為「日本都市公園100選」之一，園中有菖蒲池、日本庭園、八窗庵等多個國家重要文化遺產，是一個充滿日式風情的公園。公園內的天文台配備20cm口徑的折射望遠鏡，天文台每個月會有幾日在夜間開放給遊客免費入場，不但可以觀察該季節的星座，還可以欣賞月球和行星。

地址：札幌市中央區中島公園1-17　　**電話**：011-511-9624
時間：10:00am-12:00nn、2:00pm-4:00pm　　**官網**：https://www.ssc.slp.or.jp/planet/sapporo-obs

---

型格洗衣店
Baluko Laundry Place
東苗穗分店

交通：地鐵大通駅下車，轉乘中央巴士東6「札苗線」於東苗穗4条3丁目駅下車，步行約6分鐘

　　當得知也英獨自在洗衣店時，晴道立即趕去洗衣店，默默守護睡著的也英，同時也是彌補20年前晴道未能守候也英身邊的遺憾。Baluko Laundry Place是日本大型連鎖企業，日本各地都有分店，除了自助洗衣，有些分店有提供咖啡點心區，讓人可以喝咖啡吃點心來打發洗好前的時間。因為現代設計風格加上咖啡廳等複合式營運，除了《First Love 初戀》以外，也出現在不少日劇當中。不過要注意，東苗穗分店只提供自助洗衣服務，並沒有提供咖啡點心區哦！

地址：札幌市東區東苗穗3条1-3-45
電話：0120-237-180　　**時間**：5:00am-1:00am
官網：https://baluko.jp/

夜景下的親吻
小樽天狗山

交通：JR小樽駅乘中央巴士9號線
「天狗山ロープウエイ線」於終點天狗山駅下車

　　小樽天狗山是貫穿晴道和也英20年的景點，天狗山夜景被譽為北海道的三大夜景之一，也是也英和晴道20年後再次親吻的地方。遊客站在展望台，除了可以看到夜景之外，還能看到一棵百年櫻花樹——天狗櫻，不同的燈光打在這棵百年天狗櫻，配合著夜景，給人如夢似幻的唯美感覺。

地址：小樽市最上2丁目16-15　　**電話**：0134-33-7381　　**官網**：https://tenguyama.ckk.chuo-bus.co.jp/

紫 丁 香 的 回 憶
夕張ハイジ（Ｈｅｉｄｉ）牧場

交通：JR 北廣島駅轉乘的士約 26 分鐘

　　紫丁香樹是學生時期也英和晴的定情信物。紫丁香的花語是初戀，而紫丁香也是貫穿整部劇的最要花卉。除了紫丁香樹，埋藏時空膠囊和身後的教堂也是取景至夕張 Heidi 牧場。遊客除了可以在此取景外，牧場還提供各式各樣的動物互動活動，像有擠奶、哺育小山羊等等的體驗，是一個適合進行親子同樂活動的地方。

地址：夕張郡長沼町東 9 線南 2 番地　　**電話：**0123-88-0011　　**門票：**大人 ￥1000、小孩 ￥500
時間：春季、秋季 10:00am-4:00pm；夏季 10:00am-5:00pm；冬季休業　　**官網：**https://www.heidi-farm.com/

傳 遞 母 愛 的 快 餐 店
ＬＯＴＴＥＲＩＡ 札 幌 中 央 店

交通：地鐵大通駅步行 3 分鐘

　　劇中也英為了讓兒子小綴見到他喜歡的舞者小詩的練習，騙他想自己去看電影，實則就在 LOTTERIA 札幌中央店打發時間。LOTTERIA 是在日本很受歡迎的快餐店之一，他們主打年輕人市場，常常推出主題聯名，像有名的動漫《鬼滅之刃》、日本老牌餅乾品牌樂天熊仔餅等，吸引很多年輕人光顧。另外 LOTTERIA 經常推出地區限定、期間限定的漢堡，所以大家每次日本時，都可以留意一下有什麼新漢堡推出！

地址：札幌市中央區南三条西 4　　**電話：**011-221-1013
時間：07:30am-10:30pm　　**官網：**https://www.lotteria.jp/

錯 過 了 的 車 站
美 瑛 車 站

交通：JR 美瑛駅

　　晴道睡過頭而錯過巴士，後來因為下班車要等一小時而改去小樽，而他們一開始所在的車站就是美瑛車站了！美瑛車站和其他車站有些不同，採用特產美瑛軟石建造，建築風格極具歐式風味，加上美瑛周邊環境，是一個富有歐式鄉村風格的小鎮。美瑛車站只有一個出口，車站左前方有一個美瑛四季情報館，遊客可以在那了解觀光情報，更可以寄存行李。車站前有單車租借，寄存行李後可以在這租借單車，騎車慢慢欣賞美瑛沿途美景。

地址：上川郡美瑛町本町 1 丁目 1

自駕遊攻略

　　遊北海道，租車自駕絕對是最佳的遊覽方法。一車在手，只要輸入目的地的電話號碼，就可直達門口。從此毋須看地圖，不用擔心錯過尾班車、更不用認路落車然後再搵路！另外，北海道租車經濟實惠，反而市內交通車票頗昂貴，人越多，租車自駕不但方便省時而且更划算。最重要是北海道正是個「driving-friendly」的駕車天堂，路面闊又平，道路指示超級清晰，想迷路都好難！加上泊車又方便，主要旅遊景點甚至一些店舖外，都有大量免費車位！一句到尾，自駕遊北海道，確是方便、抵玩又寫意！

在日本駕車的資格

　　在日本駕車，你只需到政府運輸署辦理一張國際駕駛執照，然後便可在日本全國租車駕駛。

> **辦理國際駕駛執照**
> 地點：香港政府運輸署
> 所需文件：香港駕駛執照、身份證副本及照片兩張（50mm x 40mm）
> 費用：HK$80
> 所需時間：即日
> 有效期：一年
> 網址：www.td.gov.hk

租車方法

　　一般來說，建議先在各大日本租車公司網站進行預訂，填寫日期、揀選車款、馬力及取車交車地點；然後直接在抵達當日到機場的租車專櫃辦理收車手續。

機場租車

租車櫃位一般在機場的「到著」(Arrival)一層。就以新千歲機場為例，租車櫃位都在1/F，通常有5至6個日本及歐美牌子的租車公司。

找到你的租車公司後，只需把網上預約號碼或你的全名交給職員。職員確認你的預訂後，會把你的國家駕駛執照影印，並把一個取車編號寫到影印本上。然後，她便會叫你在櫃前等候專人帶你到取車中心。

等候約2-3分鐘，便會有職員讀出一批要取車的姓名，不懂日文絕對無問題，因為他們會用英文讀出你的姓名；擔心聽不清楚的話，可以把寫上取車編號的國際駕駛執照影印本高舉，他們自會留意。前往取車中心，要乘坐租車公司的免費接駁巴，車程約5分鐘，全程有職員帶領。

到達取車中心後，在「出發受付」的櫃位排隊辦理手續即可。

辦理手續，職員會收取你的國際牌影印本，然後給你核對駕駛者的資料。一定要清楚核對，像攝影師，登記名字錯了便要立即更改，否則萬一路上遇上交通警或遇上意外便相當麻煩！

職員會問你有沒有日本電話號碼，方便緊急聯絡。如沒有，提供香港的手提號碼亦可。

職員列印一張印有收車日期、還車時間及還車地點的登記表。記緊要核對還車地點，如在札幌入，釧路走，便應選擇在釧路空港還車。

一切核對無誤後，職員便會列印一張收費清單，問你支付現金還是信用卡。部分租車公司都有信用卡付款優惠，如我們選用的Toyota便提供九五折優惠；付款時可以問清楚。

收費後取車前，職員會給你一本駕駛手冊，並會詳細解釋保險、入油、泊車及緊急聯絡等資料；緊記聽清楚。

一切辦妥後，便會到車場取車。取車宜檢查清楚車身上有沒有表面傷痕及能否開動等。最後，職員一定會問你懂不懂使用GPS衛星導航。你只要答NO，她便會逐步教你。最後，你便可以開始你的北海道自駕之旅了！

租車網推介

可以選擇到一些提供多款牌子的租車網，或你心水的日本車品牌租車網。預訂要揀好車款、馬力、日期、取車及還車地點。部分日本車網頁沒有英文版本，但憑簡單的漢字及車輛的圖片，還是可以成功預訂的；當然你也可以直接把你的要求 fax 或 email 給對方，但必須得到對方的回覆及確認方算成功。

有英文版本的網站
北海道：http://www.nrh.co.jp/foreign/
Honda：https://www.hondarent.com/en/

其他租車公司網推介 (繁體中文)
Nissan：https://nissan-rentacar.com/tc/
Toyota：https://rent.toyota.co.jp/zh-tw/
Mazda：http://www.timescar-rental.hk/

GPS使用(Map Code)

現時很多汽車的導航系統都新增了MAP CODE，雖然MAP CODE未算是最準確，但對於一些郊外的景點，因為未有電話號碼，會較容易定位。兩間大的租車公司TOYOTA和日產，導航系統都有 MAP CODE，當然也有汽車公司仍未有提供，只能以電話號碼或搜尋在火車站附近景點的方法來定位。

現在兩大租車公司的導航系統已有中文介面，語音導航也有普通話。當你進入「目的地」的介面，便可以使用MAPCODE定位。

TOYOTA導航系統的MAPCODE介面在右下方。

日產導航系統在主目錄介面內，日產還支援IPOD或IPHONE的USB連接。

地區	場所	MAP CODE
北海道上川郡	十勝岳望岳台	796 093 194*72
北海道上川郡	大函·小函	743 692 794
北海道上川郡	大雪山層雲峽ロープウェイ	623 204 513*23
北海道上川郡	大雪高原沼	970 724 795
北海道上川郡	四季の情報館	389 011 600*83
北海道上川郡	白樺街道	349 569 251*48
北海道上川郡	拓真館	349 704 245*48
北海道上川郡	銀泉台	623 025 171
北海道上川郡	層雲峽觀光中心	623 204 600
北海道上川郡	層雲峽博物館	623 204 600
北海道上川郡	層雲峽黑岳の湯	623 204 752*6
北海道上川郡	白金温泉	796 182 370
北海道小樽市	小樽市交通博物館	493 750 048*22
北海道小樽市	小樽運河	493 720 282
北海道小樽市	石原裕次郎記念館	493 633 844
北海道小樽市	流氷凍れ館	493 661 546
北海道札幌市	さっぽろ羊ヶ丘展望台	9 287 533

北海道札幌市	大通公園	9 523 004
北海道札幌市	中島公園	9 462 419
北海道札幌市	北海道旧本庁舎	9 522 336
北海道札幌市	札幌市時計台	9 522 206
北海道札幌市	旭山記念公園	9 428 394
北海道札幌市	藻岩山展望台	9 369 332
北海道札幌市	札幌市円山動物園	9 457 516
北海道札幌市	円山公園：札幌市	9 487 101
北海道札幌市	定山渓温泉	708 754 477
北海道旭川市	三浦綾子記念文学館	79 312 126
北海道旭川市	北海道伝統美術工芸村	79 367 284
北海道旭川市	旭川市彫刻美術館	79 494 335
北海道旭川市	男山酒造り資料館	79 469 227
北海道函館市	五稜郭公園	86 166 243
北海道函館市	市立函館博物館・郷土資料館	86 011 365
北海道函館市	赤レンガ倉庫群	86 041 613
北海道函館市	函館山	86 009 748
北海道函館市	旧函館区公会堂	86 040 434
北海道富良野市	葡萄酒工場	349 060 637
北海道富良野市	丘の写真館	550 840 055
北海道富良野市	朝日ヶ丘公園	349 000 246
北海道登別市	登別熊牧場	603 259 404
北海道登別市	地獄谷	603 288 398
北海道登別市	登別水族館	603 142 308
北海道登別市	登別伊達時代村	603 169 299
北海道登別市	閻魔堂	603 257 891
北海道帯広市	八千代公共育成牧場	592 521 166
北海道帯広市	幸福駅	390 874 144
北海道帯広市	馬の資料館	124 622 227
北海道帯広市	愛国駅	124 323 141
北海道帯広市	帯広百年記念館	124 562 504

租車預算參考

車款：Compact P0 Class 4人車 (660CC)
租還車地點：新千歲機場
租車日數：7天
租車費：¥37,400起（視乎季節價錢或有變動）
保險：¥1,100/天
網址：https://rent.toyota.co.jp/zh-tw/
註：如果先登記成為會員，租車有額外折扣。

路牌

　　在北海道看路牌基本上不會有甚麼困難，所有路牌如車速、爬頭、單雙線行車、主要公路等，都是國際性的。攝影師都是首次在北海道駕駛，但也應付自如。

公路號碼都清楚顯示在一個如結他 pick的圖案內。

北海道尤其近道東即網走知床等地方，公路多在山林中，有很多「鹿出沒」、「熊出沒」的路牌，提醒你前方是他們過馬路的熱門地點。

入油

　　不論是公路或城市內都有大量油站。有需要又未遇上，可以利用GPS的「表示變更」內的「周邊施設」顯示油站即可。另外，租車時租車職員會提醒你要入甚麼油，一般都是用「Regular」。

油站隨處可見。

一般紅色的就是「Regular」電油。

基本上不懂日文入油也沒有難度，職員一定識聽「Regular」及「Full」（入滿）。説書，她便會自動幫你入滿。就算遇上自助的油站，但你看不懂日文自助不了，也可請職員幫忙。

顯示你入了多少油。

信用卡付款最方便，對清銀碼簽名即可。

旅遊達人 .... 租車溫馨提示

油價

Regular電油約￥120一公升，可行駛約十公里。

公路收費

日本道路分國道及高速公路「自動車道」，後者部分為收費道路，費用由數百日圓至數千日圓不等，視乎距離。詳盡道路資料可瀏覽 www.northern-road.jp/navi/

還車

記得入滿油，否則收取的附加費會較油費貴。

違例泊車罰款

違例泊車會被罰￥30,000！一句，小心泊車。職員在租車當天一定會告訴你違例泊車的罰款。

車速

以高速公路計，路牌指示是80公里。但現場所見，基本上沒有車是行80公里的，但一旦超速，還是有機會被罰款的。

駕車地圖

有了GPS，基本上不需地圖。租車時，租車公司一定會給你 本全北海道的駕車地圖。如果你真的有需要買一本留念，可在機場內的各大書店購得。

翻譯服務

在自駕遊期間，假如遇上意外，甚至要到當地醫院求診，記得要帶備足夠現金，因為日本的醫院或診所一般只接受現金付款，保險只能在之後才賠償。雖然現今的智能電話已有多國語言翻譯的功能，但遇上複雜情況，也可致電租車公司，他們都會提供即時翻譯服務，到時只要開啟三方通話的功能，便能避免雞同鴨講了。

選車

租車宜預鬆動一點，即二人成行租四人車，四至五個人租七人車較方便。因為大家還要把行李計算在內。

旅遊達人

遊客可選擇在甲地租車，在乙地還車，北海道很多租車公司都有這種服務，一般租還車兩地不超過50公里，便不會額外收費。當然，如果乙地有該租車公司的門市，只要願意付附加費便可以在乙地還車。此外，有時在同一個範圍內都免收附加費，如在同屬道央的富良野跟旭川，便可以免收附加費。

甲地租乙地還

甚麼是 ETC？

在日本使用高速公速都要另行收費，路牌上寫下IC(交流道)，就是高速公速的入口。一般道路的路牌是淺藍色，但是交流道處則全部是綠色。入口處分為一般、ETC專用、以及兩者兼用。ETC的全名是Electronic Toll Collection，中文即是電子道路收費系統。如果汽車裝有ETC系統，只要將ETC卡插到車內的卡槽，汽車經過道路收費通道，系統便會紀錄在ETC卡中。使用ETC卡雖然方便兼享有折扣優惠，部分租車公司或會有ETC卡出租(如Toyota)，到還車時支付費用，但有些公司如日產則沒有提供。如果不使用ETC卡，駕駛者進入收費公路時便需先取「高速公路通行券」，於離開時到「料金所」支付費用。

免責保償

免責保償跟香港的第三者保險相似，即是保險會承保路面意外引起的汽車損毀，及傷者住院的開支。這種保險需要購買者先墊支費用，所以遇上任何意外都要立即報警及通知租車公司，然後從警方取得「事故證明」，才可向保險公司索償。

租車保險

CDW 免責額補償制度

客人如購買了CDW(Collision Damage Waiver)，可不用付保險墊支金。這種保險一般為￥1,100-￥2,200／天。不過，客人買了CDW也不代表不須承擔所有費用，如果遇上故障、損毀、盜竊或車廂內損毀，客人需負責部分費用，稱為「Non-Operation Charge」，而這種費用連大部分的旅遊保險都不會賠償，費用￥20,000起。

租車溫馨提示

如何處理違規停車告票？

北海道雖然地廣人稀，但不代表駕駛者可以隨意泊車，即使是臨時停車也一定要找「可停車的區域」去泊車。如果違規停車被「斷正」時，須繳納罰款¥10,000-18,000。一旦接獲「違法停車取締單」，首先要往附近的警察局辦理手續並領取繳納單，然後在附近的金融機關繳納罰款及領取收據。還車時需向租車公司出示繳納收據，否則將課處違約金。由於警察抄牌的同時已通知有關租車公司，所以駕駛者不應心存僥倖瞞騙租車公司。

請盡速向記載的電話號碼連絡。

此交通標誌的道路上完全禁止停車。上方的「8-20」表示適用時間為8:00至20:00，如果沒有標示時間就是完全禁止

此交通標誌的道路上，僅供乘客下車及臨時卸貨之外，禁止停車。上方的「8-20」表示適用時間為8:00至20:00，如果沒有標示可用時間就是完全禁止

可停車的區域標誌及可泊車的時限，一次60分鐘，並要先在停車收費計時器購票

入油攻略

日本的加油站分自助及專人服務兩種，前者的收費較平。燃油分「98無鉛」「92無鉛」「柴油」等3種類。在日本所租的車子，大部分加的是「92無鉛」(regular)的汽油，千萬不要搞錯。自助入油的過程和香港相似，都是先付款(現金或信用卡)，再選燃油的種類及油量。油量可選加油量「10公升」至「50公升」或定額油費「1,000日圓」至「5,000日圓」。如果想加滿油「Full Tank」時，請按標示「滿（MA-N-TA-N）」即可。

ENEOS　IDEMITSU　SHELL

Exxon Mobile Group　コスモ石油
COSMO

英語	台灣	香港	日本
Ultimate unleaded ※	98 無鉛汽油	高級汽油	ハイオク (IIA I O-KU)
Unleaded	92 無鉛汽油	普通汽油	レギュラー (RE-GYU-RA-A)
Diesel	柴油	柴油	軽油 (KE-I-YU)

※因為加油廠不同，「Ultimate unleaded」，又叫「Plus unleaded」，「Super unleaded」，「Premium unleaded」等等。

不同燃油的名稱

用油槍的顏色來分別油種，一般用的92無鉛汽油為「紅」色，98無鉛為「黃色」，柴油為「綠」色

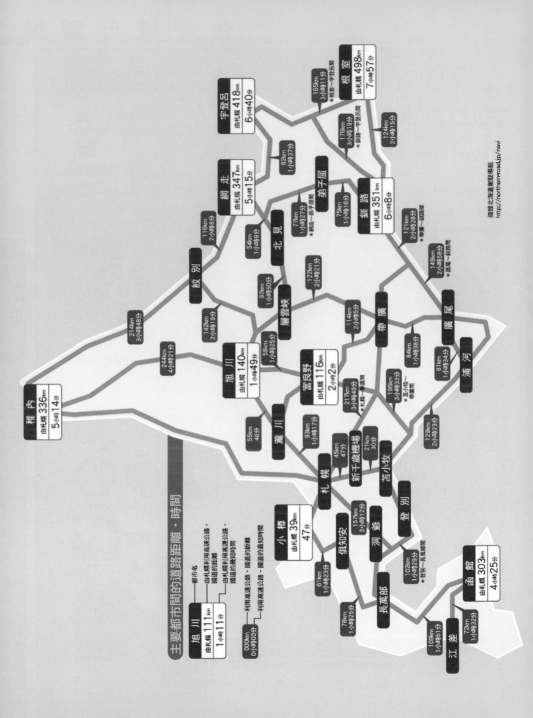

自駕遊路線推介　I.道南地區

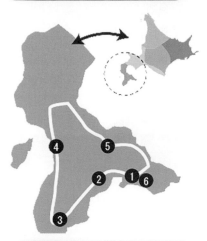

F3-9

【函館】

重要景點：函館山夜景(函館纜車)、五稜郭公園、函館朝市、元町教堂群

【北斗】

重要景點：七重濱溫泉、苦修會修道院、松前藩戶切地陣屋跡、八郎沼公園、匠之森公園

【松前】

重要景點：松前公園、福山城本丸御門、松前城、龍雲院、法源寺山門、松前溫泉

【江差】

重要景點：姥神大神宮、五厘澤溫泉、開陽丸遺跡、舊中村家住宅、舊檜山爾志郡役所庁舎

【大沼公園】

重要景點：
大沼湖、小沼、蓴菜沼、駒岳

新千歲機場 ✈ 函館機場

| 第1天 | ① 函館 | 出發 |
🚗 約15公里，約20分鐘

| 第2天 | ② 北斗 | 出發 |
🚗 約80公里，約1小時40分鐘

| ③ 松前 | 出發 |
🚗 約60公里，約1小時10分鐘

| 第3天 | ④ 江差 | 出發 |
🚗 約70公里，約1小時20分鐘

| 第4天 | ⑤ 大沼公園 | 出發 |
🚗 約30公里，約30分鐘

| ⑥ 函館 | 出發 |
🚗 約10公里，約10分鐘
前往函館機場 ✈

II.道央地區

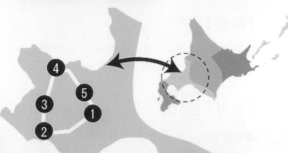

【洞爺湖】

重要景點：洞爺湖、洞爺湖溫泉、
有珠山、昭和新山

【二世古】

重要景點：湧水の里、安努普利滑
雪場、東山滑雪場

【小樽】

重要景點：小樽運河、大正硝子
館、天狗山、小樽倉庫

【札幌】

重要景點：大通公園、札幌電視
塔、札幌市時計台、白
い恋人パーク、円山動
物園

✈ 新千歲機場

第1天 ① 新千歲機場 出發

🚗 約120公里，約1小時30分鐘

第2天 ② 洞爺湖溫泉 出發

🚗 約60公里，約1小時20分鐘

第3天 ③ 二世古 出發

🚗 約90公里，約2小時

第4天 ④ 小樽 出發

🚗 約40公里，約50分鐘

⑤ 札幌 出發

🚗 約50公里，約50分鐘
前往新千歲機場 ✈

III.富良野、帶廣地區

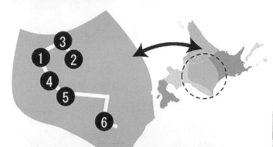

【旭川】

重要景點：旭山動物園、嵐山公園、上野農場、旭川市科學館、常磐公園

【美瑛、富良野】

重要景點：四季彩之丘、拼布之路/全景之路、新榮之丘展望公園、彩香之里、富田農場

【十勝、帶廣】

重要景點：綠丘公園、帶廣百年記念館、然別湖、十勝牧場、真鍋庭園

新千歳機場 ✈ 旭川機場

第1天 **1** 旭川　　　出發

🚗 約85公里，約1小時30分鐘

2 層雲峽　　　出發

🚗 約25公里，約30分鐘

第2天 **3** 上川　　　出發

🚗 約70公里，約1小時20分鐘

4 美瑛　　　出發

🚗 約35公里，約50分鐘

第3天 **5** 富良野　　　出發

🚗 約120公里，約2小時

第4天 **6** 帶廣　　　出發

🚗 約30公里，約40分鐘
前往帶廣機場

北海道火車證攻略

　　北海道除了自駕遊外，要穿梭各道暢遊各景點，火車證也是必備之選。不過北海道火車證有不同的種類，如何揀到合適的以最划算的方法暢遊這片北之大地？

1.)暢遊新千歲機場－札幌－小樽－登別之間的區域

【札幌-登別區域鐵路4天周遊券】
　　成人￥8,000，兒童￥4,000

有效乘車區域：

- 可搭乘有效乘車區域內的特急列車、快速列車、普通列車的自由席。搭乘指定席，需另購指定席車票或指定席特急票。
- 不能搭乘JR北海道巴士、札幌市營路面電車和地下鐵。

2.)暢遊新千歲機場－札幌－小樽－富良野－美瑛－旭川之間的區域

【札幌-富良野區域鐵路4天周遊券】
　　成人￥9,000，兒童￥4,500

有效乘車區域

- 可搭乘有效乘車區域內的特急列車、快速列車、普通列車的自由席。搭乘指定席，需另購指定席車票或指定席特急票。
- 不能搭乘JR北海道巴士、札幌市營路面電車和地下鐵。

3.)暢遊整個北海道

【北海道鐵路5/7天周遊券】
5天：成人￥19,000，兒童￥9,500
7天：成人￥25,000，兒童￥12,500

有效乘車區域：

- JR北海道線的特急列車普通車廂的指定席、自由席
- JR北海道線的特別快速、快速列車的指定席、自由席
- JR北海道線的普通列車
- JR北海道線的臨時列車（特急 • 快速 • 普通）的指定席、自由席（※ＳＬ冬季濕原號需要另購指定席車票才能搭乘。）

※可乘坐部分JR北海道巴士路線。

※不含北海道新幹線

相關網頁：https://www.jrhokkaido.co.jp/global/chinese/ticket/railpass/index.html

F4-0

4.)購票地點

札幌站及新千歲機場JR外籍旅客服務處、釧路、帶廣、網走、旭川、札幌、函館各站內JR旅客中心(Twinkle Plaza)等，購買時須出示護照。除北海道外，亦可於JR東日本旅行服務中心(成田、羽田機場及東京站內)，與及出發地區指定的旅行社購買。

※赴日前購票周遊券會比在車站購買節省￥500-1,000，建議出發前到Klook或KKday等在地旅行社預購。

短途窮遊之選 道北一日散步券

憑券可乘搭指定區域內的普通列車及快速列車，從新千歲空港前往札幌、小樽，或經岩見沢、滝川前往富良野及美瑛，最啱打算第一天由機場到札幌玩半日，再到旭川或富良野停留的人，可慳約￥680-￥2,490。缺點是只能坐普通列車，從札幌到富良野車程至少花5個半鐘以上，只適合想慳錢又不介意花時間和轉車的人。

票價：大人￥2,540、6-11歲小童￥1,270
適合對象：從新千歲機場即日來回富良野
網頁：https://www.jrhokkaido.co.jp/CM/Otoku/006848/

玩轉 新千歲機場

北海道與其他日本的大城市不同，不會三兩個月便出現新的購物商場。不過要數北海道近年最好玩的大 Mall，竟然是新千歲機場。機場集食買玩於一身，不單是北海道，甚至是全日本最好玩的機場。要玩齊行盡裡面的設施，「最低消費」至少要半天時間。如果你搭黃昏或夜機，記得吃完早餐就啟程往機場，保證你玩到唔捨得登機回家。

交：JR札幌站乘 JR Rapid Airport 機場列車車程約40分鐘
網：http://www.new-chitose-airport.jp/tw/spend/

千歲機場3樓是整個機場玩樂的重心，主要可分為三大區域，包括設有兩個室內主題樂園的 Smile Road，媲美札幌拉麵共和國的北海道拉麵道場，與及集懷舊與好玩於一身的市電通食堂街。

就算不入場也可在主題餐廳享用美食。

哆啦A夢空中樂園

哆啦A夢的主題樂園一向甚受孩子們歡迎，整個公園分為公園區、DIY及圖書區、活動區、咖啡廳及主題商店等。地方雖然不算大，卻極有特色，無論大人和小朋友都會玩得盡興。

【公園區】

以哆啦A夢的「法寶」為主題，除了有1:1的公仔及佈景，更繪上立體畫和奇幻裝置，最後更會邀請遊客一起參與哆啦A夢的故事，非常互動。

費：門票(公園區)成人￥800，
初中、高中生￥500、小學生以下￥400，
3歲以下幼兒免費(限時30分鐘)
網：http://www.new-chitose-airport.jp/tw/doraemon/

F5-0

Royce' Chocolate World

在 Smile Road 的 Royce' Chocolate World，遊客除了可以品嚐 Royce' 的出品，甚至可以見證 Royce' 朱古力的誕生過程——透過玻璃參觀這個迷你工廠的實際生產情況，從現場生產直至送到客人手上之前，都可全程直擊。這裡也發售 Royce' 千歲機場的別注產品，Royce' 迷絕對不可錯過！

網：http://www.royce.com/contents/world/

北海道拉麵道場

拉麵算得上是北海道的名物，北海道拉麵道場網羅了北海道諸多間知名的拉麵店，是離開北海道前最美好的味覺回憶。

えびそば 一幻

一幻的拉麵，不但名震北海道，甚至衝出日本，在台北開枝散葉。一幻大量使用甜蝦頭，甜蝦的美味完全呈現在湯裡。美味之外，連器皿都很講究，深紅的顏色也讓人聯想到甜蝦，增進食慾。

電：0123-45-6755
網：http://www.ebisoba.com/

拉麵分鹽味(02)、味噌(03)及醬油味(04)三種，每碗 ¥900，麵身則有細麵和極細麵選擇。

Calbee+

2F

「Calbee+」是卡樂B的直營店，店內備齊了新千歲機場的限量商品，包括新鮮現炸的「卡樂B現炸薯條杯」，與及一次集齊4款特色薯片口味的「北海道伴手禮禮盒」，是離境前最佳手信採購站。

電：0123-45-6055
網：http://www.calbee.co.jp

北海道列車鐵路百科

日本不愧為火車大國，火車不但線路多，車款也令人目不暇給。單單一個北海道，行駛的車種已超過20款，連接道東、道南、道北、道央，以至青森及東京。其中更有幾條非常有特色的觀光列車路線，遊客們更不應錯過！

＊下述車費僅為基本車資，或需另付指定席費用。

SL冬季濕原號

路線：釧路←→標茶(車程1.5小時)
車票：￥1,290(可於札幌或函館等JR旅行中心Twinkle Plaza查詢班次及預訂車票)

SL冬季濕原號是一輛1940年代製造的蒸氣火車，裡裡外外都相當具有懷舊氣氛。每年於每年1至2月行駛，乘客穿越白色煙霧經過冰雪的釧路濕原，甚有時光倒流的感覺。

車廂不算豪華，卻設有小賣部提供小吃及飲品給乘客一面賞景一面享用。

釧路濕原慢車號Kushiro Shitsugen Norokko Train

路線：釧路←→塘路(車程約50分鐘)
車票：￥640(可於Twinkle Plaza查詢班次及預訂車票)

釧路濕原冬季的雪景固然壯麗，夏季一望無際的大草原同樣令人神往。Norokko慢車號每年4月至10月行駛，以時速30公里緩慢前進，讓乘客可以觀賞到釧路濕原的最佳景色，幸運的還有機會欣賞到丹頂鶴或蝦夷鹿等珍貴野生動物。

一望無際的濕原平原。

車廂內特設特大窗口，方便乘客欣賞景色。

富良野 • 美瑛慢車號 Furano Biei Norokko Train

路線：富良野←→美瑛/旭川 (車程60/100分鐘)
車票：￥1,290(可於Twinkle Plaza查詢班次及預訂車票)

行駛途中可眺望到薰衣草盛開炫爛的富良野、美瑛山丘以及群山連綿的大雪山脈。列車只在6月到9月期間行駛，並臨時增設「薰衣草花田站」，方便乘客於附近之「富田農場」參觀。(詳細時刻表請參考本書富良野交通部分)

(註：除了觀光慢車號，旭川至富良野之列車全年開通，每天由5:00至22:00有20多班列車往來兩地，但不停薰衣草花田站。)

富田農場

北海道新幹線

雖然乘火車由東京往北海道比轉飛機耗時兼耗費，但對火車迷卻有無比吸引力。

上車前不妨買個「北斗七星」紀念便當，食材全部用北海道的出產。

北海道新幹線總點站新函館北斗。

就算是普通廂的座位也很寬闊，連廁所也是加大的。

Q1. 北海道新幹線全程需時多久？

乘坐北海道新幹線最快的隼號(Hayabusa)，約需4小時由東京到新館北斗。由新函館北斗到函館，約需16分鐘。

Q2. 全程車費多少？

東京至新函館北斗普通車廂指定席票價￥23,430。

Q3. 可否用JR Pass？

乘客可使用「JR東日本 • 南北海道鐵路周遊券」，由海外購買成人￥27,000，小童￥13,500 (日本境外預購)，可在開票日起計14天內任選6天使用，範圍包括JR東日本線全線 (東京至東北地區)、北海道新幹線，與及函館、小樽、札幌及登別等南北海道地區。

時 6:32am-7:20pm (每天10班由東京車站開出)
網 http://www2.jrhokkaido.co.jp/global/chinese/shinkansen/index.html

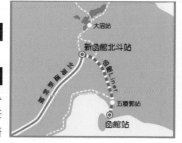

北海道新幹線暫時以新函館為終站，乘客可乘「函館Liner」到函館車站，再轉乘鐵路往北海道其他地方。

流冰觀光破冰船 **1月**

介紹： 每年冬天，知床半島對出的鄂霍次克海都鋪滿了巨型流冰，破冰船會於流冰中航行，更有機會碰上海獅或海獺等動物。

日期： 1月尾至4月初
地點： 網走市港町 Aurora Terminal
網址： www.ms-aurora.com

全國雪橇大會

介紹： 雲集全國甚至世界各地的「精英」（雪橇狗）比賽。
日期： 2月末　　**地點：** 稚內機場公園
網址： https://www.city.wakkanai.hokkaido.jp/kanko/event/inuzori.html

札幌雪祭 **2月**

介紹： 一年一度的札幌雪祭，展出大型冰雕數量達250座，大通公園的冰雕作品亮燈到晚上10時、薄野亮燈到晚上11時。TSUDOME會場更有冰雪滑梯和雪上橡皮艇等遊樂設施。

日期： 2月初
地點： 大通公園1-12丁目、薄野南4-7条通西4丁目線市道、札幌市體育交流設施 COMMUNITY DOME
網址： www.snowfes.com/index.html

四季絢雪 春 夏 秋 冬

要為北海道填上「最佳旅遊季節」的話，應該是「一年四季」。不是嗎？北海道春暖花開、夏祭熱鬧、秋看紅葉，到了冬天就要參加各大雪祭出海看流冰！而且北海道期間限定的主題交通特別多；任何季節到北海道旅行，都各有不同的景致。

雪上摩托車大賽 **3月**

介紹： 集合全日本雪上摩托車手的盛大比賽
日期： 2月至3月初
地點： 美瑛滑雪場

夜櫻點燈

介紹： 日本人除了喜歡在早上賞櫻外，也愛賞夜櫻。每年櫻花盛開之時，小樽市民及遊人都會來到手宮公園，在上千棵櫻花樹下點燈。
日期： 4月尾至5月初
地點： 小樽市手宮公園

夜櫻活動 **4月**

介紹： 五稜郭公園內約有1,600棵櫻花樹，為北海道內第二人氣的賞花勝地。夜晚點燈後，滿開櫻花的景色更顯璀璨。

日期： 4月下旬至5月上旬
地點： 五稜郭公園
網址： www.goryokaku-tower.co.jp

芝櫻祭 **5**月

介紹：芝櫻是櫻花的一種，桃紅色，不過並非喬木型，而是一小株的地上小花。芝櫻公園內，有多達8公頃的芝櫻開滿地上，非常壯觀。

日期：5月初至6月初
地點：大空町東山芝櫻公園
網址：www.mokotoyama.knc.ne.jp

富良野·美瑛 Norokko 號 **6**月

介紹：火車路線會經過兩地最主要的風景區，包括薰衣草田等。
日期：6月初至8月尾每日，9月至10月尾逢星期六、日及假期
地點：來回JR富良野及旭川

網址：http://www2.jrhokkaido.co.jp/

札幌夏天 **7**月

介紹：是札幌夏天最盛大的活動，園內有很多不同主題的攤位遊戲，以及售賣啤酒和特色小食的檔攤。

日期：7月中至8月初
地點： 札幌市大通公園

登別地獄祭 **8**月

介紹：登別市的標誌是「鬼」，祭祀當天會有「閻羅王」親領其他小鬼在溫泉街上遊行。
日期：8月27及28日
地點：登別市溫泉町商店街

介紹：昭和新山每年均會舉行盛大的煙花表演，重現當年火山爆發的震撼場面。
日期：8月尾
地點：洞爺昭和新山

珊瑚草 **9**月

介紹：網走的能取湖種有全日本最大的珊瑚草群，這種稀有的植物一到夏天8月尾左右，便會由綠轉紅，亦是遊人觀賞珊瑚草的最佳季節。

日期：9月初至10月中旬
地點：網走能取湖

紅葉祭 **10**月

介紹：十月開始至十一月，是北海道紅葉盛開的季節，尤以道央至道東一帶的紅葉轉色最快。札幌郊外的定山溪溫泉，每年都有個紅葉大茶會，讓遊人邊浸溫泉邊賞紅葉。

日期：10月中開始
地點：定山溪溫泉街

11月

介紹：聖誕慶祝活動之一，公園及整個札幌市都會有大型的聖誕燈飾作點綴。

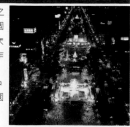

日期：11月中至2月中
地點：札幌市大通公園及市內

SL聖誕小樽號 **12**月

介紹：傳統的蒸氣火車，於聖誕時行駛札幌至小樽，車上有聖誕爵士管樂表演，充滿節日氣氛。
日期：12月中
地點：來回JR札幌及小樽站

北海道海鮮當造表

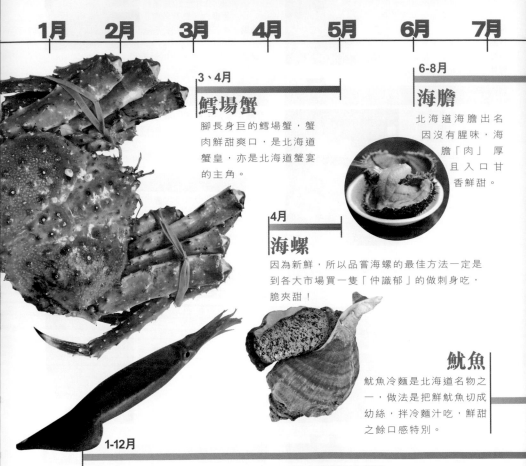

1月　2月　3月　4月　5月　6月　7月

3、4月

鱈場蟹

腳長身巨的鱈場蟹，蟹肉鮮甜爽口，是北海道蟹皇，亦是北海道蟹宴的主角。

6-8月

海膽

北海道海膽出名因沒有腥味，海膽「肉」厚且入口甘香鮮甜。

4月

海螺

因為新鮮，所以品嘗海螺的最佳方法一定是到各大市場買一隻「仲識郁」的做刺身吃，脆夾甜！

魷魚

魷魚冷麵是北海道名物之一，做法是把鮮魷魚切成幼絲，拌冷麵汁吃，鮮甜之餘口感特別。

1-12月

章魚
北海道全年盛產章魚，當地人喜歡把新鮮的章魚雪凍後切成薄片，造成涮章魚鍋。

1-12月

帆立貝
北海道的帆立貝，巨大無比，直徑10cm肉厚3cm實屬等閒，做刺身或炭燒一樣美味。

在北海道食海鮮，是最理所當然的活動！北海道的海洋因著水流、微生物豐富和水質的關係，海產不但產量多而且質素極高。年頭到年尾，都有不同的海產當造。

8月	9月	10月	11月	12月

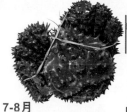

8-10月

牡丹蝦

牡丹蝦是香港人最愛吃的日本蝦刺身，肉質實在而且鮮甜。

10、11月

三文魚

每年10至11月，知床半島都有大量的三文魚回流。不過就以魚子比三文魚刺身更為出名。

8-10月

秋刀魚

道東地區出產的秋刀魚出名特別肥美，條條都有40cm長，做爐端燒最香口。

9月

花咲蟹

蟹肉絕不及鱈場蟹鮮甜，吃的是其蟹膏，郁香之餘，分量也多。

11-2月

八角魚

小樽收穫最豐，所以八角魚的料理是小樽名物之一。

7-8月

生蠔 **12月**

一定要吃的是「厚岸」蠔，據說更是全日本第一的蠔；屬於味濃肉肥的一種。

札幌

長期爆場！

(1) 三文魚籽丼

每當食客點這道菜時，廚師便會搖起響鈴，店員立即捧來一大盤三文魚籽，在客人面前舀到飯碗上，全場店員更氣勢磅礡地在旁打氣！¥4,980(大)、¥2,690(中)、¥2,290(小)

(1) 海味はちきょう本店：地址：札幌市中央區南3条西3丁目都ビル1F
(2) どんぶり茶屋：札幌市中央區南3条東1-7新二条市場內
(3) 海鮮処 魚屋の台所：札幌市中央區南3条東1-6のれん橫丁1F
(4) 濱一番：北海道札幌市中央區北3条西2 アストリア札幌2F

材料多到滿瀉！
北海道超豪邁海鮮丼

(5) 自選三色海鮮丼

三角市場內的高人氣之選，9款海鮮中自選3至4款，建議與朋友各點不同材料一齊吃。3品 ¥2,200、4品 ¥2,750

(6) 雙色海膽丼

味道較清甜、淺黃色的是紫海膽（むらさきうに）；而顏色較深、濃郁甘甜的是馬糞海膽（ばふんうに）。¥3,000-¥6,000

(7) ANA 特製丼

與全日空ANA共同開發的「ANA特製丼」，料多到滿出來的海膽、蟹鉗、三文魚、三文魚籽，一整支的蟹鉗吃起來真是滿足。¥3,300

(2) 至寶蓋飯

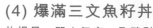

視覺大滿足！

大木桶裝著大蝦、帝王蟹、毛蟹、三文魚籽和海膽，採用禮文島和鄂霍次克海的食材，滿滿的海鮮看起來好浮誇！

￥4,280

挑戰極限！

(4) 爆滿三文魚籽丼

札幌另一間人氣店，晶瑩剔透的魚籽包裹著滿滿的魚油鮮香，店員豪氣地將魚籽一大勺一大勺地加在飯面，直至滿出來為止。￥1,980

(3) 廚師精選海鮮丼

同樣由廚師發辦的おまかせ丼，堆疊成小山的海鮮達15種，以一人份來說還是太多，建議與同行朋友分享。￥3,000

來北海道一定要品嘗海鮮，求精緻的有「寿司善」、「茶寮 瀧乃家」等都是廣受好評之選。想大啖食超豪氣的海鮮丼，還有以下的人氣之選。

(9) 特選丼

海產店直營的食堂，特選丼有裝到滿滿的蟹腳、海膽、蝦卵、三文魚籽、甜蝦等，鮮甜度滿分。￥4,500

海產店直營！

廚師發辦！

(8) 旬のおまかせ丼

這個由廚師發辦的「旬のおまかせ丼」，共有帆立貝、三文魚、牡丹蝦、瀨尿蝦、三文魚籽、魷魚、蟹鉗及蟹棒等12種配料。￥5,000

小樽

(5)(6) 北のどんぶり屋 滝波食堂：小樽市稲穂3-10-16三角市場內
(7)(8) 市場食堂 味処たけだ：小樽市稲穂3-10-16三角市場內
(9) 澤崎水產：小樽市色內1-1-17小樽出拔小路1F

北海道冬之祭典

最夢幻的北海道，是在冬日白雪皚皚的時候。
每年二月，北海道積雪正盛，是多個冬日雪祭舉行的佳期，
亦是北海道最吸引的日子。以下為你列選九個北海道的冬之祭！

一 札幌雪祭

已舉行了六十多年的札幌雪祭，絕對是北海道最盛大的雪祭。每年二月上旬，雪祭於札幌市內的大通公園、薄野及さとらんど三大會場舉行，不但吸引國內外的冰雕藝術家前來參加，世界各地的遊人也逼爆其中！三個會場中，規模最大的是大通公園，佔據十二條街，每座雪雕足有五、六層樓高，震撼非常！一星期的雪祭，展出多達數百座冰雕雪雕及很多精彩的冰雪活動，包括冰滑梯、雪地蒸氣火車及雪迷宮等。想體驗鋪天蓋地的冰雪世界，札幌雪祭是首選！

札幌雪祭會場資料

i. 大通會場
地址：札幌市中央區大通公園
交通：地下鐵大通站即達

ii. 薄野會場
地址：札幌市東4-7條通
交通：地下鐵薄野站即達

iii. さとらんど會場
地址：札幌市東區丘珠町584番地2
交通：地下鐵東豐線新道東站乘中央巴士直達
（雪祭舉行期間有穿梭巴士來往大通公園會場及さとらんど會場）

查詢：札幌冰雪節實行委員會
電話：81-11-2112316
網址：www.snowfes.com

小樽 雪燈之路

　　小樽雪燈之路絕對是為情侶而設的浪漫愛河及專用雪祭，除了因為舉行日期一定橫跨每年的情人節外，會場還有大量浪漫的心形雪燈、愛的十字架等；再加上入夜後小樽運河上有多達數百支蠟燭，河邊小路又有數百座雪燈，遊人更可自製一個蠟燭燈台，朦朦朧朧的燭光映照在運河上，煞是浪漫！

小樽雪燈之路
舉行地點：小樽運河、手宮線跡地及小樽中心街
舉行日期：2月中旬
交通：JR小樽站步行10分鐘
網址：yukiakarinomichi.org

二 冰濤祭 支笏湖

主要為冰雕展覽，在預先做好的巨型支架上噴水以造出各式冰雕。

舉行地點：北海道千歲市支笏湖溫泉
舉行日期：1月尾至2月中

四 云瀑祭 層云峽

活動豐富，有雪屋、巨型雪雕、煙花和民族音樂等表演。

舉行地點：層云峽溫泉街
舉行日期：1月尾至3月尾
網址：www.town.kamikawa.hokkaido.jp/

五 ケ之丘冰祭 帶廣

特別在市民及遊人可親手自製雪雕和「冰蠟燭」，場內亦有冰雪雕像展出。

舉行地點：帶廣市ケ之丘公園
舉行日期：1月尾
網址：www.obikan.jp

六 白鳥祭彩凜詩 十勝川

屆時將有一個由超過800個特製三角燈籠進行的聲光表演，而且每年冬天會有上千隻天鵝飛到十勝川溫泉過冬，白白的天鵝群跟雪地相映成趣。

舉行地點：十勝川溫泉旁河邊
舉行日期：1月尾至3月初
網址：www.tokachigawa.net/event/sairinka.html

七 旭川 冬之祭

旭川冬祭擁有全球最大的冰雕，曾經在2006年打入健力士紀錄，亦是日本唯一一個可以供人登上的巨型冰雕。

舉行地點：三個會場分別為石狩川旭橋河畔、常磐公園、平和通買物公園
舉行日期：2月中

八 函館 五稜郭之夢

函館市內地標「五稜郭」公園的周邊將會點起燭光，形成一個巨大的五角星圖案光環。

舉行地點：函館市五稜郭公園
舉行日期：1月中至2月尾
網址：hakodate.to/hoshinoyume/

九 網走 流冰祭

可以乘坐破冰船出海，觀賞從北極漂浮至知床半島的流冰，是參加流冰步行的最佳時間。

舉行地點：北海道網走斜里郡斜里町
舉行日期：2月中
網址：www.ms-aurora.com/abashiri/index.html

北海道必買手信

I. 進擊！北海道甜品5大天王

LeTAO (A)

來自小樽的LeTAO是近年最具人氣的日本甜品名牌，LeTAO是法文「La Tour Amitié Otaru」(親愛的小樽塔)，公司創立於1998年。

地：小樽市堺町7番16号

北菓樓 (B)

同樣來自小樽的北菓樓，樹輪蛋糕「妖精之森」聞名，除了蛋糕，其他甜品小吃亦非常有水準。

地：小樽市堺町7番22号

柳月 (C)

來自帶廣的代表，以年輪蛋糕三方六聞名全國。

地：帶廣市音更町下音更北9線西18-2

(A)
雙層芝士蛋糕
¥1,728/個
年銷250萬個，推出至今獲獎無數。

(B)
妖精之森 ¥1,165/個
口感綿密，甜而不膩。

(C)
心形松露朱古力
¥730/4粒
芳香的松露，加上濃郁的朱古力和穀食外形，是情人節必備之物。

(A)
Niagara 酒心朱古力
¥864/8粒
加入了小樽特產的NIAGARA葡萄酒，有白葡萄酒濃郁的香味，入口即化！

(A)
皇家山峰紅茶朱古力
¥648/9粒
混合了可可和大吉嶺茶花，調和出香濃的朱古力。

(B)
北海道開拓米菓 ¥1,338/3包
味道來自北海道不同的名物，如函館松前魷魚味、枝幸的帆立貝等。

(C)
朱古力三方六の小割
¥1,350/10個
三方六其實就是指蛋糕的外形「三方六吋」，再包上一層香味濃郁的朱古力醬。

F10-0

今時今日到北海道旅行，回來時仍是獨沽一味「白之戀人」朱古力，真的會被人怪責誠意有限。其實北海道手信的種類何其多，以下的推介你一定不可錯過！

(D)
生朱古力(牛奶味)
¥760/盒
混合優質精選朱古力和鮮奶油，不經加熱製成，讓口感豐富柔滑。

(D)
朱古力薯片
¥760/盒
鹹和甜完美搭配，回感令人驚奇。

ROYCE (D)

1983年在札幌創立的朱古力品牌ROYCE，已成為國際知名的品牌，要買當然買日本別注版才威威！

地：札幌市北區あい里3条9丁目21-50

(E)
萊姆葡萄奶油夾心餅
¥480/4件
奶香餅脆，葡萄粒粒分明，是六花亭人氣TOP No.1伴手禮。

(E)
士多啤梨朱古力
¥650/115g
純白朱古力包著甜美士多啤梨，視覺和味覺都是極致享受。

(E)
檸檬朱古力奶油夾心餅
¥460/4件
100%北海道牛奶製成，檸檬的清香伴著濃滑朱古力，令人齒頰留香。

掃貨熱點：

札幌Stellar Place
地：JR札幌駅
www.stellarplace.net

大丸札幌店
地：JR札幌駅
www.daimaru.co.jp/sapporo

札幌北海道どさんこプラザ
地：JR札幌駅
www.dousanhin.com/shop/sapporo_jr

旭川西武
地：旭川市1条通8丁目右1号
www.sogo-seibu.jp/

丸井今井札幌、函館
地：札幌市中央曲南1条西2丁目/
　　函館市末町32番15号
www.marui-imai.jp/sapporo/s_top/index.html/
www.marui-imai.jp/hakodate/h_top/index.html/

小樽Wing Bay商場
地：小樽市築港11番5号
www.wingbay-otaru.co.jp

六花亭 (E)

來自札幌的甜頭老店，開業超過80年，是日本首家生產白朱古力的品牌。

地：札幌市中央區北4条西6丁目3-3

II. 北海道4大咖喱湯包

到過札幌的朋友，一定會發現那裡的湯咖喱專門店的數量冠絕全國。湯咖喱（スープカレー）起源於札幌，它沒有一般咖喱的濃稠，而是以湯羹形式和米飯分開奉上。札幌很多知名的湯咖喱店除了堂食都有即食湯包供應，方便顧客把美味帶回家。

PICANTE

PICANTE是札幌人氣湯咖喱店，特色是店面非常的散，所以一位難求。即食湯包獨沽一味是雞肉味，配方獨特，香味濃郁。

地：札幌市北區北13条西3丁目アクロビュー北大前1F
電：011-737-1600
交：地鐵南北線北12条駅步行3分鐘

ピカンティ「月の薫り」¥945
除湯料外還附野菜及雞肉。

GARAKU

GARAKU是札幌市另一名店，據説排隊等位「最低消費」也要40分鐘，幫襯完當然要買個湯包回家再嘆！

地：札幌市中央區南3条西2丁目7 鳥串さん2階
電：011-233-5568
交：地鐵南北線薄野駅步行5分鐘

札幌雞湯咖喱飯 ¥971
以21種香料炮製，非常惹味。

奧芝商店

湯咖喱多以雞肉為主，奧芝卻以蝦湯咖喱雞打出名堂，湯包的設計也很有特色！

地：札幌市中央區南8条西14-2-2
電：011-561-6662
交：札幌市電西線9條旭山公園通駅步行5分鐘

蝦湯雞肉咖喱 ¥980

MAGIC SPICE

Magic Spice 成立於1993年，是札幌湯咖喱的元祖店，多次被雜誌選為札幌咖喱店的首位。Magic Spice的調味較「重手」，辣味強勁，配料除了雞肉還有鵪鶉蛋，分量十足。

地：札幌市白石區本鄉通8南6-2
電：01-18648800
交：地鐵東西線南鄉7丁目駅出站步行10分鐘

Magic Spice 湯咖喱

註：附圖僅為設計圖片，相關湯包並不包含附圖中之配菜！

III. 北海道名釀

北海道除了是美食天堂，同時也是酒鬼天堂。余市的威士忌，早已成為港人搶購的對象，而北海道出產的葡萄酒，同樣大受歡迎，加上傳統的清酒，實行令遊客不醉無歸。

威士忌

就算不是酒徒，都聽聞過NIKKA Whisky的盛名。品牌設在北海道余市的蒸餾廠，多年來以余市、響及竹鶴等威士忌，力壓威士忌發源地蘇格蘭，在國際大賽屢獲殊榮。

余市蒸餾廠
地：余市郡余市町黑川町7-6

清酒

好山好水的北海道，加上傳統工藝，自然能釀出特醇清酒！

國稀造酒廠
地：增毛郡增毛町稻葉町1丁目17

竹鶴17年
竹鶴17年已經在2020年停售，於市面上能購買到的都是數量限定品，所以價格也不斷上升，有機會碰見的話，不妨入手。

竹鶴純麥
￥4,500 (700ml)
入門版威士忌，不過仍然保留竹鶴爽滑醇厚的特點。

小樽特級尼亞加拉白葡萄酒
（おたる 特撰ナイヤガラ）
約￥2,607 (720ml)
曾在日本國內獲多個獎項，濃郁的葡萄香氣加上酒精度數較低(8度)，特別受女生歡迎。

小樽尼亞加拉氣泡葡萄酒
（おたるナイヤガラ スパークリング）
約￥1,947 (720ml)
美麗的氣泡伴著濃郁果香，令人身心皆醉。

国稀北海にごり酒
約￥1,544 (900ml)
國稀所在地暑寒別的增毛町，是在日本最北的酒窖。該地擁有暑寒別連峰清澈的水源，再以代傳數百年的釀酒工藝，辛辣得來卻帶回韻。

國稀造酒廠
地：增毛郡增毛町稻葉町1丁目17

暑寒美人
約￥1,047 (720ml)
口感清爽甜味，透出淡淡水稻的芳香，很受女性歡迎。

葡萄酒

除了余市，北海道的小樽及千歲都是產酒重鎮，特別是小樽種植的尼亞加拉葡萄(Niagara)，無論造甜品或釀酒都清甜芳香。

小樽葡萄酒藝術館
地：小樽市朝里川温泉1丁目130番地

掃貨熱點：
COME-IN北海道(新千歲機場店)
地：新千歲機場國內線大樓2樓

Wine Shop Fujii
地：札幌市中央區南3条西3丁目1-2

臨上飛機救急手信篇

新千歲機場雲集北海道各地特色的農產品，由水產、生果、乳製品甚至酒類都有齊，是上機前伴手禮最佳的補充站。

時：8:00am-8:00pm

精　　　選　　　商　　　店

北海道興農社 Wine & Cheese

主力銷售北海道釀製的酒類及乳酪，亦有售火腿、香腸、煙燻製品、果醬及各種農產加工品。

電：0123-25-8639

網：http://www2.enekoshop.jp/shop/hokkaido-konoshashop/

NORTH FARM STOCK (ノースファームストック) 純天然奶酪，有多款口味選擇。

極品藍芝士￥1,458(需冷藏)，榮獲「全日本天然奶酪大賽」金獎，奶香濃郁。

美瑛選果麵包(5個入)￥1,080，集合美瑛產五種豆類烘烤而成。

美瑛選果

美瑛除了賞花，也是北海道蔬果的生產基地。美瑛選果銷售玉米、蕃茄、蘆筍、馬鈴薯等當季農產品，同時發售使用美瑛產小麥、玉米等五種豆類，在店內烘烤的限定美瑛選果麵包。

玉米包(5個入)￥1,080，每次出爐都會被搶購一空。

電：0123-25-8639

網：http://www2.enekoshop.jp/shop/hokkaido-konoshashop/

かま栄

創業於明治38年(1905年)的小樽魚板專賣店かま栄，店前常常大排長龍。雖然剛炸好的新鮮魚板最好是即場品嘗，不過店內也有許多適合送禮的創意商品。

電：0123-46-5894

網：http://www.kamaei.co.jp/

魚板分為紅、白、黃三色及燒板四種口味，每條￥972

除了魚，かま栄也會以不同海鮮製作不同口味的板糕，如螃蟹、扇貝、蝦、鮭魚甚至海膽，每條￥648。

新 千 歲 機 場 甜 點 專 區

千歲機場甜點專區有齊LeTAO、北菓樓及ROYCE等北海道名牌甜品店，在市區有遺漏都可在這裡作最後衝刺。另外亦可發掘一些遊客較陌生的店舖，隨時帶來驚喜。

Siretoco Sky sweets

「Siretoco Factory」是自北海道知床山麓中標津町的名牌，獨家創作的知床甜甜圈，是以北海道著名的人與物而製成，美味得來又有趣。

電：0123-46-2109
時：8:00am-8:00pm

超人氣小熊甜甜圈禮盒￥1,680，一盒有5款口味，可愛得唔捨得食。

PASTRY SNAFFLE'S

芝士蛋糕(一盒8個)
￥1,728

函館馳名法式糕餅店，推薦入口即化的梳乎厘芝士蛋糕。出品全使用北海道的原材料、完全不經冷凍、每天現烤現賣，確保品質新鮮。

電：0123-21-8461
網：http://www.snaffles.jp/

夾心棉花糖朱古力餅(一盒5條)，餡料有軟有硬，配上特濃朱古力，只限千歲機場店發售。

千秋庵

千秋庵創立於大正十年(1921年)，是札幌著名的日西式糕點專賣店。其中以使用新鮮的奶油、牛奶、雞蛋烘烤出高級薄餅「山親爺」最有人氣，而紅豆批「NORTHMAN」同樣大受歡迎。

電：0123-46-5892
網：http://senshuan.co.jp/

山親爺12枚入￥940、24枚入￥1,580，行銷接近一世紀的古早味點心。

ノースマン
NORTHMAN紅豆批1個￥180日、5個￥980、8個￥1,580，混合紅豆及南瓜，口感軟糯溫香。

道央

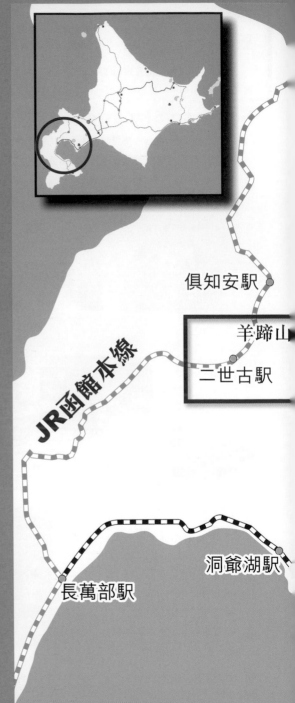

倶知安駅

羊蹄山

二世古駅

JR函館本線

洞爺湖駅

長萬部駅

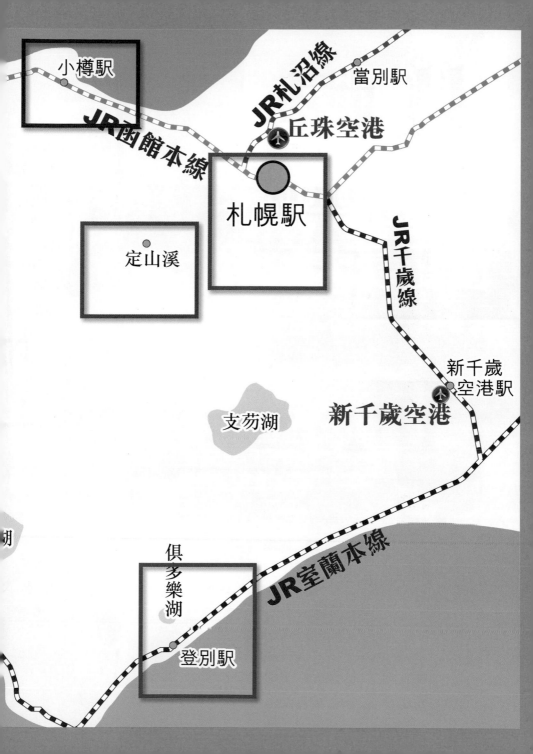

札幌
Sapporo
食買玩大全

札幌 Sapporo

　　札幌是北海道第一大城,是自助遊北海道的重點區域。這裡沒有東京的混亂人多、乘坐火車又或地鐵不知從可入手的感覺!這裡的購物區集中在三個市營地鐵站(札幌、薄野及大通駅),遊客只要在此區便能買到喜愛的日系時裝及新奇玩意!不須像在東京般,去完涉谷、新宿又去池袋、原宿,再要去台場、秋葉原加六本木!

　　只有在這裡,我們不須四圍轉;亦只有在這裡,既可以 Shopping 又可以在春賞櫻、在秋賞紅;一年四季都可到近郊的定溪山歎其露天溫泉;而在冬季時,更能滑雪及一看畢生難忘的雪祭……只有札幌……惟一的札幌!

對外交通
札幌新千歲空港

　　國泰航空有直航班機由香港飛往札幌新千歲空港,廉航方面則有捷星、樂桃及香草航空提供由香港往關西空港,再轉飛往新千歲機場的航班,交通時間當然較長。至於內陸航班,由東京(羽田及成田空港)、大阪關西空港均有大量航班往來;道內的內陸航空交通,日航開設往來札幌至女滿別空港的航班 (JL 2710、2716及2718),全日空則開設往來札幌至稚內空港 (NH 4926) 及札幌至利尻空港 (NH 4930) 的航班。

新千歲空港往市內交通
JR Rapid Airport (快速機場列車)

　　每15分鐘一班,車程最快36分鐘,單程自由席車¥1,150;單程 U seat 指定席¥1,990;從新千歲機場入境後,往地下一樓即達 JR 新千歲空港駅,入閘處旁設有服務中心,可兌換 JR Pass,營業時間為8:30am-7:00pm。

中央巴士

　　一家大細拿著人件行李,來巴士是一個不錯的選擇!由新千歲空港至札幌市內約需1小時10分鐘,巴士途經 JR 札幌駅、札幌 ANA、Grand、Prince Hotel、大通公園等,終站為京王Plaza 酒店,每小時4班,單程車¥1,100。巴士站設於入境大堂外,於 JAL 出閘口 (13號) 及ANA 出閘口 (24號) 均設有服務台售賣巴士車票。

中央巴士網頁:www.chuo-bus.co.jp

道央

小樽至札幌

遊客可乘坐JR函館本線普通列車或前往札幌新千歲機場的「快速機場列車」(Rapid Airport)，於JR札幌駅下車，車費￥750，機場線需另付￥840指定席費用，車程由36分鐘至47分鐘不等。

旭川、美瑛、富良野至札幌
JR直通特急列車

每年6月中旬到8月下旬，JR都會開設一列名為「富良野薰衣草特急列車」(Furano-Lavender Express)（到了9月的周六、日，JR則會開出一列名為「富良野紅葉特急列車」）直通札幌至富良野，車程約1小時54分鐘。

> 札幌9:07am開→富良野11:07am到
> 富良野16:51pm開→札幌18:46pm到

中央巴士「高速富良野號」

乘坐巴士可省卻轉車及搬行李之苦，最適合一家大細。由JR札幌駅前巴士站至JR富良野駅前巴士站，車程約2小時30分鐘，單程票價每位￥2,500；來回￥4,720，小童半價，全年開設。

＊JR直通特急列車及中央巴士「高速富良野號」的詳細班次，請參閱「道北——富良野」一章。

市內交通
市營地下鐵

市營地下鐵共分3條路線：南北線、東西線及東豐線。3條路線都途經主要旅遊觀光點，當中以札幌駅、大通駅及豐水駅為主要遊客會上落的車站。

列車服務時間為6:00am-凌晨12:15am；車費成人￥210起，小童￥110起。

地下鐵 Day Pass

若在行程中，預算會乘搭地下鐵4次或以上，則可以考慮購買Day Pass。成人每張 ¥830；小童¥420。若碰上周六、日及假期，就可以優惠價購買「假期專用Day Pass」，成人每張¥520；小童¥260。兩種Day Pass均可以於站內票務處購買。

札幌市地下鐵網頁：www.city.sapporo.jp/st

札幌市電

札幌市電跟香港的電車和輕鐵相似，在路面行走，路線接連住宅區至札幌市中心，總站至總站的車程約需45分鐘。基本上，除非遊客想落區體驗當地人文風情，否則很少會選用市電。札幌市電車車費為均一制，成人¥330、小童¥160。

札幌市電網頁：
www.city.sapporo.jp/st/

Kitaca 卡

去開日本的朋友，總會有一張類似香港八達通的SUICA卡(俗稱西瓜卡)傍身。SUICA卡來自日本關東地區，至於北海道開發的，則有Kitaca卡。因為SUICA卡已可在全日本JR及主要交通工具使用，如果已有SUICA卡不用另買Kitaca卡。不過若是電子購物，在北海道接受的範圍始終是「地頭蟲」Kitaca卡稍勝，所以兩卡都沒有的旅客到北海道時可優先考慮Kitaca卡。

Kitaca卡詳情
銷售地點．各JR站Kitaca售票機
售價：¥2,000(¥500為押金，其餘是預先儲值的金額)
退卡：需付¥220手續費，便能退回押金及餘額)
網址：http://www2.jrhokkaido.co.jp/global/chinese/ticket/kitaca/kitaca01.html

札幌市鐵路路線圖

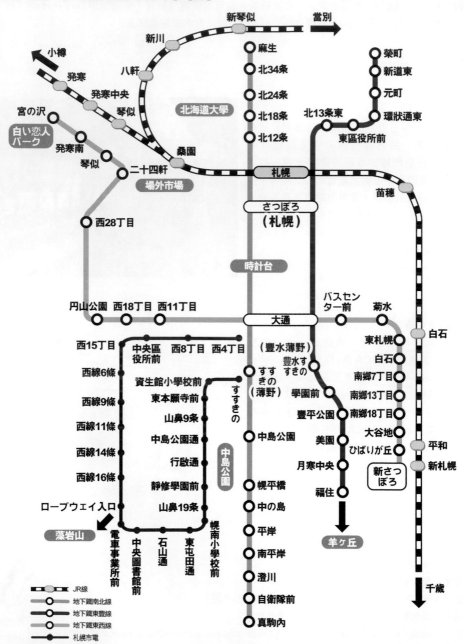

JR線
地下鐵南北線
地下鐵東豐線
地下鐵東西線
札幌市電

DAY 1 新千歳機場 乘JR約36分鐘 → JR站周邊的酒店check-in 步行2分鐘 →

🍴🎫 JR Tower Square逛街及午膳 步行8分鐘 →

📷 北海道廳舊本廳舍 步行10分鐘（約4pm） 📷 時計台 步行5分鐘 →

📷 大通公園 步行3分鐘 → 電視塔 黃昏乘市電約30分鐘 →

📷 藻岩山展望台看夜景 乘市電約30分鐘（約8pm） →

🍴🎫📷 Norbesa食晚飯、行街、玩摩天輪、做SPA等

DAY 2 酒店 乘地鐵約20分鐘 → 🍴 札幌場外市場食早餐 乘地鐵約10分鐘（約11am） →

🍴📷 白い恋人パーク 乘地鐵約8分鐘 → 🍴🎫 円山公園散步及午膳

乘地鐵15分鐘（約4pm） → 🎫 SAPPORO FACTORY 乘地鐵10分鐘（約6pm） →

🍴🎫 黃昏後到狸小路商店街逛街、食晚飯及到夜店消遣 ……

DAY 3 酒店 乘地鐵約8分鐘（約8am） → 🍴 二条市場食早餐 乘地鐵及巴士共1小時（約10am） →

📷 羊ケ丘展望台 乘地鐵及巴士共1小時（約12:30pm） → 🍴🎫 札幌站前巴士總站

乘巴士約1小時30分鐘 → 🍴🎫 2pm到定山溪溫泉旅館check in →

翌日起程到北海道其他地區

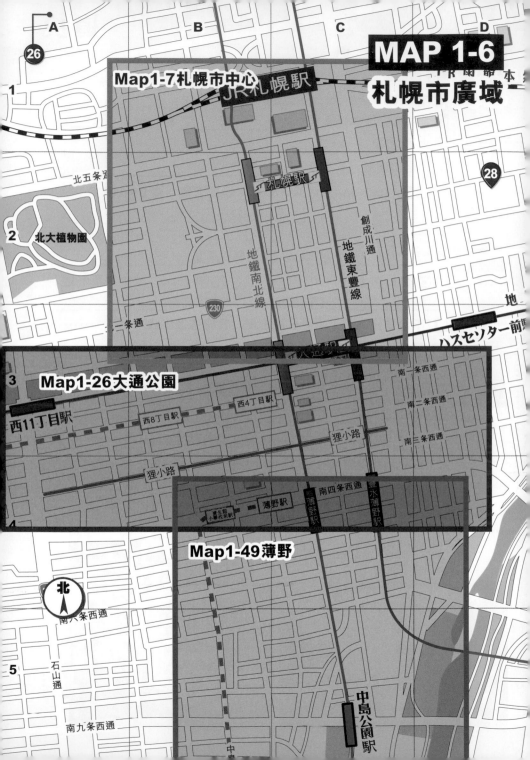

A
26

B

C

D

MAP 1-6
札幌市廣域

1

Map1-7札幌市中心
JR札幌駅

28

北五条通

北大植物園

2

地鐵南北線

創成川通
地鐵東豐線

230

一条通

地

バスセンター前駅

Map1-26大通公園

3

南一条西通

西11丁目駅

西8丁目駅

西4丁目駅

南二条西通

狸小路

南三条西通

狸小路

Map1-49薄野

養生館
小學校前駅

薄野駅

薄
野
駅

南四条西通

豐
水
薄
野
駅

北

南六条西通

石山通

5

中島公園駅

南九条西通

札幌市中心

小樽

二世古

登別

定山溪

車站旁的購物天堂

Map 1-7 **/C1**

JR Tower Square

(01)

🚕 JR 札幌駅上蓋

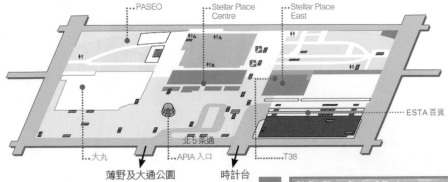

- PASEO
- Stellar Place Centre
- Stellar Place East
- ESTA 百貨

北5条通

大丸 ······ APIA 入口 ······ T38

薄野及大通公園　　時計台

　　踏出JR札幌駅就是集合了四大shopping mall的JR Tower Square，包括Stellar Place、ESTA、Apia和PASEO(已結業)，是札幌型人買物勝地，貨物一應俱全。Stellar place的商店較適合女性；ESTA則是罕有的男士購物天堂；而Apia大型地下街的時裝、日用品、食店等都價廉物美。

　　在JR Tower Square的幾個購物中心和JR札幌駅相連，路面指示亦十分清晰，不用擔心行錯路。註：ESTA將於2023年8月31日結束營業。

Stellar Place Centre & East

上圖的藍色部分，分為Stella Place Centre和Stella Place East。

ESTA

桃紅色部分，內有著名的Bic Camera和札幌拉麵共和國。

T38 →

Apia地下街入口，街內商舖又多又集中。

PASEO

PASEO 已於2022年結業。

商場大變身　Map 1-7 /C1
Stellar Place ⑫

Stellar Place 是札幌市內最受札幌人歡迎的商場，皆因地理位置優越、商舖和餐廳又多又集中。Stellar Place East 於近年更來一個徹底大變身，加入十多間新舖，部分是北海道初登場的品牌，令它人氣爆燈，女士們去到一定大出血。

INFO

🏠 札幌市中央區北 5 条西 2 丁目 | 📞 011-209-5100
| 🕐 商店 10:00am-9:00pm，食肆 11:00am-11:00pm
| 🌐 www.stellarplace.net

場內有足夠坐位讓客人可以慢慢欣賞景色。

⑬　最高處看札幌全景
Map 1-7 /C1　　　　T38

行街行到累了，不妨到市內最高、位於JR Tower頂樓的展望室看札幌夜景。在札幌市眾多展望台之中，T38是看札幌夜景的最佳位置，因為一般市內建築只得幾十公尺，T38卻有160公尺，市內所有景色都可以一覽無遺。

冬日的札幌又是另一番景象。

T38南面望向大通公園、電視塔、摩天輪等五光十色的夜景，是最美的方位。

INFO

🏠 Stellar Place East 38/F | 📞 011-209-5100 | 🕐 10:00am-11:00pm | 💲 ￥720(售票處設於六樓)
| 🌐 www.jr-tower.com/t38

04 大型地下街商場
Map 1-7 / B1 APIA

中間的玻璃圓錐地標就是APIA的其中一個入口。

🚕 JR 札幌駅或地鐵札幌駅步行 1 分鐘

APIA位於JP札幌駅，是一個只有地下一層的商場。除了在車站剪票口進入，也可從地面玻璃圓錐地標進去。這個商場分為 West 及 Center 兩區，西側的 West 區餐廳比較多；東側的 Center 區則以時裝及雜貨店為主。

INFO

🏠 札幌市中央區北 5 条西 4 丁目 | ☎ 011-209-3500 | 🕐 餐廳 11:00am-9:30pm / 產品銷售 10:00am-9:00pm（各店不同）| 🌐 http://www.apiadome.com/

【 APIA 美食推介 】

傳統風味
ごまそば遊鶴

為了感受蕎麥香味，沾麵汁時只沾麵的1/3即可。

店家30年來堅持不使用任何添加劑作蕎麥麵，並在製作麵條時加了芝麻，所以麵吃起來不但有蕎麥味外，還有一股芝麻的香氣。除了常規的天婦羅蕎麥麵外，店家還經常推出使用時令食材的限定菜單，為食客帶來驚喜。

INFO

🏠 APIA 百貨商場 B1/F No.52 | ☎ 011-209-1442 | 🕐 11:00am-10:30pm | 🌐 https://www.yuzuru.hokkaido.jp/

新鮮漁獲
魚活鮮とあぶり焼 海へ

　北海道盛產海鮮，而這家居酒屋每天都會採購產地直送的新鮮海鮮，用各種的烹飪手法，充分發揮食材鮮味的料理。他們有名的菜品是根據當日的漁獲而每日有所不同的綜合海鮮刺身拼盤，店家現場切割，將新鮮的味道送到食客口中。除了刺身，他們還會利用鮮魚加工成壽司、烤魚、天婦羅等等，味道水平也是很不錯的呢！

右側標籤：札幌市中心 / 小樽 / 二世古 / 登別 / 定山溪

店家標示出北海道每個地區的特產，so sweet!

INFO

🏠 APIA 百貨商場 B1/F No.22 | 📞 011-209-1205 | 🕙 10:00am-11:00pm | 💻 https://www.umi-he.com/

札幌名產とうまん
冨士屋

可以透過玻璃觀看とうまん製作過程。

　とうまん是札幌有名的和菓子，是用柔軟的蜂蜜麵團包著白豆餡製成的日本唐饅頭。而冨士屋成立超過半世紀，堅持用最好的原料來製作とうまん，他們製作的とうまん香氣細膩，味道甜而清爽，逛到累時來一個甜甜的とうまん補充體力就最適合不過啦！除了とうまん，店家還有十勝紅豆餡的鯛魚燒和小判形狀的格餅可以買來吃。

INFO

🏠 APIA 百貨商場 B1/F No.4 | 📞 011-209-3464
| 🕙 9:00am-9:00pm

【 APIA 購物推介 】

￥300百貨店
3 COINS

　　日本除了有百元商店，還有300元商店，而3 COINS 就是其中一家。3 COINS 顧名思義是商品用三個￥100硬幣就能買到（少部份商品除外），從家居用品到時尚精品，這邊都應有盡用，商品多到令人眼花撩亂。另外，3 COINS換架速度很快，所以看中什麼就不要猶疑，趕快下手啊！

響應環保而推出的原木色餐盒，最適合文青少女了。

INFO
🏠 APIA 百貨商場 B1/F No.57 | 📞 011-209-1209 | 🕐 10:00am-9:00pm | 🌐 http://www.3coins.jp/

SANRIO 公仔大集合
サンリオギフトゲート
(Sanrio Gift Gate)

　　這裡除了有人氣角色 Hello Kitty 外，當然也少不了港人喜歡的布甸狗、大口仔、Kuromi 等等角色了。從公仔到特色明信片都有，想送給 Sanrio 迷手信的話，在這裡買就準沒錯了！另外，Sanrio 有時候會推出合作聯名款商品，有興趣的朋友可以趁機入手限定款公仔。

門口有個大大的 Kitty 和你 say hello!

INFO
🏠 APIA 百貨商場 B1/F No.96 | 📞 0011-209-1205 | 🕐 10:00am-9:00pm | 🌐 http://www.sanrio.co.jp/

Map 1-7 / **B1**

05

空中食街
札幌大丸

🚕 JR 函館本線札幌駅西通道南口旁

　　札幌大丸百貨商坐落在札幌站西南。8樓的餐廳街，每間各有特色，而且價錢合理。地庫的食品超市每晚接近打烊時間，都會以極低的價格拋售一些高級水果和海鮮。除熟食櫃檯外，內設的咖啡茶座、點心櫃檯也都有試飲試食活動。此外，由於大丸是札幌「日本火腿」棒球隊的贊助商，所以每當球隊獲勝之後都會舉辦答謝顧客的促銷。

【 8樓餐廳街推介 】

和菓子專門店佐藤堂。

鰻魚料理專家宮川本廛。

有百年歷史的天婦羅老店つな八。

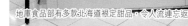

地庫食品部有多款北海道限定甜品，令人流連忘返。

INFO

🏠 札幌市中央區北5条西4丁目7番地 | 📞 011-828-1111 | 🕐 10:00am-8:00pm；11:00am-10:00pm (8樓餐廳區)
| 🌐 www.daimaru.co.jp/sapporo/

【札幌大丸商店推介】

Map 1-7 / **B1**　日式放題
06 THE BUFFET

此間自助餐無時無刻也大排長龍，最適合行了整天、餓到打鼓的自遊人幫襯。除了日、西、中食品外，亦有沙律、咖喱、甜品及六款雪糕任君享用。

INFO

🏠札幌大丸 8/F | ☎011-828-1263 | 🕐午餐放題 11:00am-4:30pm（3:30pm last order）限時 90 分鐘；晚餐放題 5:00pm-10:00pm（9:00pm last order）限時 120 分鐘

Map 1-7 / **B1**　北海道優質米
07　**千野米殼店**

北海道老字號米店「千野米殼店」，位於札幌大丸內的B1樓層，將各種米包裝成精緻的小包裝，而且每種米還附有品種、風味特性、洗米方法等説明，店內還有由米製造的土產餅乾，送禮或自用都合適。

INFO

🏠札幌大丸 B1| ☎011-828-1164 | 🕐10:00am-8:00pm

螃蟹便當　Map 1-7 / B1
札幌かに家　08

　　札幌かに家是當地的螃蟹專門店，其隸屬的螃蟹將軍在日本各地都有分店。而當店人氣NO.1的產品是「帝王蟹便當」，滿滿的蟹腳肉鋪於白飯上，相當吸引；另外「3種蟹肉便當」，可一次過品嘗帝王蟹、毛蟹及松葉蟹等3種不同風味的蟹肉。

INFO

🏠 札幌大丸 B1| 📞 011-828-1111 | 🕐 10:00am-8:00pm

Map 1-7 / B1

一站式手信基地
北海道どさんこプラザ
(Hokkaido Dosanko Plaza)

09

🚕 JR 札幌駅北口

　　要是沒有時間四周買北海道的手信，可以到JR札幌站的北海道土產廣場，這裡已經為你搜羅了全個北海道各地的特色土產，產品達2,000種之多。這裡的佔地不算大，但貨品放得密密麻麻，最多的是北海道的美味食品。包括了毛蟹、芝士、葡萄酒、和菓子和漬物，甚至是帶廣的豚丼醬汁。這裡每3個月都會推出新產品，而門口很多時都有試食攤位，就算是無緣帶回家，也可以在此品嘗一下。

可以在這裡試北海道新鮮牛奶，但帶回香港當手信就不鼓勵了。

INFO

🏠 札幌市北區北 6 条西 4 丁目 | 📞 011-213-5053 | 🕐 8:30am-8:00pm
| 🌐 www.dousanhin.com/shop/sapporo_jr/

道央

新鮮的海鮮爐端燒
根室 浜一番

Map 1-7 / **C2**
⑩

🚗 JR 札幌駅步行 2 分鐘

如果想和一班朋友品嘗新鮮海鮮，那根室 浜一番就可以滿足你了。這裡可以無限暢飲120分鐘，最適合一大班人一起吃吃喝喝聊聊天。座位方面店內提供了榻榻米式和挖洞式座位，不習慣跪坐的朋友可以選坐挖洞式的。食材方面店家的海鮮都是每日新鮮直送，配合當日時令食材，給你的味蕾帶來大滿足！

INFO

🏠 札幌市中央區北 3 条西 2 丁目アストリア札幌ビル 2F | 📞 011-222-3312 | 🕐 5:00pm-11:00pm | 🌐 https://hama1ban.owst.jp/

Map 1-7 / **B1** ⑪ 海鮮居酒屋
くし路 新北海道ビル店

🚗 JR 札幌駅步行 1 分鐘

以炭燒作賣點的くし路居酒屋位於札幌車站北口，是連本地居民都經常去的居酒屋。店家會用炭火慢慢炭燒當季海鮮和肉品，燒出來的料理味道鮮甜中帶有煙燻特有香氣，口感也很Q彈軟嫩。除了炭燒，還有其他豐富料理，像是綜合刺身、海鮮丼飯、鐵板羊肉、鍋物等，各式料理應有盡有，滿足不同人的口味需求。

INFO

🏠 札幌市中央區南 4 条西 3 すすきのビル 3F | 📞 011-533-1717 | 🕐 周一至六 5:00pm-10:00pm | 🌐 https://hokkaido-sapporolion.jp/shop/kushiro/HokkaidoBuild.html

札幌市中心

小樽

二世古

登別

定山溪

乗馬車暢遊札幌市
幌馬車觀光
(12) Map 1-7 / B4

 地鐵大通駅 4 號出口直達

札幌是一個現代化的城市，但在鬧市中心，卻不時會見到馬車在馬路上行走，為這城市增添了不少特色。原來札幌觀光幌馬車在1978年已開始運行，行程由大通公園4丁目出發，途經札幌市時計台、北海道廳舊本廳舍，最後回到大通公園，全程約50分鐘。乘客除了可欣賞沿途景色，亦會在各個景點停留拍攝，打卡威威。

馬車共兩層，上層收費略貴。

INFO
🏠 大通公園 4 丁目（集合地點） | 📞 011-512-9377 | 🕐 4 月底至 11 月 3 日（雨天中止）10:00am-4:00pm，每小時一班，正午 12:00nn 至 1:00pm 除外 | 💲 下層：成人 ¥2,100，小童 1,100；上層：成人 ¥2,500，小童 ¥1,300 | 🌐 https://www.asahi-net.or.jp/~yv8k-wtnb/sapporo_kanko_horobasha/horobasya/

Map 1-7 / C3 (13) 北方的美好生活
大通ビッセ（大通 bisse）

🚕 地鐵大通駅步行 1 分鐘

以「北方的美好生活」為主題，結集來自北海道各地商舖，遊客在這裡購物、美容、吃喝都可以。商場一共有5層，其中最受遊客歡迎的莫過於1/F的ビッセ甜點街，甜點街集合北海道各個牧場產的牛奶所製成的雪糕，有的香味醇厚，有的口感清爽，總有一款是適合你的口味。此外，ビッセ甜點街還有商場限定甜點，甜食控的你就絕對不能錯過啊！

商場有時候會舉行主題市集，遇到的話不妨看看有什麼特別商品。

INFO
🏠 札幌市中央區大通西 3 丁目 7 番地 | 🕐 7:00am-11:00pm（各店有所不同）| 🌐 https://www.odori-bisse.com/

札幌市中心

小樽

二世古

登別

定山溪

「他媽哥」的味道 ⑭

卵と私　　Map 1-7 / **B1**

　地鐵南北線札幌駅出站即達

　　我們不是説粗口，而是蛋包飯的日文發音原是「Tamago」。其實蛋包飯香港都有得吃，不過總是不夠日本的好吃。來到這裡，你可以試一試這家連鎖式蛋包飯專門店的手勢，店內裝修整潔，蛋皮做得頗薄和幼滑，配上秘製甜汁拌飯，實在美味。

INFO

🏠 札幌市中央區北五條西 4 丁目札幌駅南口廣場地下街 | 📞 011-2093414 | 🕐 11:00am-9:00pm

---

Map 1-7 / **B1**　全北海道最大的書店

⑮ 紀伊國屋書店

🚕 JR 札幌駅西通道南口即達

　　雖然只佔地兩層，但每層的地方超大，近門口的雜誌區，約有一百米長，超過500種雜誌，免費任看。沿電梯往2/F，左面為洗手間，沿洗手間再向前行，可穿過停車場到 JR Sapporo55大廈內，6/F 以上為多間大型食店，一般營業至11:00pm-12:00mn。書店收9:00pm，看書後正好上去食宵夜。

INFO

🏠 札幌市中央區北 5 條西 5-7「Sapporo55」1-2/F | 📞 011-231-2131 | 🕐 10:00am-9:00pm | 🌐 www.kinokuniya.co.jp/

在書店內竟然都有《北海道王》發售。

飲飽食醉
SUNTORY GARDEN 昊

Map 1-7 / **B1**

 JR 札幌駅西通道南口步行約 1 分鐘

此間餐廳的海鮮天婦羅，只用海鹽調味（一般天婦羅多用天婦羅醬汁），但炸物的肉汁均留在內，侍應將天婦羅上桌時，熱度剛好，而吸油紙卻出奇的只得一丁點兒油，入口那一刻卻甘香鬆化。這裡的海鮮天婦羅包括超巨型的蟹鉗及海蝦，單是蟹鉗就大到需要吃六口才吃完，可想而知它有多大。

INFO

🏠 札幌市中央區北 5 條西 5-7「Sapporo55」8/F | ☎ 011-232-3100 | 🕐 午市 11:30am-3:00pm，晚市 5:00pm-12:00mn | https://bar-navi.suntory.co.jp/shop/0X00047399/

Map 1-7 / **C2**

⑰

鄉間漁村風情
祐一郎商店

 JR 札幌駅步行 6 分鐘

祐一郎商店是一家充滿鄉間漁村風情的居酒屋，料理多以海鮮浜燒為主，其中有三大主打菜品，分別是厚岸直送生蠔、高湯蛋捲以及釜飯。除了固定的菜色外，店家亦會提供以當令食材為主的料理，務求給客人最新鮮的美味。飲料方面，從單點到喝到飽都有提供，就算不喝酒的朋友也可以喝無酒精飲料，適合深夜無所事事時來這邊喝一杯。

店家有提供中文菜單，不懂日文也不要緊！

INFO

🏠 札幌市中央區北 2 條西 3 丁目 1-20 札幌フコク生命越山ビル | ☎ 011-596-9666 | 🕐 11:00pm-11:30pm | 🌐 https://yuichirou.owst.jp/

道央

札幌市中心

小樽

二世古

登別

定山溪

牡蠣とじ丼，飽滿的生蠔酥炸後更惹味。

うに丼，海膽和三文魚籽把米飯全面覆蓋。

Map 1-7 / **C1** 平價兼方便

⑱ なか卯 Nakau

🚕 JR幌駅南口広場地下街

　　去開日本的朋友，一定試過在「日本大家樂」松屋開餐。其實除了松屋，なか卯也是平靚快的極佳選擇。なか卯在全日本共489間分店，真正總有一間在左近。雖然是連鎖式經營，但質素絕對不差，早午晚都會按不同季節推出不同定食，訂價最平￥290就有交易，而且以自助購票形式，言語障礙一掃而空。

INFO

🏠 中央區北五条西4丁目札幌駅南口広場地下街 W-21 | 📞 011-221-8077 | 🕐 7:00am-11:00pm | 🔍 http://www.nakau.co.jp/

百分百本地食材

一粒庵 ⑲ Map 1-7/ **C2**

🚕 地鐵東豐線札幌駅23號出口直達

　　札幌一粒庵是2012年北海道米芝蓮指南的三星推薦食店，就算他未登上米芝蓮之前，也是札幌最具人氣的拉麵店。雖然位於毫不顯眼的位置，一粒庵午晚餐時間仍經常大排長龍。他們沒有廣開分店，也繼續堅守煮麵的原則，每日限賣200碗，賣完便關門。他們的拉麵，全都以北海道材料製作，麵條選用北海道的小麥，還有道產的味噌作湯底，再配上北海道指定農場出產的豚骨，絕對是一碗地道的北海道拉麵。

INFO

🏠 北海道札幌市中央區北四条西1「ホクレンビル」B1 | 📞 011-219-3199 | 🕐 11:30am-3:00pm、5:00pm-8:00pm (周一、二不設晚市)；周六、日全日營業 | 💲 ￥600-1,380 | 🔍 ichiryuan.com

Map 1-7 / **C2**

⑳

食蟹專家
札幌かに本家

🚗 地鐵東豐線札幌駅 24 號出口徒步約 1 分鐘

此食蟹專家在北海道非常出名，樓高7層，合共460席。晚餐收費非常昂貴，如沒有時間在小樽的三角市場食蟹，可以在此店選擇午市的套餐，收費較為「便宜」。

豪氣的你，當然可選晚上到這裡品嘗。每人盛惠約 ￥8,000 的全蟹宴，有長腳蟹刺身、牛油鐵板長腳蟹、蟹腳天婦羅、蟹肉燒賣、蟹肉豆腐、蟹腳壽司等13種料理。一邊品嘗啖啖蟹肉，一邊拍照留念，足夠你吃個多小時！

INFO

🏠 札幌市中央區北三條西 2-1-18 | 📞 011-222-0018 | 🕐 11:30am-10:00pm | 💲 蟹肉火鍋 ￥4,650/ 位起波之舞 (火鍋宴) ￥7,400/ 位起 | 🌐 www.kani-honke.co.jp

---

名牌連鎖拉麵店
味の時計台 **Map** 1-7/ **C3**

㉑

 地鐵南北線札幌駅 9 號出口即達

在札幌市區隨處可見味之時計台拉麵的招牌。此店創業於1976年，如今在市內開了28家店舖，雖為平民美食，但濃郁的湯底，吸引大量學生及上班族的青睞，其受歡迎的程度，不可小看！

雖是連鎖店，但湯底的質素仍略有差異。筆者試過其中4間，以北2条直營店質素最好！此店的湯底是用大鐵鑊猛火即叫即煮，清香樸鼻，入口濃淡適中、麵粗而有彈性，強烈推介！

INFO

🏠 札幌市中央區北 1 条西 3 丁目 1 | 📞 011-232-8171 | 🕐 平日 11:00am-12:00nn，周六日及假日至 10:00pm | 🌐 www.ajino-tokeidai.co.jp/

味噌、醬油及鹽味拉麵，全部劃一收費。

360度飽覽札幌
札幌電視塔 **Map** 1-7 / **D4** ㉒

🚗 地鐵大通駅 27 號出口即達

電視塔建於1957年，作為電台、電視台收發訊息之用，屹立於大通公園則，是札幌的另一地標。現時塔內2、3樓是有落地玻璃的商店和餐廳，不用入場費，但要上展望台眺望整個札幌市就要付費了。

吉祥物電視塔爸爸表情鬼馬，產品過百種，很得遊客歡心。

INFO

🏠 札幌市中央區大通西一丁目 | 📞 011-241-1131 | 🕐 9:00am-10:00pm | 🌐 www.tv-tower.co.jp | 💲 ￥1,000

重要文化財產 **Map** 1-7 / **C3** ㉓
札幌市時計台

🚗 地鐵大通駅地下街 9 號出口步行 3 分鐘

時計台於1878年建成，是當時札幌農學校（即現在的北海道大學）的演武場，1881年裝上大鐘，成了現在的鐘樓。時計台於1970年被指定為重要文化財產，內外的維修保養都很好。鐘樓內有展館，令旅客知道更多札幌歷史。

去時計台除了看機械鐘，還可以看到從前武術課室的模樣。

「共通入場券」更抵可在時計台或電視塔購買「時計台、電視塔共通入場券」，成人 ￥800

INFO

🏠 札幌市中央區北 1 条西 2 丁目 | 📞 011-231-0838 | 🕐 8:45am-5:10pm；每月第 4 個周一休息 | 🌐 sapporoshi-tokeidai.jp/ | 💲 ￥200

Map 1-7 / A3

了解北海道歷史

㉔ 北海道庁旧本庁舎

🚕 JR 札幌駅步行 5 分鐘；或地鐵南北線札幌駅下車步行 5 分鐘

　　北海道廳舊本廳舍於1888年建成，曾經是北海道的行政機關北海道廳的辦公場所。這棟建築很有外國風的氣息，原來是以美國州議會為樣本所建造的，八角形的大圓屋頂和尖狀屋頂便是是體現新巴洛克式建築，外牆還用了近250萬塊紅磚，所以北海道居民又稱這裡為「紅磚」。這裡已經有120多年歷史，在1969年獲指定為國家重要文化財產。廳內有不少關於北海道的各種主題展覽，全部都是免費開放。

　　※舊本廳舍於2019年起開始裝修，預定2025年重開。裝修期間設免費臨時參觀設施，由23年5月7日至24年5月上旬，展示舊本廳舍的歷史和改裝的詳細等，對此有興趣的朋友不妨來看看。

INFO

🏠 札幌市中史區北 3 條西 6 |
📞 011-231-4111 | 🕐 8:45am-5:30pm；
周六日休息

皇帝的享受 ## Map 1-7 / C3

雪印パーラー ㉕

🚕 地鐵南北線札幌駅 5 號出口出站步行 2 分鐘

　　香港人對雪印這品牌一定不會陌生，可知道原來雪印就是來自北海道，最初就是以標榜優質北海道乳製品而聞名。來到札幌市中心的雪印本店，一定要品嘗皇家雪糕(Royal Snow)。據説雪印當年為了迎接天皇菈臨北海道，特別花了半年的時間研發，使雪糕乳脂肪含量高達15.6%（普通的雪糕乳脂肪含量約8%），令雪糕口感濃郁滑順，以此獻予尊貴的天皇，所以雪糕亦順理成章名為皇家雪糕。

除了堂食也可以外賣，不過建議購買後儘快在酒店享用。

樓上是餐廳，樓下有大量雪印的手信發售。

INFO

🏠 札幌市中央區北 3 條西 3 丁目 1 番地 | 📞 011-251-7530
| 🕐 10:00am-7:00pm；周三休息 | 💲 ￥1,000 | 🌐 www.snowbrand-p.co.jp

拍照觀光熱點
北海道大學

Map 1-6/ **A1**

㉖

🚕 JR 札幌駅西通道北口徒步約8分鐘

北海道大學的前身是札幌農業學校，在1876年（明治9年）為培育開拓北海道的人才而創校。該校第一任教導主任克拉克博士 (Dr. William Smith Clark) 的名言 "Boys, be ambitious!" 在日本享有盛名。

北海道大學自然環境優美。尤其是白楊木和銀杏木林蔭道一帶已經成為著名的觀光景點。

總合博物館

INFO

🏠 札幌市北區北8西5 | 📞 011-716-2111 | 🕐 11:00am-9:00pm | 🌐 www.hokudai.ac.jp

總合博物館免費開放給遊人參觀，10:00am-5:00pm（6至10月的周五10:00am-9:00pm；周一休息）

㉗ **Map** 1-7/ **B3** 　一站式美食大本營
Akarenga TERRACE

🚕 地鐵南北線札幌駅4號出口直達

Akarenga TERRACE 就在札幌名勝大通公園附近，是近期札幌最紅的美食總匯。大樓1至4樓共有20多家著名食肆進駐，由日式、西式以至中式都有供應，2樓的露台及5樓的展望台，更可居高臨下一覽北海道舊道廳的建築及庭園全貌，靚景加美食，令人難以抗拒。

INFO

🏠 札幌市中央區北2條西4丁目1番地 | 📞 0120-355-231 | 🕐 7:00am-12:00mn | 🌐 https://mitsui-shopping-park.com/urban/akatera/index.html

食肆推介

1/F 椿サロン × 円山ぱんけーき
THE NIKKA BAR

白天是札幌著名的班戟店椿沙龍 (椿サロン)，提供新鮮的北海道蔬菜和乳製食品，夜上則變身為型格夜店 NIKKA BAR，為客人炮製原創而口味獨特的雞尾酒。

電話：011-200-0166
消費：午餐 ¥1,400
　　　晚餐 ¥2,400

2/F 鶴雅ビュッフェダイニング札幌

北海道著名餐飲集團鶴雅開設的自助餐餐館，使用北海道食材，港幣三百多元便食盡北海道，勁抵！

電話：011-200-0166
消費：午餐 ¥2,700
　　　晚餐 ¥4,800

集中火力
Sapporo Factory ㉘

Map 1-6 / **D2**

 地鐵東西線バスセンター前駅 8 號出口
徒步約 8 分鐘

由啤酒廠改建，但卻與酒無關，反而是札幌最具規模的大型商場。全場共分 6 個不同部分，磚瓦館有各式食肆，還有 Royce 朱古力、白之戀人等熱門手信，以及北海道的特產乳製品、海產、玻璃製品和手工藝品。1 樓全層也是啤酒屋，1 號館有女裝，2 號館有各個運動名牌店，3 號館以售家品和少女服為主。

INFO

🏠 札幌市中央區北 2 條東 4 丁目 | 📞 011-207-5000 | 🕐
商店 10:00am-8:00pm，餐廳 11:00am-10:00pm | 🖱
sapporofactory.jp/

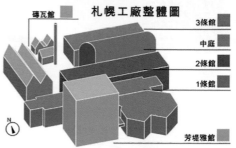

札幌工廠整體圖

磚瓦館

3條館

中庭

2條館

1條館

芳堤雅館

N

館內介紹	Atrium 中庭 巨大的玻璃屋頂是札幌工廠最有代表性的建築，這裡不但有餐廳和商店，還有活動舞台。	Frontier Kan 芳堤雅館 以食品為主題的雜貨商店及超市。	1-jo Kan 1條館 電影院、寵物商店、遊戲、娛樂，以及為廚房料理為主題的商店。
	2-jo Kan 2條館 云集戶外及運動用品商店，也有很多特色的咖啡店或餐廳。	3-jo Kan 3條館 集中室內裝飾、生活雜貨及流行時尚商店，還有餐廳及髮廊提供服務。	Renga Kan 磚瓦館 具歷史價值的建築，內裡有許多藝術、工藝雜貨、北海道名牌糕點或名牌酒類、海產品等。

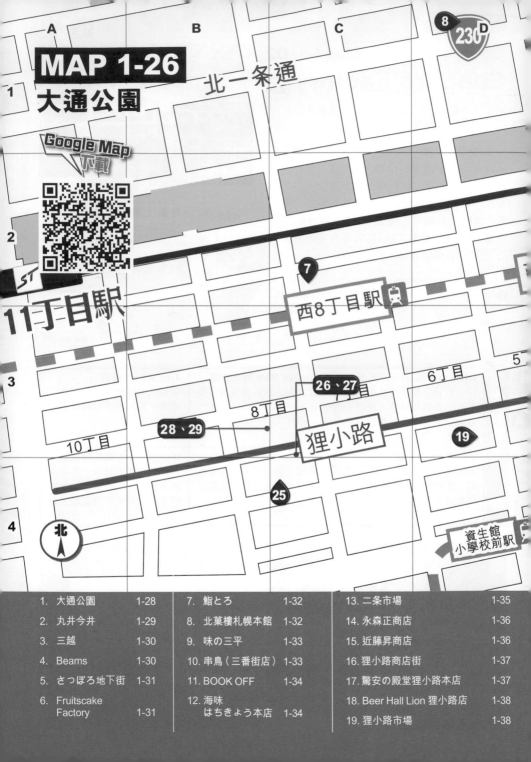

MAP 1-26
大通公園

Google Map 下載

北一条通

230 D

A   B   C   8

1

2

ST

11丁目駅

西8丁目駅

7

3

26、27

28、29   8丁目   狸小路   6丁目

10丁目   19

25

4

北

資生館
小學校前駅

札幌
大通公園

小樽

二世古

登別

定山溪

Map 1-26 / **E1**

①

札幌 Icon
大通公園

🚕 地鐵大通駅或東西線西 11 丁目駅直達

　明治時期建設的大通公園，全長1.5公里，是為了分隔北面的官方用地和南方的民用地；現在這裡是一家大細、情侶、學生、放 break 的上班族去散步、野餐的地方。到了不同的祭祀時期，這裡必成為舉辦活動之勝地，可見大通公園在札幌市民心目中的地位有多重要。

INFO

🏠 札幌市中央區大通西 1-12 | 📞 011-251-0438 | 🕐 24 小時開放 | 🌐 https://odori-park.jp/guide/guide_detail01/

【札幌祭典】

　札幌一年四季都有大大小小的祭祀活動，例如紫丁香節、秋祭等，大通公園必定成為其中一個會場，但最吸引遊客的定是雪祭和夏祭。

夏祭
7月中至8月中，大通公園會有為期1個月的仲夏啤酒祭，讓遊人一邊飲啤酒和吃美食，一邊看舞台表演，就像嘉年華會一樣！

雪祭
雪祭於每年2月舉行，屆時一望無際的冰雕雪雕，十分壯觀，大通公園定會逼滿遊人！

過百年老字號 **Map** 1-26 / **F2**
丸井今井 ②

 地鐵大通駅 20、22 號出口直達

　　丸井今井是老牌百貨店，雖然在其他地方的名氣不算很高，但在北海道內是非常大型的百貨店，規模跟太丸差不多。丸井今井於1872年在札幌創立，位置就在大通電視塔旁，共有4館，差不多佔一整條街。這裡有很多名店進駐，B1至B2樓層更聚集了許多北海道限定的美食和手信。這裡設有退稅服務，有些品牌可即時退稅，可先向店員查詢。

札幌的人氣麵包店
Boulangerie Coron

 INFO

🏠 北海道札幌市中央區南 1 条西 2 丁目 11 番地 | 📞 011-205-1151 | 🕐 10:30am-7:30pm | 🌐 www.marui-imai.jp

札幌
大通公園

小樽

二世古

登別

定山溪

03

Map 1-26/ F2

人間美食天堂
三越地庫

🚕 地鐵大通駅 12 號出口即達

三越本館B2/F 的食品層遠近馳名，各大名店均有分銷處在內，如六花亭、北菓樓等，強烈推介創立於1903年的 ANGELINA PARIS 甜品店。

法式甜品 @ ANGELINA PARIS 口感非常幼滑，吃罷齒頰留香，一試難忘。

INFO

🏠 札幌市中央區南 1 条西 3 丁目 8-11 | ☎ 011-271-3311 | 🕐 10:00am-7:30pm | 🔖 www.mitsukoshi.co.jp/

少女至愛
Beams

Map 1-26 / F2

04

🚕 地鐵大通駅 12 號出口即達

雖然香港都有 Beams，但價錢較日本貴，而且款式亦不夠日本多，最重要是日本的 Beams 有大量 crossover 其他牌子的產品，香港專門店都沒有出售，所以又怎能不到這裡掃貨呢？

INFO

🏠 三越本館 1-2/F | ☎ 011-252-5111 | 🕐 11:00am-8:00pm | 🔖 www.beams.co.jp

不怕日曬雨淋 **Map** 1-26 / **E2**
さっぽろ地下街 ⑤

 地鐵大通駅出站即達

Pole Town和Aurora Town是2條重點地下街，2條街呈L字形，共有140間店舖和食肆。前者全長400米，由地鐵大通站延至薄野站；後者是大通站至電視塔，全長312米。地下街連接多個大商場，打風落雨都可以行街了。

キャトル・セゾン札幌

行程裡總免不了逛逛日式雜貨店。

「可否茶館」是當地知名的咖啡品牌。

INFO

🏠 札幌市中央區大通西 1-3 丁目、南 1 条至南 4 条、西 3 丁目至西 4 丁目 | 🕐 10:00am-8:00pm（各店舖營業時間有異）| 🌐 www.sapporo-chikagai.gr.jp

---

生果蛋糕王 ⑥ **Map** 1-26 / **E2**
Fruitscake Factory

🚕 札幌市電西 4 丁目駅下車即達

Fruitscake Factory 乃日本人氣第一的蛋糕店，蛋糕味道和賣相兼備，難怪在每次Hokkaido Walker的甜品選舉中都獲得冠軍！

鮮果撻香脆的酥皮配 Custard Cream 果撻上鋪上新鮮水果，十分鮮味。

INFO

🏠 札幌市中央區南 1 条西 4 丁目 | ☎ 011-251-0311 | 🕐 10:00am-8:00pm | 💲 ￥600 左右 | 🌐 www.fruitscakefactory.com/

新鮮刺身飯
鮨とろ
Map 1-26 / **C2**

(07)

🚕 札幌市電西 8 丁目駅下車步行 1 分鐘即達

在鮨とろ吃的刺身飯，是記者吃過最足料，材料最鮮味的刺身飯。壽司飯亦格外鬆軟。刺身新鮮的秘密是食材來自以水產聞名的積丹半島，而壽司飯則以古老的隔水煮方法煮成，刺身和壽司飯配合得天衣無縫。難怪多年來常被日本雜誌推介，常常人氣高企。

餐廳的房間是傳統榻榻米格局，環境不俗。

INFO

🏠 札幌市中央區南 1 條西 7 丁目 20 番地 1「札幌スカイビル」1/ F | 📞 011-251-0567 | 🕐 11:30am-3:00pm，5:00pm-10:00pm；周日及假期 12:00nn-9:00pm | 🌐 susitoro.justhpbs.jp/ | 💲 ¥ 3,500

(08)
名牌甜品＋歷史建築
Map 1-26 / **D1** 北菓樓札幌本館

🚕 地下鐵大通駅，經地下步道於 2 號出口到地面即達

來自小樽的甜品名牌北菓樓，雖然稱為新本館，所在地卻是擁有超過90年歷史的「北海道立文書館別館」。建築物本身已古色古香，加上日本著名建築師安藤忠雄操刀主理內部裝修，令建築瞬間成為人氣景點。本館地下是手信店，2樓設餐廳茶座，當中最矚目的是存有6,000本書的超巨型書櫃。小說伴咖啡，整幢建築的文青味立即出晒來。

INFO

🏠 札幌市中央區北 1 條西 5 丁目 1-2 | 📞 81-800-500-0318 | 🕐 手信店 10:00am-6:00pm，餐廳 10:00am-5:00pm | 🌐 http://www.kitakaro.com/ext/tenpo/sapporohonkan.html

味噌拉麵發源地

(09)

Map 1-26 / **F2**

味の三平

🚗 地鐵大通駅步行 3 分鐘

味の三平在札幌絕對無人不曉,原因是它的已故店主大宮守人於1955年發明了味噌拉麵,從此札幌拉麵發揚光大。今時今日,味の三平依然時常被中外傳媒報道。這裡的拉麵爽口彈牙,湯底香濃,湯上的油是豚骨熬出來的豬油,一碗麵完全是師傅的心血結晶。

🏠 札幌市中央區南 1 条西 3「大丸藤井セントラビル」4/F | 📞 011-231-0377 | 🕐 11:00am-6:30pm(周一及每月第 2 個周二休息)| 💲 ￥1,000

串燒專家 **Map** 1-26 / **F2**

串鳥(三番街店)**(10)**

🚗 地鐵大通駅 12 號出口徒步約 2 分鐘
　　(近狸小路)

拉麵、壽司、海鮮刺身吃得多都會厭,不如轉轉口味吃口串燒呢!這家串燒屋炮製的雞串燒肉質嫩滑,燒雞翼的味道更是10個好味。此間連鎖串燒店吸引當地上班族下班後聚腳,大夥兒一邊大口喝啤酒,一邊吃串燒!人生一樂也!

這裡的串燒啖啖肉,火喉十足,肉汁仍保存得好,足見師傅功力。

🏠 札幌市中央區南 2 条西 3 丁目「澤田大廈」B1/F | 📞 011-2U7-2989 | 🕐 4:30pm- 凌晨 12:30am | 🌐 kushidori.com

全國最大二手書店　**Map** 1-26 / **G2**

BOOK OFF
（札幌南二條店） ⑪

🚕 地鐵大通駅 35 號出口徒步約 1 分鐘

日本有一間具規模的全國性二手書店，名叫 BOOK OFF（主要售賣漫畫、日本雜誌特集、寫真集、CD、DVD、各式家庭遊戲軟件，如 PSP、PS3 及 X-BOX360 軟件），另有各類汽車、攝影雜誌及時裝書籍，全部均以原價的二至三折售賣。日本全國各地的 BOOK OFF 分店約二十間，北海道的分店為全國最大。

INFO

🏠 札幌市中央區南二条西 1-3 |
📞 011-200-5777　|　🌐 www.bookoff.co.jp/shop/shop20374.html|　🕐 10:00am-10:00pm

---

Map 1-26 / **F3** ⑫ 羅臼知床海鮮
海味　はちきょう本店

🚕 地鐵南北線薄野駅 1 號出口徒步約 1 分鐘

此餐廳布置非常有日本漁船特色，入門玄關有很多歷史捕魚具、到處掛著世代捕魚圖片，並播放著日本民謠歌曲，全店海鮮皆由羅臼知床直接送到。

它的超多魚子飯最令顧客開心，店員首先放半碗壽司飯在你面前，然後捧著一大盤魚子，跟著全店店員一起呼喊口號，一邊放魚子到你的飯中，直至滿瀉為止，足夠 3 至 4 人一同享用。

知床炆魷魚鍋做得非常出色，用來送酒是最佳配搭。

超級魚子飯
魚子實在多得驚人。

INFO

🏠 札幌市中央區南 3 条西 3 丁目「都大廈」1F |📞 011-222-8940 |　🕕 6:00pm- 凌晨 12:00am（周日 5:00pm-11:00pm）|　💲 約 ¥2,000 |　🌐 https://hachikyo.com/ja/shop/honten

札幌最鮮
二条市場

Map 1-26 / **H2**

⑬

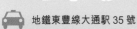 地鐵東豐線大通駅 35 號出口徒步約 5 分鐘

　　二条市場是札幌「名物」之一，是北海道三大魚市場之一。市場不算太大，約佔兩條街，但場內幾十間大大小小的商店盡是售賣新鮮海鮮的店舖，鮮海膽、手掌大的帶子或活生生的海螺即開即食，價廉物美得令人欲罷不能！

想把海鮮帶回香港，可把新鮮海鮮打包或選購乾貨海味。買海鮮切記講價，一般可減20%以上。

INFO

🏠 札幌市中央區南 3 條東 2 丁目 | 📞 011-222-5308
| 🕐 7:00am-6:00pm | 🌐 http://nijomarket.com/

【二条市場食肆推介】

必食海膽飯
永森正商店

Map 1-26 / **H2**

⑭

海膽丼(前)
海膽三文魚子丼

二条市場是札幌內最近市中心的市場，共有50多間商店。永森正商店在二条市場的中央，這裡的海膽飯好味到原本對海膽反感的人都改觀！這裡的海膽一瓣一瓣的，不會像漿糊般黏在一起，味道鮮甜甘香，極之新鮮。

食堂位於市場內，食材直接由市場內的魚檔供應，保證新鮮。

INFO

🏠 札幌市中央區南 3 条東 1 丁目 二条市場仲通り | 📞 011-210-8772 | 🕐 7:30am-6:00pm，周一休息

人氣海鮮店
近藤昇商店

Map 1-26 / **H2**

⑮

有五十多年歷史的近藤昇商店位於市場的街尾，位置較隱蔽，但依然有不少人慕名前往，一試這裡常被雜誌推介的「北海五膳」。雖然客人都點「北海五膳」，其實這裡其他食物如燒帶子也非常美味。

INFO

🏠 札幌市中央區南 3 条東 2 丁目 二条市場仲通り | 📞 011-241-3377 | 🕐 8:00am-4:30pm

北海五膳
北海五膳是店內最受歡迎的套餐，有帶子飯、海膽飯、魚子飯、吞拿魚飯、蟹壽司和蟹鉗湯。

手信熱點
狸小路商店街

Map 1-26 / **G3** ⑯

🚕 地鐵南北線薄野駅 1 號出口徒步約 3 分鐘

狸小路商店街是札幌最著名的商店街，內有數十間專賣北海道特產的商店，有些更會提供免稅或折扣優惠。加上整條商店街都有天幕遮頭，任何天氣都可以安心行街。

INFO 🏠 札幌市道南 2 条南 3 条仲通線之西 1 丁目 - 西 7 丁目 | 🕐 10:00am-9:00pm（各店不同）| 🌐 www.tanukikoji.or.jp

【狸小路精選商店】

Map 1-26 / **E3** ⑰　手信激戰區
激安之殿堂狸小路本店

跟東京新宿及涉谷的驚安之殿堂一樣，店內所賣的東西「雜」到不能再雜，由零食至服飾至電器一應俱全，售價更是「激安至上」，至少比外邊便宜約20%。最值的去的原因，當然是24小時營業，夜鬼們可以在這裡逛個夠本啦！

INFO 🏠 札幌市中央區南 2 条西 4-2-11 | 📞 011-207-8011 | 🕐 24 小時 | 🌐 www.donki.com/

食足100年
ビヤホールライオン
Beer Hall Lion 狸小路店

Map 1-26 / **F3**
⑱

要在狸小路這競爭激烈的食肆角力場生存十年已不容易，百年老店更是極之罕有。Beer Hall Lion 開業於1914年，至今已超過一百年。門前的獅子男爵大鐘，每天從中午十二點到晚上九點間的每一小時都會露面，成為食肆最佳代言人。為了慶祝百周年，Beer Hall Lion 特別推出80年前的「舊菜」「五稜星香腸」和「五稜星餐」復刻版，結合了烤火腿、培根與波羅尼亞火腿，以80年前的食譜重新炮製，到訪時記得一試。

INFO
🏠 中央區南 2 条西 2-7 サツポロビル 1F | 📞 011-251-1573 | 🕐 11:30am-10:00pm (周日及假日關9:30pm)| 🌐 http://www.ginzalion.jp/

Map 1-26 / **D3**
⑲

街市尋寶
狸小路市場

狸小路市場位處狸小路6丁目的南側，入口非常不起眼，過去是街坊日常買菜的地方，但隨著狸小路商店街愈來愈旺，街市亦開始轉型。雖然沒有「領展」把街市執靚，但狸小路市場卻自我進化成私房菜集中地。這裡的食肆都是的的骰骰，但極有風味，比起商店街街上的大路貨有特色得多。

INFO
🏠 中央區南三条西 6 丁目

遠山青果店 · 挑選各式各樣的北海道產蔬果。哈密瓜、栗米、士多啤梨是入貨重點。

Map 1-26 / **F3**　8折掃化妝品
⑳ **マツモトキヨシ**

　化妝品如 Kose、SoFina、Shiseido、DHC 等牌子的產品至少有8折或以上，還有其他化妝品牌的副線，比香港的水貨平得多。不過由於場內貨品極多，而且擺放不算太有系統，大家找尋心水品牌也要花一些時間！

INFO

🏠 札幌市中央區南2条西3丁目1-5 | 📞 011-219-0225 | 🕐 10:00am-10:00pm，PART 2 店：9:00am-11:00pm | 🌐 www.matsukiyo.co.jp

溫泉+岩盤浴
ほのか ㉑ **Map** 1-26 / **F3**

　這是一間女性專用的溫泉館，雖不是天然溫泉，卻勝在設備齊全及裝潢新淨。館內有海鹽浴、膠原蛋白的溫泉池、岩盤浴、岩石床、草藥汗蒸幕。2樓還有漫畫室及電腦室，地下1樓的食堂有提供低卡路里的餐食，午市套餐￥860起有交易。如果想租用「個室」休息一下，首2小時￥600。

INFO

🏠 札幌市中央區南3条西2丁目15-5 | 📞 011-221-4126 | 🕐 24小時，岩盤浴 8:00 am-5:00 am | 💲大人￥1,550、入場券連餐食+暢飲2小時￥3,800 | 🌐 https://yudokuro-honoka.jp

札幌 大通公園

小樽

二世古

登別

定山溪

一站式伴手禮店
狸屋 TANUKIYA

Map 1-26 / **E3**

㉒

北海道伴手禮品牌眾多，唔想去到機場臨上機最後一秒趕頭趕命掃貨，大可以在狸屋施然揀到啱才出手。狸屋匯集了北海道特色的商品多達5,000種以上，包括白色戀人、ROYCE朱古力、六花亭、薯條三兄弟、夕張(ゆうばり)的哈密瓜果凍及北海道純馬油等等，仲可以預先下載coupon，買後即場退稅，前後加埋慳番13%(5% 折扣+8% 退稅)，精明的香港人當然識得點揀。

薰衣草Kitty ¥3888(連稅)。北海道限量版，手快有手慢無。

INFO
🏠中央區南 3 条西狸小路 4 丁目 | 📞011-221-0567 | 🕐9:30am-9:30pm | 🌐
http://www.tanukiya.co.jp/language/chinese.html

㉓ ## 狸小路必逛土產店
Map 1-26 / **E3** ## こぶしや

商店街上有著各式藥妝店、禮品店，這間土特產店「こぶしや」手信種類齊全，ROYCE朱古力、花畑牧場牛奶糖、六花亭，以及遊客盲搶的「薯條三兄弟」等通通都有。二樓是皮革專門店「水芭蕉」，出售當地職人的手工鹿皮飾物。

若在其他店買不到薯條三兄弟時，不妨到這邊看看。

INFO
🏠中央區南 3 条西狸小路 4 丁目 | 📞011-251-3352 | 🕐
9:00am-10:00pm | 🌐 www.hokkaido-miyage.jp

豪食全蟹宴
雪華亭

Map1-26 / **E3**

㉔

如果讓記者只可選一間札幌食店再吃一次，我一定去吃雪華亭的全蟹宴。最便宜的套餐「小雪」￥7,500 / 位，最貴的「雪の華」￥50,000 / 位，但這裡的蟹的確是最鮮味的。造訪前不妨上餐廳網站選定套餐，致電預約，因為有部分套餐要預訂才能準備好。這裡除了蟹肉鮮味，顧客還可以在獨立房間邊食蟹邊看札幌夜景。

每個獨立房間都很寬敞舒適，要落order只要一按桌上的鐘即可。

可享用3大螃蟹 的「水雲」套餐

INFO

🏠 札幌市中央區 南三条西 4 J-BOX B1 | ☎ 050-5841-2371 | 🕔 5:00pm-11:00pm(假日及假日前夕至10:00pm) | 🌐 www.sekkatei.com | ❗ 部分套餐必需預訂

【北海道蟹之百科】

鱈場蟹盛產於日本海、北海道和俄羅斯海域，它跟鱈魚生在相同海域而得其名。價格昂貴是因為它要近十年時間才能生長成熟。刺身、炭燒、或鹽水煮都非常適合。

鱈場蟹
當造期：3月至4月

花咲蟹盛產於根室海域，肉質甜美多汁，味道有如蝦肉般爽甜，蟹膏亦多。花咲蟹最適合加進麵豉湯底裡，或做鍋物。

花咲蟹
當造期：8月至9月

毛蟹肉味不濃，適合加醋吃，但它的蟹膏極之甘香。它生長於水深約60米的海底，最大可超過一公斤重。

毛蟹
當造期：4月至7月

松葉蟹的名字由來是因為它在水中的姿態有如松葉，肉汁不及鱈場蟹，但蟹腳又長又多汁，適合shabu-shabu或蒸熟來吃。

松葉蟹
當造期：1月至2月

歐洲型男風格 ㉕
Arch **Map** 1-26 / **C4**

　　主攻男裝古著的Arch，出售各類二手貨，亦有新品入口，不同之處是Arch主要貨源來自英國、法國、和日本的vintage和military款，只有少部分是美國牌子，男孩子去到北海道亦可搜購到大批型男衣著。

店舖樓高2層。衣著大都是較斯文的款式。

新舊情況不一的同款白色鞋，約¥12,300起。

INFO

🏠 札幌市中央區南 3 条西 8 丁目「第一ビル」1/F&B1/F
📞 011-261-5083 | 🕐 12:00nn-8:00pm；周三休息 | 🔗
www.archstyle.tv

Map 1-26 / **C3** 男裝概念品牌店
㉖   # GARAGE69

　　全店分為幾區：有專賣戶外活動裝備的concept shop、高級品牌區、唱片及Café，衣著品牌包括Adam Kimmel、Ann Demeulemeester、Comme Des Garcons Homme Plus 等，但女裝則相對較少。

店內有很多得意tee。

concept shop以潛水裝備、衣著為主題。在同區並不常見，很有新鮮感。

INFO

🏠 札幌市中央區南 3 条西 8 丁目 7「大洋ビル」
1/F | 📞 011-219-2975 | 🕐 周一至六 12:00nn-
8:00pm，周 日 11:00am-7:00pm | 🔗 www.
garage69.jp

人工皮製品
日下公司

Map 1-26 / **C3**

㉗

日下公司雖在95年創立品牌，近年才在札幌開第一間專門店，日本只此一家。踏入店內隨即嗅到濃烈的皮香味，並會見到兩名員工用心地做皮製品。店內的皮革製品以人手製造，產品種類繁多，由擦膠皮套到巨型旅行皮篋都有。

皮袋
貴過名牌手袋，但手工精細，質料上乘。很有新鮮感。

INFO

🏠 札幌市中央區南 3 条西 8 丁目 7-3（狸小路 8 丁目）| ☎ 011-210-7388 | 🕐 11:00am-7:00pm，周日至 5:00pm，周二、三、四休息 | 🌐 www.kusaka.net

---

Map 1-26 / **B3**　悠閒歎咖啡
㉘　**FAB cafe**

札幌市有很多大大小小的舖頭，FAB cafe 最適合行到累時去歇一會。餐廳的咖啡是王牌產品，口味比 Starbucks 更多，意粉也不

俗。店內有新雜誌借給客人看外，更闢出一個角落，有精品如寶麗萊相機等發售，顧客可以一邊歎咖啡，一邊開眼界，看看日本新推出的精品。

INFO

🏠 札幌市中央區南 2 条西 8 丁目 5-4 | ☎ 011-272-0128 | 🕐 平日 11:30am-9:30pm；假日 11:30am-8:30pm，周一休息

札幌 大通公園

小樽

二世古

登別

定山溪

古物尋寶
十一月 **Map** 1-26 / **B3** ㉙

一間很有意思而且很適合「Hea」的Cafe樓上小店。店主倉谷小姐是個插畫師，店內除了擺設她畫的少女插畫外，還有她的收藏品，一些昭和20-40年代的舊東西，由小東西如文具、日用品到大型的電話、電燈、櫃和桌椅都有。尋寶之餘，更可來杯即磨咖啡，享用店內大量的雜誌，來個悠閒的午後；那不紛不擾又不會過於靜局的環境，很舒服。

即磨咖啡

迷你餐盒
放隻鑽戒在內向女朋友求婚，一流！

postcard
postcard上的插圖，都是店主親手畫的。

INFO

🏠 札幌市中央區南2條西8丁目5-4（FAB Cafe 2/F）| ☎ 011-272-1307 | 🕐 1:00pm-5:00pm；周日至三休息 | 🌐 https://www.instagram.com/antique_11gatsu/?igshid=YmMyMTA2M2Y%3D

Map 1-26 / **E3**
㉚
掃貨好去處
SAPPORO DRUG STORE

在狸小路一帶，除了港人熟悉的唐吉訶德(驚安之殿堂)，近年掘起的SAPPORO DRUG STORE也開始廣受歡迎。狸小路5丁目有兩間SAPPORO DRUG STORE，總有一間在附近，隨時隨地去掃貨。

INFO

【狸小路大王大廈店】

【狸小路5丁目店】

【狸小路大王大廈店】
🏠 札幌市中央區南2條西5丁目23-1 |
☎ 011-252-0711 | 🕐 10:00am- 10:00pm
【狸小路5丁目店】
🏠 札幌市中央區南3條西5丁目14 |
☎ 011-252-5060 | 🕐 10:00am- 10:00pm

Map 1-26 / **E4**

㉛

飲食娛樂一條龍
NORBESA

🚗 地鐵南北線薄野駅 2 號出口徒步約 3 分鐘

　　札幌的人氣巨 MALL 之一，售賣多個特色本地品牌，1/F 有北海道生活百貨、3/F 有多間動漫產品店，包括駿河屋及 Mandarake、6/F 有營業至凌晨的保齡球館、7/F 的巨型摩天輪更可俯覽札幌市內景色。

INFO

🏠 札幌市中央區南 3 條西 5 丁目 1-1 | 📞 011-271-3630 | 🕐 一般商店 11:00am-11:00pm；4/F 11:00am-6:00am；5/F 遊樂中心 10:00am-5:00am | 🌐 www.norbesa.jp

札幌地標
nORIA 摩天輪

　　nORIA 摩天輪位於「NOR-BESA」大樓7F的屋頂上。摩天輪直徑45.5m，離地面78m，共32個車廂，繞完一圈大約是10分鐘。雖然早晚都營運，不過夜晚乘坐時摩天輪既會開著五顏六色華麗的霓虹燈，又能欣賞到札幌市璀璨的燈火，比日間乘坐多了幾重享受。

INFO

🏠 NORBESA 7/F | 📞 011-261-8875 | 🕐 11:00am-11:00pm，周五、六及假日前日至翌日 1:00am | 💲 ￥800，大小同價，3 歲以下小童免費 | 🌐 https://www.norbesa.jp/shop/4/

玩具迷超級寶藏
Mandarake

Map 1-26 / **E4**

(32)

🚕 地鐵南北線薄野駅 2 號出口徒步約 3 分鐘

各位 Kidults 記緊帶備足夠銀兩來這裡尋寶！Mandarake 為日本最大型二手玩具店，無論是日系玩具，如 SIC、高達，或少女洋娃娃，如 BLYTHE 齊全之外，連很多絕版懷舊玩具，及各種特攝特集及漫畫家畫集，都可以在這裡找到。

此店在東京中野及涉谷、大阪、名古屋都有分店，但以札幌最多寶物，價錢亦最平宜，所以記緊萬勿錯過！

INFO

🏠 NORBESA 2/F | ☎ 011-207-7773 | 🕐 12:00nn-8:00pm | 🌐 www.mandarake.co.jp/shop/index_spr.html

---

全店可容納40多人，迴轉枱和廂座約各佔半。

Map 1-26 / **E4**

(33)

材料新鮮
活一鮮

🚕 地鐵南北線薄野駅 2 號出口徒步約 3 分鐘

活一鮮是繼「花まる」以外另一深受札幌市民愛戴的迴轉壽司店，同樣是以抵食、新鮮的手握壽司吸引客人。帆立貝壽司極之新鮮，值得一試。環境方面，這裡有迴轉枱，亦有廂座，可以有多一點私人空間。

INFO

🏠 NORBESA B1 | ☎ 011-252-3535 | 🕐 11:00am-3:00pm、4:30pm-11:00pm；周六、日及假期 11:00am-11:00pm | 💲 ¥1,800

Map 1-26 / **E4** 日本雜誌推介店

㉞ **薄野 すしほまれ**

🚕 地鐵南北線薄野駅 2 號出口步行 1 分鐘

曾多次被日本雜誌推介的壽司店すしほまれ，只於晚上營業，卻有很多熟客 Fans。壽司師傅會和客人談天，店內氣氛頗融洽。食物之中以套餐最受歡迎，全都是合時的新鮮食材，一人套餐又有海鮮丼又有壽司，夠飽肚。

🏠 札幌市中央區南 4 条西 4 丁目「すずらんビル別館」2/F | 📞 011-207-0055 | 🕐 6:00pm-11:00pm

---

夜景下吃羊肉 ㉟ **Map** 1-26 /**E4**

夜空のジンギスカン

🚕 地鐵南北線薄野駅 2 號出口步行 2 分鐘

蒙古烤肉是札幌必食之一，店內只有不同級數的羊肉和蔬菜，而近來又興起「吃羊肉更健康」的說法，令札幌有更多烤肉店。這店除以高級羊肉為召徠，更有窗口邊位可俯瞰札幌夜景。

🏠 札幌市中央區南 4 条西 4 丁目「MY プラザビル」10/F | 📞 011-219-1529 | 🕐 5:00pm-1:00am | 🔳
www.yozojin.com/main-yozora.htm

札幌 大通公園

小樽

二世古

登別

定山溪

平凡中見真章
おでん一平本店 ㊱

Map 1-26 / **F3**

🚗 地鐵南北線薄野駅步行約 2 分鐘

一平的拉麵很出色，味噌湯不會過濃、拉麵的麵質好，最重要是其叉燒肉質一流！一平除了拉麵外，還有關東煮也是市內馳名的，光顧多要排長龍！

INFO

🏠 札幌市中央區南三条西 3 丁目 5/ F| 📞 011-251-1688 | 🕐 5:00pm-9:30pm，周一、日及假日休息

Map 1-26 / **F4**

㊲ 將軍駕到
かに將軍

🚗 地鐵站南北線薄野駅步行約 2 分鐘

北海道的蟹將軍歷史悠久，各種食法好像刺身生吃、天婦羅甚至爐端燒都有齊，最平的套餐由￥5,000起，不懂拆蟹的甚至有專人服侍。必定要試的是蟹刺身，生蟹的肉質比魚還要軟，味道也更清淡，在香港你未必夠膽試，在這裡一於豁出去吧！

INFO

🏠 札幌市中央區東 4 條西 2-14-6 | 📞 011-222-2588 | 🕐 11:00am-10:30pm | 🌐 http://www.kani-ya.co.jp/shogun/sapporo/

A B C D

1

2

主館
校前駅

薄野駅

東急プラザ

南四条西通

豐水薄野駅

（豐水すすきの）

薄野駅

（すすきの）

地鐵南北線

地鐵東豐線

4-5

12

7 1

3

2

9

6

8

11

Google Map
下載

14 13

H1

MAP 1-49
薄野

中島公園駅

中島公園

10

北

道央

平食迴轉壽司

花まる
Map 1-49 / **C1** ①

地鐵東豐線豐水薄野駅4號出口步行約1分鐘

　問過幾個當地人，札幌哪間壽司店最受歡迎？異口同聲都說花まる。想不到迴轉壽司店都可以嘗到如此新鮮美味的壽司，而且絕對是平靚正！如果不想等位堂食，可以買外賣回酒店食，一樣美味。

魷魚雞葡泥柚子醬油壽司

INFO

🏠 札幌市中央區南4条西2丁目2-4「Recolte Sapporo」2/F | 📞 011-520-0870 | 🕐 午市 11:00am-3:00pm; 晚市 5:00pm-10:00pm（周五及假日前日至11:00pm）; 周六 11:00am-11:00pm（周日及假日至10:00pm）| 🌐 www.sushi-hanamaru.com/

Map 1-49 / **C2**

② 成吉思汗烤羊肉

蝦夷屋 Ezoya Susukino

地下鐵南北線薄野駅步行約2分鐘

　説到札幌的特色美食，除了拉麵及洋菓子，不可錯過的還有「成吉思汗」烤羊肉，稱得上是地道人的精神食糧。2018年開業的Ezoya標榜提供1cm以上的厚切羊肉，更以蘋果及洋葱等特製醬料醃漬2天，口感柔軟無羶味，即使初次吃羊肉的人也能輕易入口。搭配南瓜、芽菜、洋葱等蔬菜提味，羊肉以炭火燒至半熟微焦，將蔬菜圍在羊肉的旁邊，就能吸收肉汁精華，吃時充滿肉香。

INFO

🏠 札幌市中央區南5条西3丁目第4グリーンビル1F | 📞 011-513-0677 | 🕐 5:00pm-12:00mn（周二至五）、4:00pm-11:00pm（周六、日及假日）| 💲 ¥4,500 起任食放題2小時 | 🌐 http://jingisukan-ezoya.favy.jp

札幌拉麵發祥地
元祖拉麵橫丁 (元祖ラーメン横丁)

Map 1-49 / C1 ③

地鐵南北線薄野駅步行 2 分鐘

據説古樸的拉麵橫丁，是北海道札幌拉麵的發祥地。窄小的巷弄中集結了 17 間拉麵店，瀰漫著濃郁的醬油香氣，這裡每一間店都只有十數個座位，晚上 10 點後的人潮時段，更是座無虛席。札幌拉麵的特徵是麵條粗而捲曲，味噌湯底呈獨特的金黃色。而「白樺山莊」的味噌拉麵，則混合白麴味噌及白味噌，加上蠔油、麻油及蒜頭等炮製，湯底超惹味。至於「しみじみ」主打的蜆貝拉麵，配合北海道網走產的蜆肉，令傳統的鹽味拉麵添上一股鮮香。

白樺山莊的味噌拉麵 ￥820

「しみじみ」的蜆貝鹽味拉麵しじみ塩ラーメン ￥850

INFO
札幌市中央區南 5 條西 3 丁目
【しみじみ】011-521-4323| 11:00am- 翌晨 2:00am（周五、六至翌晨 4:00am）; 休息時間 4:00pm-7:00pm
【麵処 白樺山莊】011-512-7388 | 平日 6:00pm- 翌晨 2:00am、周五及六至 3:00am（周日、一休息）

Map 1-49 / A1 ④

豪歎和牛
ケルンAnnex

地鐵南北線薄野駅步行約 2 分鐘

ケルンAnnex的和牛十分肥美，用作鐵板燒最適合不過。這裡有不同套餐，當中的大雪山套餐，份量適合食量不大的客人，黑毛和牛A4級西冷扒100g售 ￥7,678，150g則￥9,180，雖不算便宜，但大廚烹調巧手，實在值回票價。

INFO
札幌市中央區南 4 條西 5 丁目札幌「Restrant Plaza」B1/F | 011-521-0305 | 午市 11:45am-3:00pm，晚上 5:00-12:00mn（最後入座時間 9:00pm）| https://www.sapporo-steak.jp/

Cake Set
包一個「白」、配花茶。甜品分量剛剛
好。一個人吃甜而不膩。

Map 1-49/ **A1**　白滑雞蛋咬一口
05 Café Cote Dor

 地鐵南北線薄野駅步行約 2 分鐘

　　這個白雪雪外形似足剝殼雞蛋的「白」，用上北海道津別農場的100%牛奶，大樹產的忌廉和芝士，因此牛奶味特別香濃，吃落滑不溜口！而製造這小雞蛋甜品的，正是札幌著名糕餅店 Cafe Cote Dor。

INFO

🏠 中央區南 4 条西 5 丁目「Restrant Plaza」1/F | 📞 011-513-7355 | 🕐 12:00nn-12:00mn，周日及假期 12:00nn-11:00pm | 🌐 www.sapporo-cotedor.com/

人龍老店 **06** **Map** 1-49 / **B2**
成吉思汗だるま本店

 地鐵南北線薄野駅步行約 3 分鐘

　　這店開業於昭和29年，獨沽一味只有烤羊肉一款菜式，已經足夠留住客人。入店內坐下，無須點菜，店員會立即在你面前送上一碟生羊肉。嗜羊的人一定喜歡這裡，羊肉肉質鮮嫩，羊羶撲鼻，離開店後彷彿自己都變了一隻羊！

INFO

🏠 札幌市中央區南 5 条西 4 丁目新宿通り「クリスタルルビル」1/F | 📞 011-552-6013 | 🕐 5:00pm- 11:00pm | 🌐 best.miru-kuru.com/daruma/

Map 1-49 / **B2** 抵食刺身

⑦ 海へ (南4条店)

🚕 地鐵南北線薄野駅步行3分鐘

　　海へ在札幌有7間分店，當地人認為這裡價錢合理，食物款式多。這裡的海鮮刺身尤其抵食夾大件，埋單都不用HK$200元，而且味道不錯，以日本的物價來説，這裡的確有驚喜。

季節刺身3點盛 ¥1,790

餐廳可容納90個客人，早上人較少。下午12時後會出現人龍。

INFO

🏠 札幌市中央區南4条西2丁目「ダイメックスプラザ5番館」2-3/F | ☎ 011-522-0020 | 🕐 周日至周四 4:00pm-12:00nn，周五及六 4:00pm-1:00am

高級鱈場蟹宴 **Map** 1-49 / **C2**

活カ二の花咲 ⑧

 地鐵東豐線豐水薄野駅步行2分鐘

　　花費3萬幾円食一餐其實有點貴，但是這個鱈場蟹宴包括有海膽、厚岸蠔、海參刺身、鱈場蟹子醬油漬、特大的牡丹蝦、蝦夷貝、原隻炭燒活鮑魚、三文魚子飯，全都是最新鮮、最高級，吃完就知道物有所值。

INFO

🏠 札幌市中央區南5条西2-1-1「美松村岡ビル」5/F | ☎ 011-512-3393 | 🕐 6:00pm-11:00pm | 💲 ¥44,460 起 | 🌐 www.katukanino-hanasaki.com

道央

> 全店只有10個座位，最受夜瀾人生和上班族歡迎。

人龍拉麵店
けやき薄野本店 ⑨

> 味噌拉麵

🚕 地鐵南北線薄野駅步行3分鐘

　　札幌有起碼2,000間拉麵店，けやき偏偏每晚都大排長龍，是什麼令它可以突圍而出？這裡的精髓是湯底，以豬骨、走地雞、冬菇、三種味噌、豆板醬及多種蔬菜熬上10小時而成，客人都愛把湯喝完才肯離開。

INFO

🏠 札幌市中央區南6条西3丁目「睦ビル」1/F | 📞 011-552-4601 | 🕐 10:30am-3:00am（一至六）、10:30am-2:00am（日及公眾假期）| 🌐 www.sapporo-keyaki.jp

---

Map 1-49/ B5 ⑩
和牛鐵板燒
21Club

🚕 地鐵南北線中島公園駅1號出口徒步約5分鐘

　　除了海鮮，和牛同樣讓我們嚮往，尤其是大名鼎鼎的神戶牛。這家札幌市內最高級的和牛專門店21Club位於Premier Hotel酒店的25樓，欣賞札幌夜景一流。這裡基本上會供應三種和牛肉，包括與神戶牛齊名的但馬牛、東北前澤牛與另一種季節時令的牛肉，絕對是不時不吃。

INFO

🏠 札幌市中央區南10條西6丁目1-21「Premier Hotel」25/F | 📞 011-512-8158 | 🕐 11:30am-3:00am（需在前一天中午前預約）；5:30pm-10:00pm(L.O. 9:00pm)| 🌐 http://premier.premierhotel-group.com/nakajimaparksapporo/restaurant/21club/ |

工廠裡的 designer store
DESIGN FURNITURE AGRA ⑪

🚕 地鐵東豐線線豐水薄野駅步行5分鐘

　　DESIGN FURNITURE AGRA 的位置隱蔽，不是靠灰白外牆上的橙色箭嘴，亦未必找到入口。店內全以白色設計，放滿這位東京designer的有趣作品，如乳牛pattern咕臣，造型趣怪的赤犬character，充滿玩味，你還可在店內的Café休息充電呢！

> 乳牛pattern咕臣

INFO

🏠 札幌市南6条東1丁目2番1/F | 📞 011-533-4149 | 🕐 11:00am-7:00pm | 🌐 www.agra.co.jp/

札幌 薄野

小樽

二世古

登別

定山溪

1-54

酒肉朋友
KIRIN 啤酒園

Map 1-49 / **B1** ⑫

 地鐵南北線薄野駅徒步 2 分鐘

　　三五知己圍著爐邊大吃大喝、開懷暢聚，如此豪情與冰天雪地的北海道異常匹配。麒麟啤是日本啤酒的大品牌，這裡啤酒的品種繁多及質素高已是意料中事，想不到食物水準也達一流，而且空間超寬廣，位置又方便，是札幌必吃的食肆。

INFO

🏠 札幌市中央區南 3 条西 4 丁目アーバン札幌ビル 7/F | 📞 011-207-8000 | 🕐 5:00pm-10:30pm | 🌐 http://www.kirinbeer-en.co.jp/

必選啤酒

1. キリン一番搾り

麒麟啤近年最知名的產品，號稱每日由千歲工廠直送，使用清澈甘甜的支笏湖伏流水製成，每喝一口，就能感受到其鮮度與麥汁的甘甜在口中爆發，非常適合配搭牛羊類味濃的肉食。

2. ハートランド (Heartland Beer)

非常清淡易入口的啤酒，對酒量淺的人士最適合，配以海鮮菜餚更是絕配。

3. キリン一番搾りスタウト黒

黑啤酒帶有一點焦香，其味道層次更豐富，喝後口中留下餘韻，是對啤酒較高要求的朋友最佳選擇。

必選套餐組合

兩大螃蟹 & 壽司套餐

一次過歎盡牛、豬、羊肉及北海道兩款螃蟹（視乎季節），另有吞拿魚、三文魚、扇貝及蟹肉等壽司，肉類及蔬菜以放題形式任食。

成吉思汗烤肉

人氣烤肉套餐，使用澳洲產薩福克郡的羊肉，配以北海道海鮮，最重要是以放題形式，無限任食。

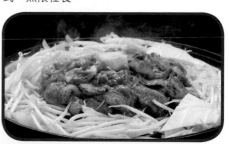

札幌
薄野

小樽

二世古

登別

定山溪

Map 1-49/ C3　清幽雅致
⑬ 川甚本店

🚕 地鐵東豐線豐水薄野駅步行 6 分鐘

　　小店是一間懷石料理老店，不單環境幽雅，食物亦是保留傳統風味的懷石料理。小店除了供應傳統分量（多）的懷石料理晚飯外，還供應分量小巧一點的午餐。

INFO

🏠 札幌市中央區南 7 條西 3 丁目 | 📞 011-511-3234 | 🕐 午市 11:30am-2:30pm　; 晚市 5:00pm-10:00pm ，周日及假日休息 | 💲午市 ￥5,500 起，晚市 ￥11,880-17,820 | 🌐 www.kawajin.com

生熟自己話事
忘梅亭　⑭
Map 1-49 / C3

🚕 地鐵南北線薄野駅步行 5 分鐘

　　店內除了供應傳統的日式料理外，必試的是其「平取和牛燒」，選用上等霜降和牛，由客人自己動手燒，喜歡吃多熟由自己話事。

特選黑毛和牛(A4)
(130g) ￥9,500 / (100g) ￥8,500

和牛套餐 (130g) ￥7,500 / (100g) ￥6,500

INFO

🏠 札幌市中央區南 7 條西 3 丁目 | 📞 011-511-1161 | 🕐 5:00pm-11:00pm，周日休息 | 🌐 http://www.boubaitei.jp/

MAP 1-57
円山公園

北

1. 円山動物園	1-58	
2. 札幌朝市	1-59	
3. そば処三徳	1-60	
4. Kreis クライス	1-60	
5. 北海道神宮	1-61	
6. 札幌場外市場	1-62	
7. 海鮮食堂北の グルメ亭	1-63	
8. 佐藤水産市場店	1-63	
9. 菓匠米屋	1-64	
10. Rana	1-64	
11. Pinacotheka ピナコテカ	1-65	
12. Baluko Laundry Place	1-65	

Google Map
下載

A B C D

琴似

琴似

地鐵

桑園

地鐵東西線

西28丁目

西18丁目

円山公園

円山動物園

賞雪賞花賞動物
円山動物園

🚕 地鐵円山公園駅 4 號出口乘「動物園線 円 15」巴士於動物園前站下車即達

札幌
円山公園

小樽

二世古

登別

定山溪

利用円山丘陵所建造，約22萬平方公尺的寬廣園區內飼養著約200種多達1,000隻的動物，此外還有小朋友最感興趣的昆蟲館。一年四季開放，較有趣的有淺水海豹、海狗游泳池。冬季期間，有雪地猴子、室內雀鳥區及室內非洲館觀察各種動物的生態、習性，也相當有趣。

円山公園也是札幌有名的賞櫻景點。櫻花盛開的季節，聚集許多賞櫻的人潮。北海道開花期大約4月下旬至5月上旬，神宮對出的櫻花行道樹及梅花林開滿花，你可欣賞璀璨櫻花同時還可見到不同樹木的綠野仙蹤，是影相發燒友的好地方。

藪貓是非洲區內的動物

冬季限定的戲雪滑道。

INFO

🏠 札幌市中央區宮之丘 3 番地 1 | 📞 011-621-1426 | 🕐 9:30am-4:30pm；（11 月至 2 月營業至 4:00pm）；12 月 29 日 -31 日為休園日 | 💲 大人 ￥800、小童 / 中學生以下免費 | 🌐 www.city.sapporo.jp/zoo

札幌居民光顧的街市 ②

札幌朝市 **Map** 1-57 / **C2**

 JR 桑園駅步行 10 分鐘

一般到札幌的旅客，都會到二条市場或場外市場感受札幌街市的風情，但亦令這些市場有人滿之患，食與買都以觀光客為主。札幌朝市 (さっぽろ朝市) 在場外市場附近，但去的遊人較少，食與買的貨色比較地道，而且只開早市。是體驗當地人真實風貌的好地方。

INFO

🏠 中央區北 12 条西 20 丁目 1 番 2 号 | 📞 011-643-4090 | 🕐 5:00am-1:00pm | 🌐 http://www.asaichi-maruka.jp/

秘 店 推 介

丼兵衛

📞 011-614-6533

老闆每天在朝市就地取材，炮製最新鮮味海鮮丼。

餅の美好屋

📞 011-613-3448

小熊形狀的「くまもなか」，附有兩種餡料，包括栗子和紅豆口味。可愛又可口！

魚河岸 ひかり寿司

📞 011-612-9810

10 件壽司索價¥1,000-1,800 雖然略貴，不過食材新鮮加上師傅的功力，總算貴得有道理。

札幌 円山公園 小樽 二世古 登別 定山溪

天婦羅叠羅漢
そば処三德

03

Map 1-57 / **A2**

🚕 地鐵琴似駅步行 5 分鐘

　　三德是一間在円山附近住宅區毫不起眼的小店，它號稱專售蕎麥麵，不過這裡最聞名的卻是天丼。所謂天丼，其實就是海鮮天婦羅總匯，老板把白魚、大蝦、冬菇及茄子等天婦羅豪氣地堆得滿滿，足足200毫米高，非常震撼。

INFO

🏠 西區二十四軒 4 条 6-5 -18 | 📞 011-644-7508 | 🕐 11:30am-3:30pm，5:00pm-9:00pm；周日休息

Map 1-57 / **B4** 　新穎情侶戒指
04 　**Kreis** クライス

🚕 地鐵東西線円山公園駅步行 2 分鐘

　　Kreis 在德語中的意思是「圓圈」、「戒指」和「朋友」。Kreis在2006年於札幌創立，並在東京自設生產廠房 studio SORA，打造輕巧、漂亮的情侶戒指。Kreis熱銷的情侶戒指，設計簡約優雅，特別受年輕人歡迎。

由 studio SORA
打造的情侶戒指。

店舖的設計也是簡潔中見細緻。舖面不大但很有空間感。

INFO

🏠 札幌市中央區大通西 26-1-18「円山アーク」2F | 📞 011-611-8895 | 🕐 平日 11:00am-7:00pm；周六日及假日至 8:00pm（周三休息）| 🌐 http://www.kreis-w.co.jp/sora-sapporo/

入廟祈福　**Map** 1-57 / **A4**
北海道神宮　⑤

🚗 地鐵東西線円山公園駅下車，出站後步行 1 分鐘於巴士站乘「円 14」或「円 15」號車，於神宮前站下車即達

　　北海道神宮於明治2 年(1869)，奉明治天皇的詔令而創建，為北海道守護神、開拓之神的祭祀之處。神宮祭祀著「四柱」(神明)，包括大國魂神(北海道國土之神)、大那牟遲神(國土經營、開拓之神)、少彥名神(國土經營、醫藥、造酒之神)及明治天皇(奠定日本現代基礎的天皇)。神宮內的櫻花，是從明治8年(1875)開始栽種，品種有蝦夷山櫻、染井吉野櫻、八重櫻等約1400株左右，為札幌市民賞櫻的名勝地。在開花季節的5月，有眾多的參拜者前來，相當熱鬧。

　　神宮佔地極廣，除了庭園及神社，還附設大片杉木及檜木林，與及小動物樂園，有機會遇上蝦夷松鼠、北之狐狸及赤啄木鳥等動物，是札幌郊遊的好去處。

INFO

🏠 札幌市中央區宮之丘 474 號 | 📞 011-611-0261
| 🕐 11月至 2 月：7:00am-4:00pm；3 月至 5:00pm；
4 月至 10 月：6:00am-5:00pm

道央

新鮮食材集中地 **Map** 1-57 / **C3**

札幌場外市場 ⑥

🚗 地鐵東西線二十四軒駅步行 10 分鐘或 JR 桑
園駅步行 12 分鐘

　　二条市場和場外市場是各有優點的，前者近市中
心，店舖都做慣了遊客生意；後者較大型，美食較
多，感覺較地道，是中央批發市場。這個有46年歷史的

市場內共有約
70間舖，海
鮮、蔬果店
最多，當然亦
有手信及乾
貨，雖然有點
偏遠，但也深
受當地人和遊
客歡迎。

場內部分店舖也有提供海鮮丼。

INFO

🏠 札幌市中央區北 11 条西 21 丁目 2-3 | ☎ 011-621-7044 | 🕐 6:00am-
5:00pm（各店營業時間有異）| 🌐 www.jyogaiichiba.com

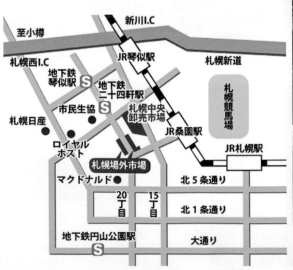

【札幌場外市場食店推介】

明星食肆 ⑦ **Map** 1-57 / **C3**
海鮮食堂北のグルメ亭

這間位於海鮮市場北のグルメ內的食店,牆上貼滿了明星在店內與員工的合照和簽名,是極之出名的海鮮食堂,尤其不可錯過海鮮丼和海膽魚子丼。客人可以自選材料再到食堂享用,亦可跟menu點菜,而且店內部分職員懂國語,對不諳日語的中國人是個喜訊。

INFO

🏠 札幌市中央區北 11 条西 22 丁目 4-1 | ☎ 011-621-3545 | 🕐 7:00am-3:00pm | 🌐 www.kitanogurume.co.jp

---

Map 1-57 / **C3** 大型雜貨店
⑧ 佐藤水產市場店

佐藤水產在市內有7間分店,是頗具規模的水產店,在新千歲機場都有它的踪影,是買北海道特產的好地方。店內醃製、燻製的食物也是札幌名物之一,買來做手信送給朋友也比較特別。

INFO

🏠 札幌市中央區北 11 条西 21 丁目 | ☎ 011-641-2525 | 🕐 7:00am-4:30pm,1-5 月營業至 4:00pm | 🌐 www.sato-suisan.co.jp

老牌和菓子店
菓匠米屋

09

Map 1-57 / **C4**

🚗 地鐵東西線円山公園駅步行 10 分鐘

店內最受歡迎的「まる山」（左）和豆沙包。

　　可能你會覺得去日本食草餅、和菓子等小食好老土，但總應該去食一間最好、最地道的。菓匠米屋是日式菓子的老字號，國內非常有名，而且只此一家。老字號除了賣傳統菓子，也有季節限定的新食品，是必買手信之一。

菓匠米屋店舖是傳統古老民房的格局，與它40多年的歷史十分配合。

INFO

🏠 札幌市中央區南 3 条西 24 丁目 2-6 | 📞 011-611-7739 | 🕐 9:00am-6:00pm（周三休息）

10

Map 1-57 / **C4**

麵包老舖
Rana

🚗 地鐵東西線円山公園駅 5 號出口步行 5 分鐘

　　有 30 多年歷史 Rana 是札幌著名的麵包店，但近年已轉型成漢堡店，專售和牛漢堡及鬆餅，其賣點是使用北海道十勝和牛製作，加配一隻招牌星形煎蛋及青蛙包裝紙，賣相很吸引。

INFO

🏠 札幌市中央區大通西 23-1-11 | 📞 011-616-7500 | 🕐 11:30am-7:00pm，周四休息 | 🌐 http://www.ranarana.net/

Map 1-57 / **C4** 高貴品味小店

Pinacotheka
ピナコテカ

⑪

🚕 地鐵東西線円山公園駅步行約 6 分鐘

在円山逛街，會清楚看出這裡的確是個中產區域，這裡的店都很有個性，Pinacotheka 就是其中一間憑外表就可以令你駐足觀賞的小店，它是一間桃紅色的歐陸式小屋。店內有大量像19世紀英國貴族的產品，貴氣十足，毫不俗氣。

店的外表是橙色彩鮮艷的建築，非常搶眼。

🏠 札幌市中央區南 3 条西 23 丁目 2-22 | 📞 011-643-1103 | 🕐 11:00am-6:00pm（周一、二休息）

北海道初登場 ⑫ **Map** 1-57 / **C5**

Baluko Laundry Place

🚕 地鐵東西線円山公園駅步行約 15 分鐘

來自東京的連鎖洗衣店 OKULAB，首度在札幌以「Baluko Laundry Place」品牌登場，結合洗衣店、咖啡店 CROSSROAD BAKERY & CAFE 及置物倉的形式經營。在等待洗衣服的同時，享用咖啡及蛋糕等美食，更可以從官網上確認空置的洗衣機及結束時間。

🏠 札幌市南西中央南 9 號 20-1-30 | 📞 03-6630-2632 | 🕐 自助洗衣 5:00am-1:00am；CAFE 9:00am-9:00pm | 🌐 https://baluko.jp/baluko-minamimaruyama

珠空港

東

丁

環狀通東

所前

JR函館本線

苗穗

白石

東札幌

白石

地下鐵東西線

平和

厚別

新札幌

JR千歳線

豊平公園

美園

南郷7丁目

南郷13丁目

月寒中央

平岸

大谷地

福住

南郷18丁目

5

6

14

9

10

Tudor House的設計以15、16世紀的英國皇宮為藍本，木造的樓梯也是英國古董木。

繼續童話世界 **Map** 1-66
白い恋人パーク ㉛

🚕 地鐵東西線宮の沢駅5號出口步行7分鐘

雖然之前鬧過過期醜聞，依然人氣不減，總有一大班Fans前往參觀。雖然香港或日本多處都有白い恋人出產的「貓舌曲奇」發售，不過公園內有限量版的曲奇，而且白い恋人パーク的紅磚城堡、鳥語花香的花園，加上館內夢幻的設計，其童話式裝修足以令人心醉，一去再去。

整個白い恋人パーク包括Chocolate Factory、Tudor House、English Garden、玩具博物館、手信店和餐廳等，肯定可以消磨一個下午。

付了入場費，可以得到「passport」作為當日之門票，連同一塊「貓舌曲奇」。

白い恋人

美冬（みふゆ）抹茶條

朱古力體驗
Chocolate Factory ②

Map 1-66

樓高4層的Chocolate Factory絕對是白い恋人パーク內的Must See！「廠」內有生產工房、體驗工房、朱古力杯收藏館等，當中以體驗工房最得小孩和情侶歡心，每堂約30分鐘至2小時，常常都爆滿，肯交學費都未必學到師。

Chocolate Factory由內部裝修到外觀都與工廠無異。

體驗工房內有專業的導師教遊客做獨一無二的曲奇。

Map 1-66

③

朱古力Fans必愛
Chocolate Lounge

位於Chocolate Factory 4樓的Chocolate Lounge，售賣以瑞士朱古力加北海道牛奶做的甜品和飲品，美味得難以形容。餐廳環境是英式裝潢，窗邊望著球場和時計塔，每次分針踏正12時會特別多客人來看時計塔的音樂鐘表演。

朱古力火鍋。

INFO

🏠 札幌市西區宮の沢2条2丁目11番36號 | 📞 011-666-1481 | 💲成人 ￥800、初中以下學生 ￥400，Chocolate Lounge 消費約 ￥1,000；體驗工房 ￥1,500 起 | 🌐 www.shiroikoibitopark.jp | 🕐 10:00am-5:00pm；商店 10:00am-5:00pm

1-69

圍繞公園而行的百合列車車程只得12分鐘,賞花實在不夠喉。

Map 1-66 火車上賞花
④ 百合が原公園

🚕 JR札沼線百合が原駅東口徒步約5分鐘

夏天去北海道,怎能少得賞花這項主打活動?從札幌只消十多分鐘JR車程往百合が原公園,園內特設圍繞花田行駛的賞花火車,火車慢慢駛過花田,香氣撲鼻,異常寫意。園內亦有多個主題庭園和溫室花園,開花季節絕對人頭湧湧。

火車的行駛速度不高,可以慢慢欣賞窗外的花海。

INFO

🏠 札幌市北區百合が原公園 210 番地 | 📞 011-772-4722 | 🕐 8:45am-5:15pm;溫室周一休息 | 💲免費;溫室及世界庭園入場費各 ¥130;百合列車 ¥360 | 🌐 https://yuri-park.jp/

藝術空間
モエレ沼公園

Map 1-66
(05)

🚕 地鐵東豐線至環狀通東駅，轉乘中央巴士「東69」可到達公園門口

夏日公園更受歡迎，有海之噴泉表演，又有人造沙灘。

公園一般都是小朋友最愛，但モエレ沼公園可能會悶親小朋友，因為它其實是一個滿有藝術氣息的休憩之地。整個公園是由札幌的雕刻家野口勇設計，一大片綠草地上有好幾座幾何形狀的建築，每個建築都別具性格，令整個公園空間感增強，亦是拍照勝地。

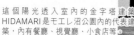

這個陽光透入室內的金字塔建築HIDAMARI是モエレ沼公園內的代表建築，內有餐廳、視覺廳、小食店等。

INFO

🏠 札幌市東區モエレ沼公園 1-1 | 📞 011-790-1231 | 🕐 7:00am-10:00pm | 🌐 http://moerenumapark.jp/

Map 1-66
(06)

親親大自然
さとちんど
Sapporo Satoland

🚕 モエレ沼公園旁

這是札幌雪祭的三大會場之一，但雪融過後這裡會變成牧場，提供多項親親大自然的活動，例如是近距離接觸山羊、乳牛等，還可以在田園裡採摘生果蔬菜，讓你在札幌體驗樸素的農莊生活。

漫天遍野都是薰衣草的景色，不是富良野獨有。

INFO

🏠 札幌市東區丘珠町 584 番地 2 | 📞 011-787-0223 | 🕐 9:00am-5:00pm(4 月 28 日 -9 月 30 日 9:00am-6:00pm)，11 月 4 日至 4 月 27 日的周一休息 | 🌐 www.satoland.com

道央

在百年啤酒廠大吃大喝 07
札幌啤酒園 Map 1-66

🚕 JR 札幌駅南口東急百貨店南側乘 88 號
循環巴士直達「ツボロビール園」入口

札幌啤酒園坐落於超過100年歷史的「開拓使麥酒釀造所」之內。高聳的煙囪、紅色的磚牆，以及巨型啤酒釀酒設備「凱塞爾」，都完美地保留。啤酒園不但提供啤酒，更供應源源不絕的美食。整個啤酒園分為5大部分，包括凱塞爾大廳、滔隆美爾大廳、楊樹館、丁香廳及花園燒烤區，5個區各有風格，提供不同的美食。鄰近還有啤酒博物館，幫助遊客更深入了解北海道釀酒歷史。

凱塞爾大廳

INFO

🏠 札幌市東區北 7 条東 9 丁目 2-10| 📞 0120-150-550| 🕐 11:30-21:00（L.O. 21:40）| https://www.sapporo-bier-garten.jp/global/chinese_fan.html

---

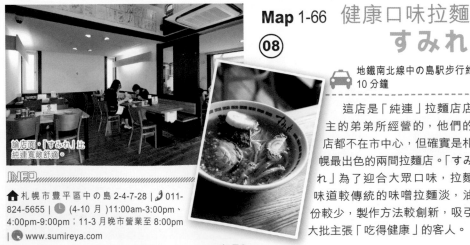

論店面，「すみれ」比純連寬敞舒適。

INFO

🏠 札幌市豐平區中の島 2-4-7-28 | 📞 011-824-5655 | 🕐 (4-10 月)11:00am-3:00pm、4:00pm-9:00pm；11-3 月晚市營業至 8:00pm | 🌐 www.sumireya.com

Map 1-66 健康口味拉麵
08 すみれ

🚕 地鐵南北線中の島駅步行約 10 分鐘

這店是「純連」拉麵店店主的弟弟所經營的，他們的店都不在市中心，但確實是札幌最出色的兩間拉麵店。「すみれ」為了迎合大眾口味，拉麵味道較傳統的味噌拉麵淡，油份較少，製作方法較創新，吸引大批主張「吃得健康」的客人。

年度拉麵王
麵屋彩未

Map 1-66 (09)

🚗 地鐵東豐線美園駅步行 5 分鐘

《北海道Walker》曾舉辦「札幌拉麵選舉」，麵屋彩未就在眾多拉麵店中脫穎而出，成為2008年的第一位。雖然拉麵店在較僻靜的住宅區，依然有大批捧場客。拉麵優勝之處是特製的薑蓉，令它不像一般拉麵店般肥膩。

INFO

🏠 札幌市豐平區南美園 10 條 5 丁目 3-3 | 📞 011-820-6511 | 🕐 11:00am-3:15pm、5:00pm-7:30pm（周一休息、周二、三不設晚市）

味噌拉麵

Map 1-66 (10)

極濃拉麵
さっぽろ純連札幌本店

🚗 地鐵南北線澄川駅北出口步行 5 分鐘

札幌近郊有不少好吃的拉麵店，位置偏遠卻日日大排長龍，純連本店就是其中之一。這裡與別不同之處是師傅將麵條放進已調味的湯底內烹調，所以每條麵條都充分吸取了湯底的精華，拉麵的味道極濃。

餐廳牆上都貼滿名人簽名磁磚。可見其餐廳的受歡迎程度。

INFO

🏠 札幌市豐平區平岸 2 条 17 丁目 1-41 純連 bldg. 1/F | 📞 011-842-2844 | 🕐 11:00am-9:00pm | 🌐 www.junren.co.jp

藻岩山山頂達531米,要上展望台為一方法就是乘索道。

遠眺夜景最佳位置 **Map** 1-66

藻岩山展望台 ⑪

乘札幌市電於「ロープウエイ入口」下車,再步行8分鐘轉乘藻岩山索道

藻岩山展望台與小樽天狗山、函館山齊名,為北海道三大夜景,在這裡可以欣賞星光下燈光閃閃的札幌市全景、石狩灣,天晴時更可看到夕張山脈、支笏湖等地,所以遠一點也值得一去。

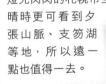

INFO

🏠 札幌市中央區伏見5-3-7 | 📞 011-561-8177 | 🕐 (4-11月)10:30am-10:00pm;(12-3月)11:00am-10:00pm | 💲 ¥2,100、小學生 ¥1050(來回索道費) | 🌐 https://mt-moiwa.jp/

超巨 Mall
發寒店 AEON 購物中心

Map 1-66

 JR 發寒駅南口徒步約 5 分鐘

香港人熟悉的 AEON，在祖家日本面積當然是倍增。發寒 AEON 共分 3 層，1 樓以服飾及餐廳為主，2 樓主打書店、休閒及家居用品，至於 3 樓可算是兒童天地，由童裝、玩具至室內遊樂場應有盡有，小朋友肯定唔捨得走！

1樓的 Chef's Buffet，云集日、中及西方美食。

3樓的兒童天地。

INFO

🏠 札幌市西區発寒 8 条 12 丁目 1 番地 | 📞 011-669-5515 | 🌐 http://www.aeon.jp/sc/sapporohassamu/
| 🕐 9:00am-10:00pm

Map 1-66

⑬

得獎名牌

Patisserie Anne Charlotte

 乘地鐵南北線至麻生駅下車，出站步行 10 分鐘

自 2006 年起，由各甜品名店組成的「札幌甜品王國推進協議會」，會每年舉辦甜品大賽，把札幌甜品打造成一個名牌。甜品師傅吉本晉治造的布甸批是從 70 件比賽作品中勝出，成為札幌年度人氣甜品。即使餐廳較遠，很多人都慕名而來試。

布甸批
（サミットさっぽろプリンパイ）
心形忌廉布甸的做法複雜，有香濃奶味，口感幼滑。連裝飾朱古力片的味道也同樣香濃可口。餅底一瓣一瓣的，由麵粉交疊成，十分鬆脆。

INFO

🏠 札幌市北區北 35 条西 10 丁目 3-15 | 📞 0120-191-419 | 🕐 10:00am-6:30pm | 🌐 http://www.annecharlotte.co.jp/

札幌周邊

小樽

二世古

登別

定山溪

時光倒流 ⑭ Map 1-66
北海道開拓の村

🚗 JR 新札幌駅出站轉乘 JR 北海道巴士
至【新 22「開拓の村」】

　　北海道在日本的縣市來說，其實算是年輕，至今只有百多年的歷史。北海道開拓の村建於1983年，為了紀錄北海道開拓一百周年而設立，是一個名副其實的露天博物館。村內設有五十多座仿古的建築，「複製」出一百年前的環境，以傳頌上幾輩人對北海道的付出。

夏冬兩季遊客都可乘馬車遊覽開拓の村

INFO

🏠 札幌市厚別區厚別町小野幌 50-1 | 📞 011-898-1000 | 🕐 (5-9 月)9:00am-5:00pm，其他月份營業至 4:30pm(10-4 月逢周一休息) | 💲(北海道博物館聯票) 成人 ￥1,200，小童 ￥700；乘坐馬車成人 ￥250，小童 ￥100 | 🌐 http://www.kai-taku.or.jp/

長沼町

南幌町

札幌町

北廣島市

惠庭市

千歲市

新千歲機場

札幌市

支笏湖

MAP 1-77

札幌近郊

北

Google Map
下載

道央

居高臨下看札幌 　Map 1-77

羊ケ丘展望台　(01)

🚕 由JR札幌駅乘中央巴士89號到羊ケ丘展望台，車程約40分鐘；或乘地鐵東豐線到福住站轉乘中央巴士「福84」號於總站下車

羊ケ丘展望台位於札幌市東南面的山上，可遠眺石狩平野，從前是「月寒牧場」的放羊場，現在，夏天時Clark Chapel旁同樣可以看見放羊的有趣情景。展望台上那個搶眼的銅像是前北海道大學的第一代教師克拉克博士，由1976年開始一直屹立山上。

INFO

🏠 札幌市豐平區羊ケ丘1番地 | ☎ 011-851-3080 | 🕐 (10-4月)9:00am-5:00pm；(5-6及9月)8:30am-6:00pm；(7-8月)8:30am-7:00pm | 💲 ￥530 | 🌐 www.hitsujigaoka.jp | **MAPCODE** 9 287 504*47

Map 1-77　全天候巨蛋

(02)　札幌ドーム

🚕 地鐵東豐線福住駅步行約10分鐘

在羊ケ丘展望台不遠處有個巨蛋形運動場「札幌ドーム」，時常舉辦大型足球和棒球比賽，沒有比賽時可以￥1,250參觀。館內有長60米的空中電梯，可到達360度全景觀景台，還有多間餐廳和店舖，足球、棒球迷一定不容錯過。

INFO

🏠 札幌市豐平區羊ケ丘1番地 | ☎ 011-850-1000 | 🕐 10:00am-5:00pm | 🌐 www.sapporo-dome.co.jp | **MAPCODE** 9 349 468*27

園內的假石山和樹塔非常新穎，令人聯想起動畫中不可思議的世界軟綿綿從地而起的膠柱可隨時扭曲，非常好玩！

03 妙想天開野外樂園
丘陵公園
Map 1-77

🚕 地鐵真駒內駅出站後於 2 號巴士站乘中央巴士瀧野線（106 號）可到達公園門口，車程約 1 小時

沒想過在札幌的郊外，竟有這樣一個有趣的公園！丘陵公園距離市中心約1小時車程，園中小童之谷設計成一個不可思議的遊樂場，奇形怪狀的石山、地下的洞穴更像四通八達的蟻巢，充滿玩味和奇想，無論是大人或小朋友都玩得樂透。

INFO

🏠札幌市南區瀧野 247 番地 | 📞 011-592-3333 | 🕐 (6-8月)9:00am-6:00pm;12 月 23 日 -3 月營業至 4:00pm；4-5月及 9-11 月 10 日營業至 5:00pm | 💲 成人 ￥450，未滿 15 歲小童免費 | 🌐 www.takinopark.com | **MAPCODE** 867 572 632*12

札幌 近郊

小樽

二世古

登別

定山溪

位置方便

Map 1-77

札幌國際滑雪場

🚗 從 JR 札幌駅乘坐中央巴士站（16 號巴士站）到滑雪場，需時 1.5 小時

　　已超過30年歷史的札幌國際滑雪場，深受香港人歡迎，因為它位置優越，從札幌市中心坐約個半小時車程即達，雪質優良。雖然只有7條滑道、5條索道，規模相對小，但已足夠滿足大部分遊客。嫌滑雪太辛苦的話，可以玩雪上電單車、香蕉船等雪上玩意。

INFO

🏠 札幌市南區定山溪 937 番地溪 | 🕘 9:00am-5:00pm（11 月中旬至 5 月上旬）| ☎ 011-598-4511 | 🌐 www.sapporo-kokusai.jp | **MAPCODE** 493 250 341*67

Map 1-77

度假一流

05

Kiroro 雪世界

🚗 從 JR 札幌駅乘坐穿梭巴士到滑雪場，需時 1.5 小時，車費 3,600（預約制）

場內有防寒衣物租借，每項日租 ¥4,200。

　　這亦是另一個位置方便的滑雪場，鄰近札幌和小樽，主要滑雪區是朝里丘及長峰丘，範圍較大。另外，旅客很適合來這裡度假2天，附近有酒店、溫泉，配套齊全，十分方便。

INFO

🏠 余市郡赤井川村常盤 128 番地 1 | ☎ 0135-34-7100 | 🕘 9:00am-3:00pm（12 月上旬至 5 月上旬）| 🌐 www.kiroro.co.jp/jp/winter/ | **MAPCODE** 164 239 755*38

加碼擴充150店 Map 1-77 ⑥
千歲 Outlet Mall Rera

🚗 JR 南千歲駅徒步約 3 分鐘或於新千歲機場乘免費穿梭巴士直達

　　出遊北海道遇不上季節性的瘋狂大減價？無問題！因為鄰近札幌新千歲機場的千歲機場 Outlet Mall Rera 最近擴建成功，增加至150店400個品牌，成為全日本第五大的 Outlet。

　　新增的店舖都是港人所熟悉的，如 BEAMS、United Arrow 及 Ras 等，無論是日本或歐美品牌都有；全部貨品7折起發售，最便宜更低至2折！要執到平靚正筍貨，大概要提早兩三小時先掃貨，後 check-in 了！

除了購買衣物，OUTLET 內還有食品雜貨店，包括北海道タウン、久世福商店。

INFO

🏠 千歲市 柏台南 1-2-1 | 📞 81-0123-423000 | 🕐 10:00am-7:00pm | 🌐 www.outlet-rera.com | ❗ 正門外有免費車位 | MAPCODE 113 831 044*82

OUTLET 內的札幌藥粧同時可退稅。

大部分商品都直接有中文解釋。

藝術大本營
藝術之森
藝術大本營

07

Map 1-77

🚗 乘地鐵南北線真駒內站，轉乘 2 號「空沼線」或「瀧野線」的中央巴士，在「藝術之森入口」或「藝術之森中心」下車

藝術の森是札幌最大的綜合文化設施，這裡既有幽美的湖光山色，公園內亦提供不同的展覽廳、美術館及藝術工作室，無論你熱衷於藝術或完全是門外漢，這裡的景色與氛圍，都能洗滌心靈，令人眼界大開。

INFO

🏠 札幌市南區藝術之森 2-75 | 📞 011-591 5111 | 🕐 9:45am-5:00pm (6-8 月至 5:30pm) | 💲入場免費，展覽館個別收費 | 🌐 http://artpark.or.jp/ | **MAPCODE** 9 071 363*83

福田繁雄的作品，強調了互助的精神。

藝術之森美術館
展出由羅丹開始的當代及現代藝術作品。

野外美術館
佔地7.5公頃，展示札幌的姐妹城市挪威卡拉紹克的藝術家之雕塑，以探討人和自然的關係為主題。

佐藤忠義紀念兒童工作室
在工作室內，小朋友可以欣賞大師的作品，甚至參加 DIY 班。

紅葉名所
豐平峽

(08)

Map 1-77

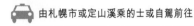 由札幌市或定山溪乘的士或自駕前往

　　豐平峽是定山溪附近的名勝，以豐平峽水庫而聞名。水庫建於1972年，高102.5米(約34層樓高)，作用治理豐平川河水及水利發電之用。水庫湖被取名為定山湖，蓄存著容積相當於30個札幌巨蛋的水量。水庫周邊是一個被陡峭的山壁所環繞的風景名勝，與氣勢磅礴的水庫形成了壯觀的景致。這裡也是札幌市郊特別有人氣的紅葉名勝。

為了保護環境，遊豐平峽只能徒步或乘坐電動巴士。

INFO

🏠 札幌市南區定山溪 840 番地先 | 🕐 每年 5 月初至 11 月 初，8.45arn-4:00pm | 🌐 http://www.houheikyou.jp/ | 💲 電動巴士車費 成人 ￥700/￥400(來回 / 單程)，小童 ￥350/￥200(來回 / 單程) | MAPCODE 708 603 414

道央

野鳥天堂
支笏湖

⑨
Map 1-77

🚕 從 JR 千歲或南千歲駅，乘中央巴士 3 號往支笏方向，至支笏站下車（從千歲站約 44 分鐘，南千歲站約 50 分鐘）

支笏湖距離札幌市僅一小時車程，是離札幌最近的國家公園。由於支笏湖被山嶽包圍，所以全年不結冰，是日本最北方的不凍湖。因為地理優越，吸引野鳥結聚，所以支笏湖也是觀鳥的天堂。此外，支笏湖也因「美人之湯」而聞名，溫泉街周邊有很多飲食店，遊人可以品嘗到用紅鱒魚等當地食材烹製的美味佳餚。

支笏湖冰濤節

INFO

🏠 千歲市支笏湖溫泉番外地（支笏湖遊客中心） | 🌐 http://shikotsukovc.sakura.ne.jp/ | **MAPCODE** 867 063 323

湖光山色
支笏湖觀光船

支笏湖面積廣大，想把湖光山色盡收眼底，最佳的方法就是乘坐觀光船。支笏湖觀光船有不同類別，最普通是水中遊覽船，全程30分鐘遊湖一周。想刺激一些可以坐高速艇，行駛不同距離有不同收費。不怕濕身的甚至可以選擇腳踏船，靠自己雙腳征服支笏湖。

INFO

🏠 千歲市支笏湖温泉 | ☎ 0123-25-2031 | 🕐 4-11 月 8:40am-5:10pm | 💲 水中遊覽船成人 ￥1,650(30 分鐘)，小童 ￥830；高速艇 10 分鐘船程 ￥5,000，20 分鐘船程 ￥10,000，30 分鐘船程 ￥15,000，腳踏船 ￥2,000(30 分鐘) | 🌐 http://shikotsu-ship.co.jp

Map 1-77
⑩

輕量級行山徑
空沼岳

🚗 由支笏湖乘的士前往

空沼岳是支笏湖附近廣受歡迎的行山徑。空沼岳全長8公里，從那裡可以眺望札幌市、惠庭嶽、支笏湖、羊蹄山等。空沼岳山頂雖有海拔1251米，但山坡不陡峭，連行山初哥也能應付。「攻頂」途中，會經過「空沼」、「萬計沼」、「真簾沼」及「青沼」等6塊沼澤，不同季節有不同美態，中途更有機會遇上可愛的蝦夷條紋松鼠。

INFO

🏠 札幌市南區簾舞

日本第9大湖泊
洞爺湖
Map 1-86 ⑪

🚕 JR 洞爺駅轉搭的士約 15 分鐘

鄰近支笏湖的洞爺湖,同屬於支笏洞爺國立公園一部分。洞爺湖由於湖面較寬闊,而外輪山離湖面又比較低,所以給人一種十分廣闊的感覺。洞爺湖湖中央最大的島嶼名為中島,面積4.85平方公里,島上建有洞爺湖森林博物館,可乘觀光船前往。洞爺湖南岸有洞爺湖溫泉、有珠山和昭和新山,都是當地著名的景點。由於洞爺湖美景舉世知名,2008年第34屆八國集團首腦會議 (G8) 特別在此舉行,讓歐美國家的領袖,都能感受這個日本百景之一的魅力。

INFO

🏠 北海道虻田郡洞爺湖町洞爺湖 | MAPCODE 321 518 588*14

洞爺湖

MAP 1-86

北

洞爺湖町
⑪ 洞爺湖
⑫ 中島
支笏洞爺國立公園
JR洞爺站
有珠山登山纜車
⑬
⑭
⑮

向洞爺湖中心出發　**Map** 1-86
洞爺湖森林博物館 ⑫

🚗 洞爺湖觀光船直達，成人¥1,420，小童¥710

　　洞爺湖森林博物館位於洞爺湖中心的中島之上。所謂中島其實是大島、弁天島、觀音島及饅頭島四個島的總稱，當中以大島最大，物種也最豐富。據説島內有300隻梅花鹿，而森林博物館亦位於大島之上。博物館內介紹了北海道不同動物及植物，其中最著名的，有稱為「森の巨人」，年齡高達350歲的雲杉。

博物館位於大島之上，可乘觀光船直達。

INFO

🏠北海道虻田郡洞爺湖町洞爺湖大島 | 📞0142-75-4400 | ⏰9:00am-4:00pm | 💲成人¥200，小童¥100

---

⑬ 日本地質百選之一
Map 1-86　　　有珠山

🚗 JR洞爺駅轉搭的士約15分鐘

　　有珠山位於洞爺湖以南，高度737公尺，特別之處是它是一座活‧火‧山！過去的100年間，有珠山已經被觀測到四次噴發，最近的一次噴發是在2000年，是日本非常活躍的一座活火山。不過因有嚴密的監察，所以遊走珠山仍是相當安全的。遊覽有珠山可乘登山纜車，車程約6分鐘，沿途可以鳥瞰洞爺湖壯麗的景色，更可以近距離觀看旁邊的昭和新山，與及霧氣蒸騰的銀沼大火口，感受大自然的威力。

因1943年12月28日有珠山火山爆發而誕生的昭和新山。

銀沼大火口至今仍不斷有蒸氣噴出。

INFO

有珠山登山纜車 🏠北海道壯瞥町瀧之町185-5 | 📞0142-75-2401 | ⏰8:15am-5:45pm | 💲來回票成人¥1,800，小童¥900 | http://usuzan.hokkaido.jp/tw/ | **MAPCODE** 321 433 350*55

親身體驗火山威力
火山村情報館 ⑭ **Map** 1-86

🚕 有珠山登山纜車入口

　　有珠山在100年內爆發了4次，每次都帶來不同程度的破壞。在有珠山登山纜車入口的火山村情報館，就詳細記述了這4次爆發的時間及威力。除了破壞力，情報館亦會展示火山爆發後對附近帶來的效益。另外館內設有噴火體驗室，讓遊人身歷其境感受火山的威力，最正是全館免費入場。所以乘有珠山登山纜車下山後不要急急離開，不妨到這裡開一開眼界。

INFO

🏠 北海道壯瞥町瀧之町 185-5

Map 1-86　　　　百變熊姿
⑮ **昭和新山熊牧場**

🚕 洞爺湖溫泉巴士站乘的士約 15 分鐘

　　北海道出名多熊，在昭和新山附近的熊牧場就飼養了70多隻精靈活潑的棕熊。遊客不但可近距離觀看牠們的「熊姿」，更可親手餵養牠們。而這裡出產的馬油亦是遠近馳名，無論皮膚是燙傷或乾燥都有很好的療效，是遊客必購的手信。

馬油80ml ¥2,200，馬油來自馬的脂肪，是非常好的天然滋潤油。

INFO

🏠 北海道有珠郡壯瞥町昭和新山 183 番地 | 📞 0142-75-2290 | 🕐 9:00am-4:30pm | 💲 成人 ¥900，小童 ¥500 | 🌐 http://kumakuma.co.jp/

漢堡薯條主題房 Map 1-49 /**B3**
Rembrandt Style 札幌飯店

 地下鐵南北線薄野駅步行約 5 分鐘

剛於2019年8月開幕的Rembrandt Style 札幌飯店，距離狸小路只有數分鐘路程，11層樓建築內提供184間客房，其中最大亮點的是「DOM DOM」概念房，房間設計是以酒店集團旗下的DOM DOM Hamburger 快餐店為主題；房內的布置十分搞笑過癮，包括床頭的巨型薯條、沙發上的番茄抱枕，都是眾人打卡的目標；廁所內更有漢堡造型的洗手液，讓你在漢堡薯條中影餐飽。

INFO

🏠 札幌市中央區南7条西5丁目 | 💲 雙人房 ¥11,300起 / 晚連早餐 | 📞
https://rembrandt-style.com/sapporo | **MAPCODE** 9 462 827*44

Map 1-26 /**E3** 蔦屋書店旗下青年旅館
Goen Lounge & Stay Sapporo

 地下鐵大通駅、薄野駅步行約 3 分鐘

一樓除了是Check-in櫃台，也是CON＋ACT書旅空間，這裡的藏書是來自函館蔦屋書店的精選書籍，住客可隨意翻閱。住宿床位集中在3樓至6樓，全室都是碌架床，設有夜燈、插座及保險箱，有工作人員駐守，更有女性專用樓層。5樓有24小時開放的淋浴間、廚房及用餐空間，餐具及廚具都一應俱全，全數皆可使用。

INFO

🏠 札幌市中央區南 2 条西 5 丁目 26-4 | 📞 011-522-5548
💲 ¥ 3,000/ 人 | 🌐 https://contact-sapporo.com

札幌 住宿推介　小樽　二世古　登別　定山溪

小樽
Otaru
浪漫之城

小樽 Otaru

　　小樽的美實在不用多形容，即使未曾去過，都會有似曾相識的感覺，全因小樽的「明星相」，經常成為日劇、電影的取景地，使小樽聲名大噪。最出名為導演岩井俊二的《情書》、後來有《天國之戀火》，較近有《NANA》，配合運河、天狗山景色，小樽是必選的浪漫景點！

　　每年2月上旬至中旬，小樽也會舉辦「小樽燈火節」，運河兩旁也會點起一盞盞埋在雪裡的蠟燭小燈，構成一條燈火小路，把嚴冬的運河照亮，四周頓然變成一個童話世界，是個超浪漫的節日。

　　從札幌搭乘JR快速火車到小樽，只需半個小時車程。小樽適合安排至少半天以上遊玩，白天遊逛市街購物，欣賞古舊的歷史建築。黃昏時刻前一定要趕到小樽運河，拍一張最浪漫的小樽的運河紀念照。天黑後，順道遊覽巨型商場Wing Bay OTARU，一天的時間眨眼便過！

對外之交通

札幌至小樽

　　JR函館本線小樽駅、南小樽駅；（欲前往Wing Bay Otaru，可於小樽築港駅下車）。車程約為32分鐘，單程車費為￥750。

札幌新千歲空港駅至小樽

　　可乘坐JR北海道「快速機場列車」（Rapid Airport）經札幌至JR小樽駅，車程約為90分鐘，單程車費為￥2,440。

　　參考網址：http://www.jrhokkaido.co.jp/index.html

小樽1日/札幌單程套票

　　除了乘坐JR，遊客也可考慮乘坐高速巴士由札幌往返小樽。高速巴士首班於6:35由札幌火車站開出，途經時計台前及円山站，至小樽火車站，車程約1小時，單程車費￥680，來回￥1,270，每小時約有3-5班車開出。乘客無需預約，可在巴士站售票窗口直接購票。

　　此外，乘客亦可購買小樽1日/札幌單程套票，包含札幌往小樽單程車費，與及小樽巴士1日乘車證，成人￥1,350、兒童￥680，比分別購買節省￥130。

套票詳情： https://www.chuo-bus.co.jp/main/setticket/index.cgi?ope=det&n=19
往返小樽及札幌巴士班次： https://www.chuo-bus.co.jp/highway/index.cgi?ope=det&n=23&o=1&t=21

小樽二日遊行程

　　若果打算去小樽周邊入住溫泉旅館，不妨check in後立即去小樽築港的 Wing Bay Otaru掃貨，然後去南小樽食甜品，散散步，喜歡的話晚上去天狗山看絕美的夜景，再回酒店泡個舒舒服服的溫泉浴，翌日才去小樽運河周邊漫步玩足一日。

DAY 1

小樽周邊溫泉旅館check-in　　乘巴士約30分鐘（約1pm）→

🏯 **Wing Bay Otaru掃貨**　乘JR約3分鐘（約2:30pm）→　📷 **南小樽食甜品**

乘JR到小樽　轉乘巴士約共20分鐘（約4:30pm）→　📷 **天狗山資料館及天狗山，看夜景後回到酒店浸溫泉**

DAY 2

酒店　乘巴士約20分鐘→　**JR小樽**　步行1分鐘（約9am）→　🍴 **三角市場食早餐**

步行3分鐘→　🏯 **都通り商店街**　步行3分鐘→　🍴 **12nn到壽司屋通午膳**

步行5分鐘→　🏯 **參觀日本銀行舊小樽支店**　步行1分鐘→

🍴 **2:30pm到小樽バインhigh tea**　步行8分鐘→　🏯 **小樽運河工藝館**

步行2分鐘→　📷 **小樽市博物館**　步行3分鐘（約4pm）→　🏯 **小樽運河**

步行8分鐘→　🏯 **大正硝子館**　步行3分鐘→　🏯 **北一硝子館**

步行1分鐘→　🍴 **LeTAO食甜品**　步行1分鐘（約6pm）→　🏯 **小樽音樂盒堂**

步行12分鐘→　**おたる屋台村レンガ横丁食晚飯**　　**翌日到北海道其他地區**

小樽市內的景點十分集中，全都是步行大概15分鐘內便可到達，漫步小樽就是最好的方法。不過如果時間緊迫，或是手上拿著大堆戰利品，也可以選擇乘「小樽散策巴士」、人力車或的士。

小樽散策巴士

※因疫情關係，小樽散策巴士正停運中，在本書截稿前(23年5月)仍未有重開消息，詳情請參閱官方網頁(日文)。

中央巴士公司開了3條小樽巴士線，包括小樽漫遊巴士路線、天狗山路線及小樽水族館線。其中漫遊巴士路線經過晒小樽市內大部分景點，如小樽運河、堺町通、威尼斯美術館及北一硝子三號館等，慳番唔少腳骨力。想坐纜車上天狗山或到小樽水族館睇表演，則可以乘天狗山路線和小樽水族館線。在特定的商戶出示1日乘車券，還可獲消費優惠，包括小樽水族館入場慳¥100，運河倉庫自助餐9折優惠等，咁著數記得咪走雞。

巴士時刻表(JR小樽駅前巴士站發車)

	小樽漫遊線 (30分鐘一班)	天狗山線 (10-20分鐘一班)	水族館線 (1小時一班)
首班	9:40am	8:30am	10:50am
尾班	6:10pm	8:50pm	8:40pm

- 小樽漫遊線
- 水族館線(10,11)
- 天狗山線(9)

往小樽水族館

総合博物館(手宮洞窟)
Otaru Museum(Temiya Cave)

購1日乘車券不但可以全日任上落巴士，還可享大量食買玩優惠。

色内1丁目
Ironai 1-chome

運河プラザ
Canal plaza

小樽運河
總站

小樽運河
Otaru Canal

小樽車站
小樽車站

かま栄本社前
Kamaei Main Store

稲穂十字街
Inaho Crossroads

ヴェネツィア美術館
Museum of Venetian Art

堺町
Sakai Machi

北一硝子前
Kitaichi Glass

往天狗山

日銀金融資料館
(小樽バイン前)
Museum of Finance
(Otaru Bine)

メルヘン交差点
Merchen Crossroads

北一硝子三号館前
Kitaichi Glass
Emporium No.3

巴士線路圖

地址：JR小樽駅前巴士站
　　　(沿途可自由上落)

網頁：http://www.chuo-bus.co.jp/
　　　main/feature/otaru/

費用：**單程**
　　　成人¥240，小童¥120
　　　1日乘車券
　　　成人¥800，小童¥400

浪漫 • 硝子

小樽是個充滿異國情調的浪漫小鎮，這裡有多間玻璃工藝館。著名的北一硝子館是北海道最有規模也最有歷史的玻璃工坊，硝子意即玻璃，為小樽特產之一，各種以玻璃製成的精細工藝，包括杯、碟、燈、音樂盒和各種的小擺設，實在令人愛不釋手。

浪漫玻璃工藝
北一硝子3號館

Map2-22 D1

🚗 JR 南小樽駅步行約 8 分鐘

地 小樽市港町7-26
電 0134-33-1993
時 9:00am-6:00pm
網 www.kitaichiglass.co.jp

　　北一硝子是有百年歷史的玻璃工藝館，小樽之所以如此浪漫，與北一硝子晶瑩通透的玻璃工藝大有關係。在小樽堺町有一連幾間不同主題的北一硝子分館，例如北一硝子工房以玻璃燈飾為主，而3號館就以和式加西式的玻璃製品較多。多間北一硝子分店中，以北一硝子3號館最具規模，它原本是一棟石造倉庫，現在搖身一變室內燈光柔和，放滿了玻璃工藝品的店舖，配合明治時期的古舊建築，浪漫得無話可説。

北一硝子 outlet

　　3號館雖然是最大的北一店，但客人想買便宜的玻璃工藝品則應到3號館旁的outlet館。那裡賣的主要是一些月下貨，但其實不是行內人不知道新貨和舊貨的分別吧，這裡貨品的價錢就是便宜得多了。

別樹一格玻璃產品
Joy Luck Club

🚗 JR 小樽駅步行 10 分鐘

小樽的玻璃店多不勝數，這間卻予人與別不同的感覺，因為店內主要賣一些設計簡單的 tableware 和花瓶，有品味，毫不俗氣。店內有 café，除有 lunch set 和 tea set 外，逢周末更有 weekend special dessert。

和小樽的傳統玻璃工藝館相比，94年創立的 Joy Luck Club 算年輕。產品都比較時尚。

地 小樽市東雲町2-3
電 0134-27-1245
時 11:00am-8:00pm
網 www.joyluckclub.co.jp

玻璃飾物
大正硝子館—月下美人

Map2-10
D1

 JR 小樽駅徒步 10 分鐘

小樽有多間不同的玻璃工藝館，而大正硝子館開設的「月下美人」，就找來不同的藝術家，以玻璃為材料設計各種成熟風的飾物，如髮簪、電話繩、領帶夾、袖口鈕等，以實用為主，精緻的玻璃製品不再只是擺設。

地 小樽市色內1-1-6
電 0134-32-5101
時 9:00am-6:00pm
（周六日及假期休息）
網 www.taishougarasu.com

櫻花筷子托美得叫人捨不得使用。

抵玩玻璃工藝
硝子屋本舖和藏

Map2-10 B2

🚗 JR 小樽駅步行 10 分鐘

這店分為售賣現成玻璃製品和體驗工房兩個部分，店不算大，裝修也不特別，不過卻是小樽運河一帶，較便宜的玻璃製作體驗。製作玻璃飾物由 ¥500 起，做手信一流。

地 小樽市色內1-6-26
電 0134-61-1100
時 10:00am-5:00pm，冬季11:00am-4:00pm
網 http://www.advance-otaruglass.com/shop/

Map2-22 A2

人氣玻璃燈
小樽硝子の灯 • 彩や

🚗 JR 小樽駅步行 13 分鐘

硝子の燈是小樽advance俱樂部的姊妹店，顧名思義是賣玻璃燈飾的專門店。雖然它遠不及大正硝子館和北一硝子館多貨物，但其玻璃燈真是多得眼花撩亂。店也提供製作體驗，更常被日本傳媒推介。

地 小樽市堺町1-18
時 11:00am-4:00pm
電 0134-61-1100

精選硝子禮品

北一硝子三号館

北海道小樽市堺町7-26

万華鏡グラス

每隻杯都有不同花紋,看似漫不經心,其實是工匠精心打造,望入杯內如萬花筒一般。

醬油瓶

尋常的醬油瓶在北一硝子的工匠打造下,變得非同凡響。玫瑰圖案配上晶瑩剔透的樽身,令餐桌立即生色不少。

月見うさぎ

北一硝子館No.1人氣商品,三款設計以賞櫻、賞雪及賞煙火為題材,兔子巧妙地投放在「月亮」裡面,令人愛不釋手。

万華鏡系列最新作品,以雪紋取代花紋,配合北海道冬日美景。

琉璃餐具系列

依據不同季節及場合有不同款式,不過買了可能捨不得用。

雪の結晶　華鏡グラス

大正硝子館

小樽市色內1丁目1

夢見草です

非常漂亮的琉璃珠頸飾。

小雪玉

以雪花為題材,有多種顏色選擇,是最受歡迎的伴手禮。

天使擺設

琉璃杯

以特別技巧使杯身夾著泡泡,令視覺上加強了冰鎮的效果。

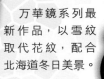

豬豬擺設

有不同動物及蔬果的Q版模樣,全部的殼可愛。

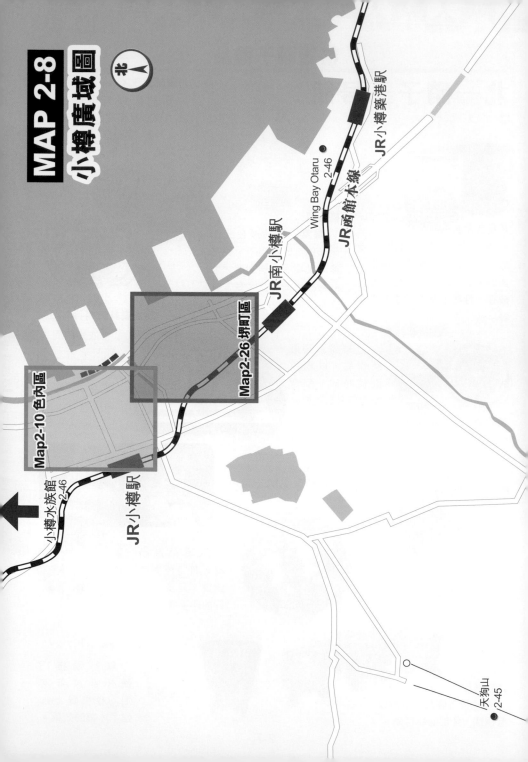

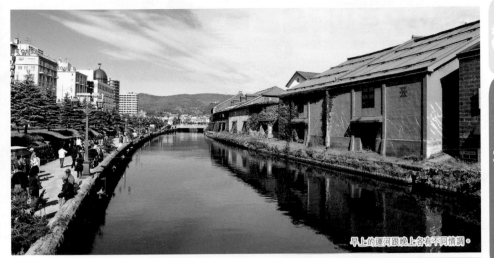

早上的運河跟晚上各有不同情調。

浪漫靚景
小樽運河

Map 2-10 / **C1**

01

🚗 JR 小樽駅步行 12 分鐘

相信每一個去過小樽的人,都會在小樽運河前拍照留念,不只是為了「來過小樽的證明」,是這裡的景色實在太美了,還浪漫得要死。運河兩旁有古舊的倉庫和小攤檔,走在路上看看藝術家們擺賣的手作,十分寫意。小樽運河早晚景色各有特色,能夠與情人到此一遊,更加不枉此行。留意黃昏時候特別多香港旅行團,有一點破壞了小樽運河的安寧,但好處是找個人幫手影相完全沒難度。

INFO

🏠 小樽運河

運河附近有人力車,是漫步遊運河以外的選擇。

【 小樽雪燈之路 】

每年2月中旬,小樽比平日更浪漫,除了因為是情人節外,同時也是雪祭,小樽運河、手宮線跡地及小樽中心街會成為「雪燈之路」的會場,入夜後小樽運河上有多達數百支蠟燭,迷濛寒冷的雪地上有燭光閃閃,更浪漫。

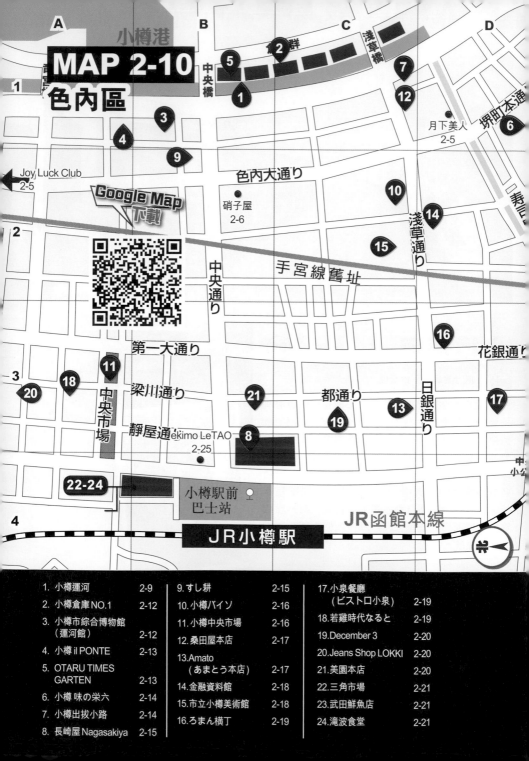

A　B　C　D

MAP 2-10
色內區

小樽港

中央橋

浅草橋

前宫通

月下美人
2-5

堺町本通

Joy Luck Club
2-5

色內大通り

硝子屋
2-6

Google Map
下載

手宫線舊址

中央通り

浅草通り

花銀通り

第一大通り

梁川通り

中央市場

靜屋通

ekimo LeTAO
2-25

都通り

日銀通り

小樽駅前
巴士站

JR函館本線

JR小樽駅

徜徉歷史長河
小樽運河觀光船 ①a

 JR 小樽駅步行 10 分鐘

　　小樽運河是小樽的地標，除了在河堤漫步，也可坐在觀光船上，悠閒地欣賞兩岸的景色，細聽船長介紹小樽的歷史故事及浪漫的街道。小樽運河觀光船全程約40分鐘，分日間及夜間班次。小樽運河無論日與夜及四季都各有美態，到小樽觀光記得預留時間遊船河。

INFO

🏠 小樽運河中央橋 | 📞 0134-31-1733 | 🕐 日間 10:30am、10:00am-7:00pm(半小時一班)，夜間 7:30pm-8:00pm(半小時一班) ＊上述只為 2023 年 6 月之航班，運航時間會因應時節改變，最新資訊請查看官網每月公告 | 💲日航成人 ￥1,800，小童 ￥500；夜航成人 ￥2,000，小童 ￥500 | 🌐 http://otaru.cc/zh/

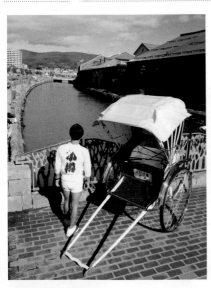

拉車型男
小樽人力車

①b

🚕 JR 小樽駅步行 10 分鐘

　　雖然澳門都有人力車服務，不過小樽的人力車長 (伕) 盡是肌肉型男，看得女士們血脈沸騰，也成為小樽的特色景點之一。人力車觀光路線共有四條，分別是運河遊覽 (約15分鐘)、浪漫之旅 (約半小時)、鄉愁之旅 (約1小時) 及異國情緒之旅 (約2小時)，主要環繞小樽運河一帶，一車最多可坐3人 (!)，是非常特別的觀光體驗。

▶ **運河遊覽路程圖**

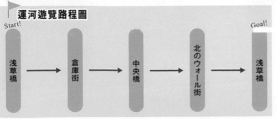

Start!　浅草橋 → 倉庫街 → 中央橋 → 北のウォール街 → 浅草橋　Goal!

INFO

🏠 小樽市色內 2-8-7(可於市內任何地方上車下車) | 📞 0134-27-7771 | 🕐 9:30am- 黃昏 | 💲「小樽運河遊覽」一名乘客 ￥4,000，兩名乘客 ￥5,000，三名乘客 ￥9,000；其餘路線收費可於網上查詢 | 🌐 http://ebisuya.com/branch/otaru_course/

著名倉庫餐廳　**Map** 2-10 / **C1**

小樽倉庫 **NO.1**　02

🚕 JR 小樽駅步行 12 分鐘

在小樽運河一帶的倉庫其實大都已改建成餐廳和店舖，最出名的是裝潢像德國啤酒倉的小樽倉庫 NO.1。餐廳雖然超大，但每晚都依然座無虛席，要等位超過30分鐘。餐廳的氣氛熱鬧，特別是在每晚8點有樂隊駐場的時候，全場氣氛超熱鬧。

INFO

🏠 小樽市港町 5-4 | 📞 0134-21-2323 | 🕐 11:00am-11:00pm（4 月 至 10 月 10:00am-11:00pm）| 🔎 https://otarubeer.com/jp/ 小樽倉庫 no-1-2

Map 2-10 / **B1**

03

體驗古代生活

小樽市綜合博物館（運河館）

🚕 JR 小樽駅徒步約 8 分鐘

博物館建於有百多年歷史的舊小樽倉庫內，展示了古代小樽市的民生及歷代發展。但跟其他博物館有所不同的是，小樽館採取「共同體驗」及「逼真活現」的展覽方式，讓遊人可參與其中；例如你可以玩得到古代兒童的玩具、又或試試鑽木取火到底有多辛苦。

第一展覽室內更設置一個仿明治年間的生活館，造型惹笑但逼真非常的「古人」除向遊人展示他們的生活外，更是拍照留念的最佳布景板！遊小樽除了食買玩外，必到這個有趣好玩的博物館！

INFO

🏠 小樽市色內 2-1-20 | 📞 0134-22-1258 | 🕐 9:30am-5:00p| 💲 ￥300

札幌

小樽 色內區

二世古

登別

定山溪

DIY 皮革

Map 2-10 / **A1**

(04) **小樽 il PONTE**
(オタルイルポンテ)

🚗 JR 小樽駅步行 10 分鐘

小樽市好像有無數個「體驗工房」，不過所「體驗」的可以很不一樣，PONTE 就讓旅客體驗做皮革製品，可親手製作皮帶。店內亦有現成的皮製品售賣，種類、款式和顏色多得令人眼花撩亂。

雕刻腰帶式鑰匙扣/手鍊 40分鐘 ¥1,650

🏠 小樽市色內二丁目 1-19 | 📞 0134-32-7880 | 🕐 9:00am-6:00pm | 🌐 otaru-ilponte.com

---

運河靚景 CAFÉ
OTARU TIMES GARTEN

Map 2-10 / **B1**

(05)

🚗 JR 小樽駅步行約 10 分鐘

OTARU TIMES GARTEN 由舊倉庫改建而成，店內空間很寬敞，座位分成多種不同區域，甚至有吊床座位。這裡提供的無添加麵包以低溫長時間製作，充滿小麥香氣，屬水準之作。午餐及晚餐均有「主菜+新鮮野菜放題+濃湯」套餐（¥1,650起），坐在靠窗旁的雅座享用，還可以欣賞運河風光，十分惬意。

🏠 北海道小樽市港町 5-4 | 📞 0134-24-5489 | 🕐 11:00am-10:00pm | 🌐 http://otaru-times-garten.com

札幌

小樽
色內區

二世古

登別

定山溪

Map 2-10 / **D1** 美味燒海膽

06 小樽 味の栄六

 JR 小樽駅步行 13 分鐘

燒原隻海膽在日本食店並不常見，在「小樽味の栄六」就可以吃得到。半生熟的新鮮海膽甚至比刺身更好吃，鮮甜軟滑兼帶著一點微鹹的海水味，好味到無法形容。店內亦有大量高質素的sake，嗜清酒的人可以邊吃邊喝，美味加倍。

INFO

🏠 小樽市堺町 2-12 | 📞 0134-24-0006 | 🕐 11:00am-10:00pm | 💲 ￥2,500 | 🌐 http://otaru-ajinoeiroku.com/

最新屋台街 **Map** 2-10 / **C1**

小樽出拔小路 **07**

 JR 小樽駅沿淺草通步行約 10 分鐘

所謂屋台，近似我們的大牌檔。出拔小路這段以食為主題的食街，集合24間供應北海道各地名物的小食堂，包括壽司、烏冬、燒八爪魚丸、拉麵、雪糕等，特色是每間食堂面積極細，座位都只得十個左右，感覺地道又親切，又可試勻不同地區的美食！

每間食堂最多也只得十數個座位，手快有手慢無！

INFO

🏠 小樽市色內 1 丁目 1 番地 | 📞 0134-24-1493 | 🕐 10:00am-11:00pm（各店舖有所不同） | 🌐 www.otaru-denuki.com

鮮果樂園 長崎屋 Nagasakiya

Map 2-10 / **B3** ⑧

 JR 小樽駅出站即達

　　小樽不似札幌旭川這些大城市，有很多現代化的商場。除了各式各樣的手信店舖，要採購日用品，在小樽車站附近的長崎屋就是一站式入貨的好地方。作為遊客，長崎屋的布置及貨品款式實在有點老土，但記得到地庫的超市走一圈，特別要留意琳瑯滿目的北海道及全國的農產品，全部以街坊價發售，無論自奉或送禮，如此物美價廉其他地方一定找不到。

INFO 🏠 北海道小樽市稻穗 2-20-1 | 📞 0134-33-3810 | 🕐 9:00am-9:00pm | 🌐 http://www.nagasakiya.co.jp/

すし耕

必食北海丼

Map 2-10 / **B2** ⑨

🚕 JR 小樽駅步行 10 分鐘

　　由於小樽市就在海邊，故大部分壽司店都很有水準，每間店都總有自己的招牌菜，才可以立足於小樽市。「すし耕」的北海丼就是不能錯過的「名物」，新鮮的三文魚、帶子、海膽、魚子配以暖暖的壽司飯，食客定必大讚美味。

晚上6時，店內人不多，7時過後就可能要等位了。

北海丼

かにいくら丼(蟹子＋蟹腳)

INFO 🏠 小樽市色內 2 丁目 2-6 | 📞 0134-21-5678 | 🕐 12:00nn-9:00pm（周三休息）| 💲 ￥2,500 | 🌐 www.denshiparts.co.jp/sushikou

札幌

小樽 色內區

二世古

登別

定山溪

舊北海道銀行本店是明治45年(1912)年建成，外牆帶有歐美建築的影子。

Map 2-10 / C2 古雅洋酒洋食店
⑩ 小樽バイン

🚕 JR 小樽駅步行 10 分鐘

單是看「小樽バイン」的外牆，你想不到它現在是一間高級西餐廳，也想不到它從前是舊北海道銀行本店，因為它實在是太雕琢太華麗了。現在建築內部很浪漫很有情調，餐廳的野菜芝士火鍋和葡萄酒是不容錯過的。

INFO

🏠 小樽市色內 1-8-6 | 📞 0134-24-2800 | 🕐 商店 10:00am-10:00pm，Cafe11:00am-10:00pm | 🌐 www.otarubine.chuo-bus.co.jp

小樽其他特色舊建築

原址：日本銀行舊小樽店

地址：色內1-11-16
落成日期：1912
現址：金融資料館

原址：舊百三十銀行小樽支店

地址：堺町1-25
落成日期：1908
現址：小樽浪漫館

原址：舊三菱銀行小樽支店

地址：色內1-1-12
落成日期：1922
現址：小樽運河 Terminal

街市遊樂團 Map 2-10 / A3
小樽中央市場 ⑪

🚕 JR 小樽駅出站步行 5 分鐘即達

小樽的街市中，以鄰近車站的三角市場最多人識，但近年已變成觀光勝地。所以小樽的街坊如果要買餸，都會幫襯中央市場。中央市場共3棟大樓50多個攤販。除了食材，這裡還有多間地道食肆、居酒屋、酒吧，甚至有畫室，充分反映當地居民多采多姿的生活。

INFO

🏠 小樽市稻穗 3 丁目 11 番 2 号 | 📞 0134-22-5384 | 🕐 9:00am-6:00pm，周日及假日休息 | 🌐 http://otaru-market.com/

下午茶首選 桑田屋本店

Map 2-10 / **C1**

 JR 小樽駅徒步約 10 分鐘

在小樽運河 Terminal 商場內有一所著名的甜品小店——桑田屋,這家甜品小店推出一款甜品套餐,3 款小帽子甜品加一杯飲品只收 ￥600-￥700,注意吃此小帽子甜品時要由底吃起,免得醬料飛出。小帽子甜品有八款口味,如豆餡、麻糬豆沙、豆沙蓉、奶油、朱古力、卡門培爾奶酪、生焦糖及抹茶豆沙(僅限總店)。

朱古力味小帽子甜品,味道雖不太濃,但能嚐到陣陣的可可豆的香味。

小帽子不同季節會推出不同的口味。

INFO

🏠 小樽市色內 1-1-12 小樽運河 Terminal 地舖 | ☎ 0134-34-3840 | 🕐 9:00am-7:00pm(周二休息) | 🌐 www.kuwataya.jp

---

Map 2-10 / **C3** ⑬ 昭和時代洋菓子
Amato (あまとう本店)

🚕 JR 小樽駅徒步約 5 分鐘

創業於 1929 年(昭和 4 年),店內充滿懷舊氣氛,棗紅色的絨梳化,昏黃的吊燈,moody 得大概連王家衛也想在此取景。經營近百年仍然是小樽最搶手的蛋糕店,全因 Amato 用料上乘、取材嚴謹。北海道最新鮮的雞蛋、來自瑞士最高級的朱古力、十勝產最美味的紅豆,全部最好的材料都齊集於此,難怪美味可以歷久不衰。

INFO

🏠 小樽市稻穗 2-16-3 | ☎ 0134-22-3942 | 🕐 10:00am-7:00pm 周四休息 | 🌐 otaru-amato.com

古舊建築內看歷史
金融資料館 **Map** 2-10 / **D2** ⑭

🚗 JR 小樽駅步行 10 分鐘

最大的展廳的樓底有10.5米。現在日本寸金尺土。這種建築應該不常見吧。

這棟由著名日本建築師辰野金吾設計，早在1912年建成的建築物，本身已甚有歷史觀賞價值。由03年起，這裡改建成現在的「金融資料館」，館內展現出日本如由一個漁港逐步演變成今時今日的經濟中心。

從前日本銀行的金庫，和今天的也差不多吧！

INFO

🏠 小樽市色內 1-11-16 | 📞 0134-21-3388 | 🕐 4-11 月 9:30am-5:00pm；12-3 月 10:00am-5:00pm（周三休息）| 💲免費

Map 2-10 / **C2** 油畫及板畫名作欣賞
⑮ **市立小樽美術館**

🚗 JR 小樽駅徒步約 10 分鐘

入口層為日本洋畫展示有畫家中村善策、伊藤正、金丸直衛的風景畫，還有小島真佐吉、富堅政雄、寺田政明的作品。這裡以名畫家中村善策之油畫作為重點。上層有日本板畫十人展；如對畫作有興趣的，不妨入內一看，費用只需￥300。美術館地方不是很大，一般參觀只需花15至20分鐘遊覽已經足夠。

INFO

🏠 小樽市色內 1-9-5 | 📞 0134-34-0035 | 🕐 9:30am-5:00pm（4:30pm 停止入場）；逢周一及假期後翌日、12 月 29 日至 1 月 3 日閉館休息 | 💲美術館＋文學館￥500，美術館￥300 | 🌐 https://www.city.otaru.lg.jp/docs/2020111300095/

小樽屋台村
ろまん横丁

Map 2-10 / **D3**

(16)

🚕 JR 小樽駅步行約 7 分鐘

おたる屋台村內除了有レンガ橫丁(紅磚橫丁),2017年再增設多一條ろまん橫丁(浪漫橫丁),內有7間小店,握壽司、海鮮丼、天婦羅通通有,全都是晚上才營業,每一間的面積都不大,卻很有地道風味。像日劇情景一樣,這裡很多小店都是店主1至2人就可以弄出幾道小菜,還可以分身和客人談天,佩服!

INFO

🏠 小樽市稻穗 1-3-9 | 🕐 5:00pm-12:00mn(各店營業時間不同) | 🌐 http://otaruyataimura.jp/roman

---

Map 2-10 / **D3**

滿分的燉牛肉飯

(17) 小泉餐廳 (ビストロ小泉)

🚕 JR 小樽駅徒步約 8 分鐘

此店地方雖小,但分為上、下兩層,只需￥850便可一嘗連續燉兩天的牛肉是何等美味(飯與意粉同價)!

INFO

🏠 小樽市稻穗 1-7-10 | 📞 0134-32-4965 | 🕐 11:00am-2:30pm;5:00pm-9:00pm,逢周三休息

半點不弱雞
若雞時代なると

Map 2-10 / **A3**

(18)

🚕 JR 小樽駅步行 5 分鐘

這店附近沒有人氣店,沒有旅遊景點,偏偏就日日有一群人蜂擁而至。此店於1965年創立,一直大受歡迎,全因這裡的炸雞皮脆肉嫩,雞皮不會炸成脆漿一樣,而且炸後依然肉汁充沛,客人來到叫一客「若雞定食」,輕易就把整個餐吃掉。

店的面積雖大,但一到繁忙時間,店外仍有大批市民排隊等食即炸雞!

INFO

🏠 小樽市稻穗 3 丁目 16 番 13 號 | 📞 0134-32-3280 | 🕐 11:00am-8:30pm (不定期休息,需自行上網查閱) | 🌐 otaru-naruto.jp

札幌

小樽 色內區

二世古

登別

定山溪

多元化民族服 **Map** 2-10 / **C3**
December 3 ⑲

🚕 JR 小樽駅步行 5 分鐘

此店早於1978年已於小樽創立，30年前已經賣民族風格的衣飾，至今在北海道共有5間分店，絕對是民族服專門店。店舖寬敞，放滿了各式各樣的民族百貨，衫褲鞋襪當然不缺，還有雨傘、相架、廚具等民族產品。

INFO

🏠 小樽市稲穂 2-14-1 都通り商店街內 | 📞 0134-22-9973 | 🕐 10:00am-6:00pm | 🌐 http://december3.jp/

Map 2-10 / **A3** ⑳
抵買便服
Jeans Shop LOKKI
(ジーンズショップロッキ)

🚕 JR 小樽駅步行 7 分鐘

小樽的時裝店不多，但細心逛逛這條橫跨幾條街的「都通り」，會有一些令人驚喜的發現。Jeans Shop LOKKI有很多女裝便服，幾個月前新出的levis'牛仔褲竟然低至半價，還可以即時改短，超抵買。

INFO

🏠 小樽市稲穂 4-5-17 都通り商店街內 | 📞 0134-34-2705 | 🕐 10:00am-7:00pm（周四休息）| 🌐 jeansshoplokki.web.fc2.com

---

懷舊情調冰淇淋 ㉑ **Map** 2-10 / **B3**
美園本店 (アイスクリームパーラー美園)

🚕 JR 小樽駅步行 5 分鐘

1919年就創立的名牌雪糕「美園」，在小樽市內大有名氣，最出名亦是最basic的，就是「冰淇淋」，是一款很樸實很香的雪糕。店內另一值得留意的是裝修有濃厚的懷舊感，很是優雅。

INFO

🏠 小樽市稲穂 2-12-15 番地 | 📞 0134-22-9043 | 🕐 11:00am-6:00pm; 周二、三休息 | 🌐 www.misono-ice.com

鮮味無窮
三角市場

Map 2-10 / **B4** ㉒

 JR 小樽駅徒步約 2 分鐘

　　這個三角市場,坐落於JR小樽駅附近,市場內專賣新鮮漁獲。所做的都是附近的街坊生意,故十分地道。從頭到尾走過只消三五分鐘,面積不大,但內裡卻進駐了二十多家海鮮,而且店員經常友善地邀請客人試食各種海鮮,哪怕你「趙完鬆」亦不會給你面色。

INFO

🏠 小樽市稲穗 3-10-16 | ☎ 0134-23-2446 | 🕐 各店不同, 約 8:00am-5:00pm | 🔍 www2.odn.ne.jp/kawashima-sen/

Map 2-10 / **B4** ㉓

燒鱈場蟹定食
武田鮮魚店

　　在市場內最出色的三色丼,可以在此店吃到。另外,如你只得二人同行,可能吃不下市場內的巨蟹,那麼可試試武田食店的一人份量燒鱈場蟹定食。純粹用水煮過的鱈場蟹,不需要什麼調味。海水的鹹味被封鎖在蟹殼裡頭。在剪開蟹腳的剎那,還有汁液流出。蟹腳多汁且鮮甜,肉質非常有彈牙!

INFO

🏠 三角市場內 | ☎ 0134-22-9652 | 🕐 7:00am-4:00pm | 🔍 otaru-takeda.com

---

大排長龍海鮮丼
滝波食堂

㉔

Map 2-10 / **B4**

　　三角市場中的「滝波食堂」,由「滝波商店」所直營的食堂,從早上8點開始就大排長龍。當店最受歡迎的「隨意丼」,可以從海膽、甜蝦、蟹肉、三文魚籽、扇貝等十種材料中選出3~4款蓋飯上的配料,3品￥2,420、4品￥2,970,建議大家選擇不同的材料一齊分享。

INFO

🏠 三角市場內 | ☎ 0134-23-1426 | 🕐 8:00am-5:00pm

堺町區

Map 2-22

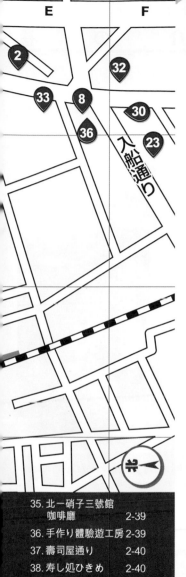

E　F

2

32

33　8

30

36

23

入船通り

北華爾街
小樽堺町通

Map 2-22 / A2

01

🚕 JR 小樽駅出站步行 10-15 分鐘即達

小樽是北海道比較早發展的城市，除了硝子及音樂盒等工藝聞名外，原來也曾是北海道金融重鎮，各大銀行都在此建立宏偉的地區分行。堺町通是小樽最熱鬧的街道，當年曾被稱為北華爾街。今天雖然很多銀行所在地而成為古蹟，但無損堺町通的繁盛。在這條短短的街道上「插旗」的食肆和手信店，都是小樽的名牌，最正是很多知名的甜點店都會豪爽地大派試食，例如 LeTAO 的芝士蛋糕、朱古力，或北菓樓的樹輪蛋糕等，店員都會主動大方地派給客人。不過著數攞盡，幫襯一下也是常識呢！

INFO

🏠 小樽市堺町通 | ✏ 溫馨提示：小樽雖然是遊客區，但店鋪都不會營業得太夜，晚膳最好不超過 8:00pm，否則可以選擇的地方不多！

堺町通街口的舊金子元二郎商店有差不多130年歷史，是商店街的代表。

店內店外都有工作人員爽手地大派試食。

小樽名牌甜品
LeTAO 堺町通王國

來自小樽的甜品名牌LeTAO，近年除了衝出日本，在香港及台灣大開分店外，亦銳意在堺町通鞏固其王者地位，在堺町通廣開分店，賣手信之餘又兼營食肆，成為堺町通甜點最大的勢力。

LeTAO 總店 ⑫ **Map** 2-22 / **E1**

在八音鐘樓可以遠眺整個小樽市。

LeTAO總店坐落於堺町通中央，也是LeTAO的發源地。LeTAO的招牌產品如Double Fromage、Royale Montagne、Niagara酒心朱古力等都可在此找到及試食。除了蛋糕甜點以外，這裡的紅茶也非常講究──100%錫蘭紅茶，添加來自瑞士的香料，令香氣濃郁。每月更換的紅茶有2-5種，務求與每月更換的原創甜點有完美的搭配。

在餐廳吃完蛋糕，記緊登上連接總店的八音鐘樓。在這棟古蹟之上，可以遠眺整個小樽市甚至天狗山，令人心曠神怡。

INFO

🏠 小樽市堺町7番16号 | ☎ 0120-31-4521 | ⏰ 9:00am-6:00pm | 🌐 https://www.letao.jp/

Nouvelle Vague
LeTAO Chocolateir

(03)　　**Map** 2-22 / **C1**

顧名思義是LeTAO朱古力專賣店，款式超過50種，其中限定商品更是超過20種，推薦品是一顆顆用手工製作的「MOJON-NIER」系列朱古力。

INFO
🏠 小樽市堺町 4-19 | 📞 0134-31-4511 | 🕐 9:00am-6:00pm | 🌐 https://www.letao.jp/

Map 2-22 / **C1**　**(04)**　# LeTAO PATHOS

PATHOS是希臘語熱情之意，這店地下是手信店，2樓設Cafe，除了一般蛋糕，更有麵包供應。這店設有Open Kitchen，讓顧客一睹整個糕餅製作及烘焙過程，非常有趣。

INFO
🏠 小樽市堺町 5-22 | 📞 0120-46-8825 | 🕐 9:00am-6:00pm | 🌐 https://www.letao.jp/

LeTAO Plus　**(05)**　**Map** 2-22 / **C1**

北海道人一年四季都愛吃雪糕，在LeTAO Plus中，顧客可以品嘗香草、朱古力、綜合及芝士四種口味的雪糕，而「奶油新地」更是店內人氣食品。

INFO
🏠 小樽市堺町 5-22 | 📞 0134-31-6800 | 🕐 9:00am-6:00pm | 🌐 https://www.letao.jp/

小樽地區其他選擇　**(06)**　# Ekimo LeTAO

Map 2-10 / **B4**

位置超方便！就在小樽車站前，主打禮盒包裝商品，方便大家在短時間內搜購完畢！當然也有雪糕及LeTAO人氣No.1的Fromage Double芝士蛋糕。店內設有少量座位區，供人客即場享用。

INFO
🏠 小樽市稻穗 3 丁目 9 番 1 号 Sun bill square 1F | 📞 0134-24-6670 | 🕐 10:00am-6:00pm | 🌐 https://www.letao.jp/

小樽最紅甜品店
Le TAO
人氣手信

第1位 Fromage Double 芝士蛋糕

外形令人想到北海道的初雪

Le TAO 皇牌產品，年銷 250 萬個，推出至今獲獎無數，令人一試難忘。

￥1,836/個 直徑12CM，必須冷藏

第2位 Niagara 酒心朱古力

人氣爆燈手信！在製作時加入了小樽特產的 NIAGARA 葡萄酒，有白葡萄酒濃郁的香味，入口即化！

圓碌碌外表像葡萄一樣

￥864 一盒10粒，必須冷藏

第3位 Petit chocolat strawberry

士多啤梨配朱古力，酸酸甜甜變成絕配！

￥891 一盒50g，必須冷藏

第4位 Royale Montagne

圓潤的宇治抹茶香氣，配上濃濃的朱古力，令人唔停得口！

￥648 一盒9粒，必須冷藏

第5位 maalu Chocolat Blanc / Noir

￥2,160 一盒10塊

maalu 是口感脆身的朱古力，黑和白兩種都能在香甜朱古力薄脆中感受到酸味，享受到口感和味道的變化。

白(Blanc) 是在白朱古力薄脆混入紅莓乾和草莓乾，為新千歲機場限定品。

黑(Noir) 是以牛奶朱古力薄脆混入杏脯和杏醬，為23年3月新商品。

Le TAO 的產品雖然件件吸引，但因多要冷藏，故建議即買即食，如想帶回港作手信，可選擇在新千歲機場分店購買，再存入冰包存倉返港，乾手淨腳。

INFO

Le TAO 新千歲機場分店
🏠 新千歲機場國內線大樓 2 樓 | ☎ 0123-46-2250 | 🕐 8:00am-8:00pm |
www.letao.jp

必買蘋果蛋糕
北菓樓
Map 2-22 / **D1** ⑦

小樽甜點的知名品牌，分別有「北菓樓」、「LeTAO」及「六花亭」等。北菓樓的人氣商品很多，包括米果及Baumkucher妖精之森千層蛋糕。除此以外，最受歡迎的就是用上新鮮蘋果肉及蘋果汁造成的蘋果蛋糕，全部都可以試食之後才買！

蘋果蛋糕 筆者心水推介，不過只能存放10日，回港後要盡快食啊！

有6種口味：帆立貝、昆布、蝦子、秋鮭、松前螃蟹味及白糖柳だこ味。

Baumkucher妖精之森千層蛋糕。

INFO

🏠 小樽市 堺町 7-22 | 📞 0134-31-3464 | 🕐 10:00am-5:00pm
| 🔗 www.kitakaro.com

Map 2-22 / **E1**
⑧

餐具打包
銀之鐘1號館

話説當北海道列車在小樽開通時，車站內所使用的大鐘，稱之為「開拓の鐘」。而冬天下雪的日子，白雪點綴著的「開拓の鐘」，就像「銀之鐘」一樣在陽光下熠熠閃光，而銀之鐘就是

紀念這令人難忘的情景。銀之鐘分為1至2號館，1號館前身是北陸銀行的所在地，地下販賣各式手信，二和三樓則為咖啡廳。這裡最特別的地方，是飲品可以挑選不同的杯款奉上，而杯子都可以「合法」地帶走。雖然羊毛出在羊身上，食物訂價因此而略貴，但也別有一番情趣。

INFO

🏠 小樽市入船 1-1-2 | 📞 0134-21-2001 | 🕐 9:00am-5:30pm | 🔗 http://www.ginnokane.jp/

咖啡時光
可否茶館

Map 2-22 / **C1**

⑨

　　可否茶館是北海道著名的連鎖咖啡店，分店遍布各地。小樽店乃是可否茶館的本館，舖面特大，設90個座位，嘆咖啡之餘，亦可品嘗剛出爐的麵包。這裡最特別是緊鄰烘焙工場，新鮮的咖啡即炒即沖，更是一室咖啡香，是在堺町通掃貨之餘稍歇的好地方。

INFO

🏠 小樽市堺町 5-30| 📞 0134-24-0000 | 🕘 9:00am-6:00pm | 🌐 http://www.kahisakan.jp

Map 2-22 / **D1** 魷魚至尊
⑩ 花枝太郎本舖

魷魚絲 ¥1,080/1包 (90/g)。全部即烤即售・新鮮惹味。

　　北海道海產豐富，魷魚亦特別肥美。花枝太郎本舖以小樽一帶海域捕獲的魷魚為原材料，以無添加的古法，炮製出與別不同的魷魚零食。由於魷魚零舍惹味，只要跟著香氣，很容易便會找到花枝太郎本舖所在。

以高熱壓製的花枝薄餅，香脆又可口。

INFO

🏠 小樽市堺町 6-4 | 📞 0134-22-7100 | 🕘 9:00am-6:00pm | 🌐 http://ikataro.tv/

Map 2-22 / **B1**

小樽名物

⑪ **かま榮工場直売店**

這裡的魚糕十分有名，其實在札幌也有其分店，不過一場來到小樽，必要一試「小樽名物」──新鮮魚糕。其味道有點像魚蛋，但鮮魚味更濃，入口彈牙，雖以油炸但沒有油膩的感覺，絕對值得推介。

INFO

🏠 小樽市堺町 3-7 | 📞 0134-25-5802 | 🕐 9:00am-6:00pm | 💲 約 ￥200 | 🌐 www.kamaei.co.jp

函館直送 **Map** 2-22 / **B1**

小樽磯鮨 ⑫

烏賊是函館名物，在磯鮨壽司內，特別設置了「活烏賊專用」大型水族箱，每日由函館直送的活烏賊便養在其中。除了烏賊刺生，這裡的「驚喜蓋飯」（びっくりなまら丼）也非常聞名。滿滿的海鮮連完整活鮑魚，簡直把北海道海鮮全家福一拼吞下，感覺非常豪邁！

INFO

🏠 小樽市堺町 4-1 | 📞 0134-21-2022 | 🕐 10:30am-9:30pm | 🌐 http://k-hakodate.com/free/isozushi

烏賊刺生￥1,980

驚喜蓋飯￥3,300

札幌

小樽
堺町區

二世古

登別

定山溪

炭燒海鮮飄香
鱗商会堺町店
Map 2-22 / **C1**
⑬

　　小樽的即燒海鮮店，就在洋菓子店 LeTAO 的對面，在街頭遠遠就聞到炭燒香味超誘惑！店內有很多生猛海鮮，燒烤類有超多選擇，包括生蠔、帝王蟹腳、扇貝、大蝦，還有各類海鮮串燒、生果拼盤及土特產，海鮮雖不算特別平，但明碼實價及有英文註解。如手掌大的巨型扇貝￥500起，即開的鮮活海膽也只是500円一個，點完食物後就可以現烤上桌。

INFO

🏠 小樽市堺町 5-25 | 📞 0134-31-2565 | ⏰ 9:00am-5:00pm（周日休息）| 🌐 www.sanuroko.com/location

Map 2-22 / **B1** 海鮮火鍋
⑭ 　　小樽蝦夷屋

　　天寒地凍遊小樽賞雪景，雖然別有一番韻味，不過如果能在寒風中享用熱辣辣的火鍋，肯定更令人回味。在蝦夷屋中，顧客可以享用10種海鮮蓋飯與各種海鮮鍋（冬季限定），另外這裡的魚貝類鹽烤也超美味，不可不試。

INFO

🏠 小樽市堺町 2-22 | 📞 0134-23-9727 | ⏰ 10:00am-6:00pm

大人細路同開心
小樽ポセイ丼本店 POSEI
Map 2-22 / **C1**
⑮

　　堺町通食肆林立，要打響知名度並不容易。POSEI 於2013年開幕，連續兩年被北海道新聞社頒發「最想食大賞」，可見實力超班。食肆以海鮮爐端燒料理為主，以北海道米炮製的海鮮蓋飯也極受歡迎。最特別的地方，是場內附設兒童天地。雖然地方細細但啱晒坐不定的幼童，大人就可以盡情享用美食。

INFO

🏠 小樽市堺町 4-9 | 📞 0134-61-1478 | ⏰ 11:00am-9:00pm | 🌐 http://www.otaru-poseidon.jp/

百年工藝技術 大正硝子館

創於明治39年(1906年)的大正硝子館,至今已有超過百年的歷史,亦保留了硝子工匠們精堪的技術。就如LeTAO一樣,大正硝子館近年在堺町通積極插旗,分設不同的硝子專門店,無論是街頭或街尾,總有一間在左近。

大正硝子本店 ⑯ **Map** 2-22 / **A2**

　　大正硝子館的元祖店,前身是1906年建造的石造倉庫,雖然歷史悠久,但卻不是金碧輝煌,反而似一間平凡的日式平房,非常親民,更是法定的歷史建築。店內銷售不同造型的玻璃擺設及器皿,價錢由數百至數萬円都有,適隨尊便。本店還會舉行硝子製作體驗班,讓遊客在工匠們的指導下,製作屬於自己的作品。

INFO

🏠 小樽市色內 1-1-8 | 📞 0134-32-5101 | 🕘 9:00am-7:00pm | 🌐 http://www.otaru-glass.jp/store/honten

大正硝子堺街店 ⑰ **Map** 2-22 / **D1**

　　堺街店是大正硝子館在小樽的旗艦店,面積達3,500平方米,地方寬敞,產品種類豐富。最啱趕時間的遊客,可以一網打盡大正硝子館各項精品。

INFO

🏠 小樽市堺町 6-11 | 📞 0134-32-5111 | 🕙 10:00am-7:00pm | 🌐 http://www.otaru-glass.jp/store/sakaimachiten

大正硝子とんぼ玉館(玻璃珠館) ⑱

Map 2-22 / **A2**

　　顧名思義以銷售玻璃珠為主,由玻璃珠演化的產品有項鍊、耳環及手機吊飾等,其中最受歡迎的是小雪玉玻璃珠,在玻璃珠內鑲嵌雪花圖案,非常有雪國特色。而玻璃珠館亦設有小工廠,提供玻璃珠DIY班,適合一家大細齊參加。

橡子項鍊很有大自然氣息。

INFO

🏠 小樽市色內 1-1-6 | 📞 0134-32-5101 | 🕘 9:00am-7:00pm | 🌐 http://www.otaru-glass.jp/store/tonbo

大正硝子うつわ屋(食器屋) ⑲ Map 2-22 / A2

　　該店以食與器的美味關係為主題，例如飲紅酒與日本酒，都有不同的杯子配搭。甚至品嘗紅茶或咖啡，都有專屬器皿。特別是熱食器皿，美觀之餘也講究耐熱性，美學與安全並重。

INFO

🏠 小樽市堺町 2-10 | 📞 0134-32-3003 | 🕐 9:00am-7:00pm | 🌐
http://www.otaru-glass.jp/store/utsuwaya

---

⑳
Map 2-22 / C1

大正硝子大正硝子かんざし屋 (髮簪屋)

　　從古典風的玉石髮簪，到鑲嵌水晶的新潮風格作品，髮簪屋的美麗頭飾，為女士們帶來無窮變「髮」，其中大正時代的彩色玻璃復刻的髮簪特別矚目，為女士們增添不少成熟美態。

INFO

除了成熟造型，也有可愛的貓貓髮簪。

🏠 小樽市堺町 4-8 | 📞 0134-24-0345 | 🕐 10:00am-7:00pm | 🌐
http://www.otaru-glass.jp/store/kanzashiya

大正硝子宇宙(SORA) ㉑ Map 2-22 / A2

　　宇宙可算是著名玻璃工藝家野口氏的概念店。野口先生以自然及宇宙為主題，創作了一系列的裝飾及擺設。把他精心打造的玻璃球放在手中，仿如捧著天與海，在玻璃中窺見無限的宇宙空間。

名為太陽的玻璃餐具系列。

INFO

🏠 小樽市堺町 1-22 | 📞 0134-33-5333 | 🕐 10:00am-7:00pm | 🌐
http://www.otaru-glass.jp/store/sora

大正硝子ほっこり家(榮耀館) Map 2-22 / C1

㉒

榮耀館所展銷的，都是「治癒系」的精品，風格非常 kawaii，為人帶來幸福和溫暖。這裡還有兩位創作者駐場與顧客交流及指導 DIY 班，務求拉近創作者與顧客的距離，令大眾更能感受硝子之美。

INFO
🏠 小樽市堺町 4-15 | ☎ 0134-32-5567 | 🕙 10:00am-7:00pm，周二休息 | 🌐 http://www.otaru-glass.jp/store/hokkoriya

大正硝子ギャラリー藏(藏藝廊)

㉓ Map 2-22 / F2

在大正時代 (1910-20年代)建造的倉庫中，共同展示目前在小樽持續創作的15名吹玻璃作家的作品。從明治開始到平成時代 (1870- 現代)，玻璃的樣式及顏色都不斷進化，歡迎入場鑑賞及選購。

INFO
🏠 小樽市入船 1-2-26 | ☎ 0134-22-2299 | 🕙 10:00am-7:00pm，周三休息 | 🌐 http://www.otaru-glass.jp/store/gallery-kura

大正硝子びーどろ館 (Vidro 館)

Map 2-22 / A2 ㉔

該店藏有超過2,000件以北海道自然與四季為題所創作的作品，走可愛風格，打造出夢幻的童話世界。

INFO
🏠 小樽市色內 1-1-5 | ☎ 0134-32-5101 | 🕙 9:00am-7:00pm | 🌐 http://www.otaru-glass.jp/store/vidro

殿堂級玻璃工藝

Map 2-22 / **C1** ㉕

北一ヴェネツィア美術館(威尼斯美術館)

威尼斯美術館樓高5層,在地下大堂停泊了一艘威尼斯的貢多拉小艇,而美術館內外亦布置得金碧輝煌、美輪美奐,完全配合了威尼斯華麗的主題。美術館地下為工藝品展銷廳,2-5樓分別為展覽廳及茶座,重現18世紀意大利的貴族及宮殿生活。遊客如果心血來潮,更可租一套貴族服飾拍照留念,實行做過上等人。

INFO

🏠 小樽市堺町 5-27 | 📞 0134-33-1717 | 🕐 9:00am-5:30pm (最後入場 5:00pm) | 💲 地下免費,參觀 2-5 樓展覽廳成人 ￥700,小童及長者 ￥350 | 🌐 http://www.venezia-museum.or.jp/

Map 2-22 / **A2**
㉖

時光倒流

小樽浪漫館

小樽浪漫館原址是舊百十三銀行小樽支店,建於明治41年(1908年),有過百年歷史。店裡有豐富的飾品與玻璃精品,而聖誕精品在這裡也全年有售。此外,店內更設有一間幽雅咖啡廳Cafe DECO,木製的地板配合古典風格的家具,令人有時光倒流的浪漫感覺。

INFO

🏠 小樽市堺町 1-25 | 📞 0134-31-6566 | 🕐 9:30am-5:30pm | 🌐 http://www.tanzawa-net.co.jp/

Map 2-22 / **A2**

超真實蠟燭

㉗ **小樽蠟燭工房 (小樽キャンドル工房)**

蠟燭帶來的閃閃火光，跟浪漫的小樽分外相襯，要令這份浪漫更加獨一無二，不妨在蠟燭工房親手做一個蠟燭，只需30分鐘左右就完成。店內搜集了多款世界各地的奇特蠟燭，不少更有香薰功效，的骰小巧，是不錯的手信。

INFO

🏠 小樽市堺町 1-27 | ☎ 0134-24-5880 | 🕐 10:00am-6:00pm | 🌐 otarucandle.com

札幌

小樽
堺町區

二世古

登別

定山溪

小樽獨一無二禮品店
水芭蕉道產クラフトショップ

Map 2-22 / **A2**

㉘

店內主打用「鞣方法」做成的牛皮革產品，使用從植物的樹液所抽出來的「丹寧」浸皮革約1個月時間，半鞣了的皮革有結實天然的獨特手感。店內亦有原創鹿皮革產品售買。

所有貨品皆為天然所製成，絕對獨有兼環保。裡面亦販賣各式各樣皮革製的鎖匙扣及紀念品，實為送禮一流之選。此外，家有愛犬的朋友，在這裡可以買一條獨一無二的狗頸帶給你的愛犬！

INFO

🏠 小樽市堺町 2-15 | ☎ 0134-24-5241 | 🕐 10:00am-7:00pm | 🌐
www.hokkaido-miyage.jp/mizubasyou/

Map 2-22 / **C1** 天然石飾品雜貨店
㉙ Powerstone ROP

不喜歡帶飾品的話，也可以買擺件來洗滌負能量。

ROP 天然石飾品在當地頗有名氣，店家相信好的天然石會為人帶來正面影響，所以在世界各地蒐集各種不同的天然石。店家會根據客人的生日、星座、生肖、天干地支等因素，挑選出最適合的飾品。另外，ROP 還獨創出「掌相×命日」方法來為遊客量身定製手鏈，如果本身對於天然能量石有興趣的話，不妨去參觀看看。

INFO

🏠 小樽市堺町 4-17 | ☎ 0134-27-3371 |
10:00am-6:00pm | 🌐 http://rop-japan.com/

Map 2-22 / **F1**
㉚
Otaru Cafe X Hello Kitty

全新開幕的 Hello Kitty Cafe 位於雜貨店小樽しやぼん堂的2樓，室內最大亮點是一幅擺滿Hello Kitty公仔的打卡牆，座位上也有公仔可以左擁右抱。店內更展出由Sanrio發行的「いちご新聞」，以及いちご新聞內介紹的Hello Kitty周邊商品。餐點方面，最多網友推薦的是一款三層鬆餅，淋上蜂蜜及牛油，頂層還有一片蝴蝶結造型的白朱古力做裝飾，配搭新鮮的酸甜雜莓醬，是店中必食之選。

INFO
🏠 小樽市 入船 1-2-32 | 📞 0134-22-8823 | 🕐 9:30am-5:30pm | 🌐 http://otarucafehellokitty.com

限定雜貨　**Map** 2-22 / **B1**　㉛
Island Spirit 雜貨屋

Island Spirit是一家在沖繩起家的首飾店，店主有見美麗的海洋漸漸被人為所污染，所以希望以純銀製作的小首飾，去喚醒大家要珍惜現有的海洋。

在小樽共開設三間分店，專售限定小巧首飾，這間1號店共分兩層，牆上掛著的巨貓十分引人注目，對於不太喜愛那些在北海道「賣到爛」的音樂盒的朋友，可以跑到這小店看看另類清新的紀念品。樓下主要售賣 T-Shirt；樓上則可以找到較少見的北海道小飾物，例如離開小樽頗遠的網走監獄產品，也可以在這 Island Spirit 買到。

鬼太郎爸爸的北海道限定擺設

限定版的幽獸 Kuma Tee
網走監獄的產品，在小樽也有售。

INFO
🏠 小樽市 堺町 3-17 | 📞 0134-22-9026 | 🕐 10:00am-6:00pm | 🌐 island-spirit.jp

音樂盒博物館

Map 2-22 / **F1**

小樽音樂盒堂 (小樽オルゴール堂) ㉜

本身建於明治45年，擁有近百年歷史。目前已變成日本最大的音樂盒專門店。店內陳擺約3,000種共過萬件的各式音樂盒，供遊客選購。

門口前的一座高度5.5公尺重1.5公噸，號稱世界最大的蒸氣時鐘，不時冒出白煙，並且每15分鐘噴氣報時一次，蒸氣時鐘上面的5支氣笛，會發出低沉美妙的音樂，常令遊客一陣驚喜。你更可以在這店親手製造獨一無二的音樂盒。

INFO

🏠 小樽市住吉町 4 番 1 號 | ☎ 0134-22-1108 | 🕐 9:00am-6:00pm，夏季逢周五、六及假期前夕至營業至7:00pm | 💲 音樂盒每個￥750 起，製作需時約 50 分鐘，價錢隨配件多少而定 | 🌐 www.otaru-orgel.co.jp

幾可亂真的壽司造型音樂盒。

欣賞古董風琴演奏 **Map** 2-22 / **E1**
小樽音樂盒堂2號館 ㉝

　　小樽音樂盒堂2號與1號館同樣展銷各類音樂盒，不過2號館更會展出多部珍貴的古董風琴及自動木偶。最特別的，是館內有一部由英國Aeolian公司於製造1908年的巨型管風琴，每天由上午10-12時、下午2至4時，每正點舉行一場免費演奏會。音樂會長約20分鐘，全部由機械演奏，記得校啱時間欣賞。

INFO

🏠 小樽市堺町 6-13 | 📞 0134-34-3915 | 🕐 9:00am-6:00pm | 🌐 http://www.otaru-orgel.co.jp/

Map 2-22 / **D1**　㉞　復古歐風
SNOOPY Village 小樽

外賣店售賣的史努比燒，有草莓大福餡(期間限定)、吉士餡和紅豆餡。

an・co・an有售小樽限定甜品，例如冬甩、紅豆饅頭等等，全都使用北海道產紅豆。

店內復古的裝潢充滿和洋交融的氣息。

　　「SNOOPY茶屋 小樽」改名「SNOOPY Village 小樽」，在23年4月18日重新開幕。除本身已經存在的精品店外，此店更集合了外賣店「SNOOPY茶屋an・co・an」、朱古力專門店「SNOOPY Chocolat」和史奴比好朋友小鳥胡士托的專門店「WOODTOCK NEST Sweets & Goodies」於一身。雖然沒有了原來的餐廳，但內容依然精彩不減，史奴比的粉絲們務必來此一逛。

INFO

🏠 小樽市堺町 6-4 | 📞 0134-64-7048 | 🕐 商店 9:30am-5:00pm ；外賣部 9:30am-5:00pm | 🌐 www.snoopychaya.jp

浪漫燈影
北一硝子三號館咖啡廳

Map 2-22 / **D1**

㉟

🚕 JR 小樽駅徒步約 20 分鐘；
亦可從 JR 南小樽駅，徒步約 10 分鐘

北一硝子三號館是小樽硝子名店，而附設的咖啡廳北一廳，卻是以浪漫的燈影見稱。北一廳內有167盞油燈，分別放置在天花、桌上以及牆壁上。每天早上工作人員開始用人手一盞一盞的把油燈點燃。只需15分鐘，全廳油燈都會點著。雖然這裡只做早市及午市，不過在忽明忽暗的燈影下進食，整個過程都變得浪漫。

INFO

🏠 小樽市堺町 7-26 | 📞 0134-33-1993 | 🕐 10:00am-6:00pm | 🌐 http://www.
kitaichiglass.co.jp

Map 2-22 / **E1**

獨一無二音樂盒
手作り體驗遊工房
(小樽オルゴール堂遊工房)

㊱

店內最多人有興趣的是音樂盒，但亦可製作其他精品如電話繩等。

🚕 JR 小樽駅向堺町通方向徒步約 20 分鐘；亦可從 JR 南小樽駅，沿入船通徒步約 5 分鐘

若旅客想自製一個獨一無二的音樂盒，可以到「手作り體驗遊工房」。它就在音樂盒堂不到1分鐘腳程之處，十分方便。客人只需在店內買材料，然後就有人即場指導製作方法，很受小朋友和女孩子歡迎。

INFO

🏠 小樽市入船 1 丁目 1 番 5 號 | 📞 0134-21-3101 | 🕐 9:00am-
6:00pm | 🌐 https://www.otaru-orgel.co.jp/craftexperience

高級壽司集中地

壽司屋通り Map 2-26 / A3

37

JR 小樽駅徒步約 12-15 分鐘

稱得上壽司集中地，小樽的壽司店為數超過100家，而單單市中這條壽司屋通便有超過20家壽司店。由於其位置鄰近魚類批發市場，因此剛捕獲的海產總能以最短時間運到此屋通，固此大家都有嘗到「第一手壽司」。

INFO

0134-33-2510 | 各店不一，約 10:00am-9:00pm 左右 | www.otaruzushi.com

【壽司屋通食肆推介】

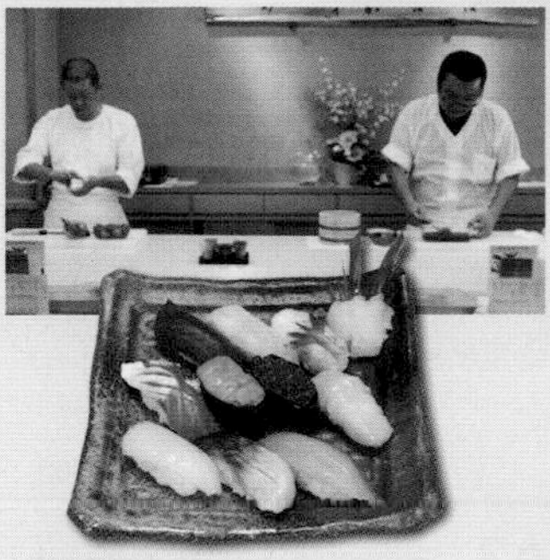

38

全日本壽司比賽得勝者

寿し処ひきめ Map 2-22 / A2

小樽因為得天獨厚的地理位置，海產十分豐富，再加上壽司店林立，競爭激烈，相對價格也比較便宜。此店採用新鮮具有彈性的魚肉，以及粒粒分明的醋飯，在口中經過細細咀嚼、吞嚥；味覺瞬間被滿足，幸福浮現臉龐。店內有中英文餐牌，點菜沒有難度，留意枱上寫著的「本日新鮮」推介，此店的WasabI是用新鮮山葵即磨而成的，確保新鮮。

INFO

小樽市色內 1-10-6 | 0134-25-1111 | 11:00am-8:00pm; 周一休息 | hikime.com/sushi/

新鮮海產直送

旭壽司 Map 2-22 / A3

39

旭壽司乃壽司通內唯一持有魚河岸購買權的壽司店，能夠每天直接用批發價買到最新鮮的海產，所以不論價錢及質素都比其他壽司店優勝。為了服務觀光客，店家在店外的樣品上都標示了價格，讓客人安心用餐。

INFO

小樽市色內 1-12-5 | 0134-29-0625 | 10:30am-9:00pm | www.asahizushi.co.jp

札幌

小樽
堺町區

二世古

登別

定山溪

老舖壽司屋
政壽司

40

Map 2-22 / **B3**

日本壽司界殿堂級老店的政壽司於1924年創業。樓高4層的老字號，地下共有32個吧位，2至4樓則有多個日式房間和宴會廳。坐在吧位，可欣賞壽司師傅握壽司的熟練技巧，師傅有時甚至會指導客人如何品嘗壽司。建議大家可點招牌的「特上政壽司」和可品嘗當造季節推出的「當季特造握壽司」等。

鮮美的魚生配三文魚子飯。如此高檔美食只售約￥3,800。

INFO

🏠 小樽市花園 1-1-1 | 📞 0134-23-0011 | 🕐 11:00am-3:00pm, 5:00pm-9:30pm（逢周三休息）| 🌐 www.masazushi.co.jp/

政壽司套餐￥3,850，包括豆腐沙律、迷你魷魚素面、7件壽司以及岩紫菜味噌湯。

Map 2-22 / **A3**

41

近漁得食
壽司處一休

小樽是個漁港，要吃最鮮美的海鮮，在「壽司屋通」三十多間壽司店中選擇實在有點困難。壽司處一休雖然是小店，但老闆本田氏直接從漁民取海鮮，價錢合理。他推介的一休壽司拼盤，有海鰻、牡丹蝦、北寄貝等共10件壽司，實在又抵食又新鮮。

海鮮丼的海鮮多得蓋滿飯面，非常滿足。

INFO

🏠 小樽市色內 1-12-2 | 📞 0134-33-0692 | 🕐 11:00am-9:00pm(7:00pm 後用餐需提前預約) | 🌐 http://www.ikkyu-hitoyasumi.sakura.ne.jp/

一休壽司拼盤

Map 2-22 / C1

半世紀的美味

㊷ 雪印パーラー 小樽店

🚕 南小樽駅步行約 17 分鐘；或南小樽駅步行約 11 分鐘

老字號的雪印店內還兼賣土產，這裡的雪糕採用北海道的新鮮牛奶製成，店內的招牌雲尼拿雪糕「スノーロイヤル」（SNOW ROYAL），只有在雪印門市才吃得到，這款看似普通的雪糕是在1968年為獻給天皇而特別炮製，含有15.6% 的乳脂，口感綿密濃醇。

🏠 小樽市堺町 4 番 11 號 | 📞 0134-27-8662 | 🕐 11:00am-4:00pm (周六日休息)

串串和菓子

新倉屋本店

Map 2-22 / B4

㊸

🚕 JR 小樽駅步行 10 分鐘

新倉屋創業112年，又是一家在小樽起家的和菓子店，其一串四粒的「花園だんご」絕對是小樽名物，口感軟滑，不會像漿糊般黏著口腔，但必須當天食用。如果想買回香港就要買其他獨立包裝的和菓子了。

店內最出名的「花園だんご」，左為白豆餡，右為綠茶餡。

🏠 小樽市花園 1 丁目 3-1 | 📞 0134-27-2122 | 🕐 9:30am-6:00pm | 🌐 www.niikuraya.com

---

クッキーシュー

Map 2-22 / B4

道產素材蛋糕

㊹ 館ブランシエ

🚕 JR 小樽駅徒步 10 分鐘

「館ブランシエ」是小樽的洋菓子老字號，始創於1936年，在札幌、函館亦有分店。本店位於小樽。店內最美味的 是Chocolate Mont-Blanc，香濃的朱古力味留在口腔歷久不散，口感軟滑，不能錯過。

店內有多款蛋糕，兼有café，可堂食。

🏠 小樽市花園 1 丁目 3-2 | 📞 0134-23-2211 | 🕐 11:00am-8:00pm (周三休息)

札幌　小樽 堺町區　二世古　登別　定山溪

美味刺身
壽司和食しかま

Map 2-22 / **B4**

🚗 JR 小樽駅步行 10 分鐘

這間樓高5層的壽司和食店,可容納過百客人。店內有多款刺身和壽司,每日會根據入貨,更新當天的推介刺身。來到這店也不要錯過小食,都是十分考心思的心機菜。

INFO

🏠 小樽市花園 1 丁目 2 番 5 號 | 📞 0134-25-4040 | 🕐 11:00am-9:00pm | 🌐 www.shikamazushi.co.jp

見證小樽滄桑 **Map** 2-22 / **A3**
手宮線舊址

🚗 由 JR 小樽駅步行 10 分鐘

手宮線是北海道第一條鐵路,鐵道長約2.8公里,由南小樽伸延至小樽運河。鐵道於1880年所開通,至1985年完全停駛,今天鐵道的一部分已經整修為休閒步道,保留了當時的原始風貌。終點站手宮車站現在則改建為「小樽交通紀念館」,館內有許多車輛的展示。

1957年的手宮車站。

每年不同時間,手宮線都會舉行不同的特色活動。

INFO

🏠 南小樽駅至小樽運河

左側邊欄:札幌 小樽 堺町區 二世古 登別 定山溪

おたる天狗山 第1展望台

鳥天狗公仔。

屋上展望台
從小樽的制高點上，俯瞰市區全景。

旁邊是天狗山神社，祭祀的是猿田彥大神。

鳥瞰小樽絕美風景
天狗山

47

Map 2-8

🚕 JR 小樽駅外乘 9 號巴士前往天狗山，每小時有三班車，一般逢 13 分 / 28 分 / 53 分開出，車費成人 ￥220，小童 ￥110，全日可用

　　要俯瞰小樽海港及小樽市全景，到距離小樽市十多分鐘車程的天狗山就最好不過。每年夏天這裡都吸引了不少行山人士，從山腳遊走而上，景色漸漸明朗，到達山頂更覺美景豁然而開；秋天的天九山，四處紅葉；而冬天的天狗山，是一所小型滑雪場，真是四季皆造福百姓也。不想徒步登山的朋友也不用怕，山腳有登山纜車，方便大家上山頂找那天狗去。

🏠 小樽市最上 2-16-15 | 📞 0134-33-7381 | 🕐 4 月下旬至 11 月上旬 9:30am-9:00pm；7 月至 8 月 9:00am-9:00pm；12 分鐘 / 班 | 💲 來回登山纜車成人 ￥1,600，小童 ￥800 | 🚠 天狗山纜車 www.cks.chuo-bus.co.jp/tenguyama；天狗山 www.tengu.co.jp | **MAPCODE** 164 596 834*12

札幌

小樽
周邊

二世古

登別

定山溪

2-45

道央

行足一天的巨型商場

Wing Bay Otaru ウイングベイ小樽

48 Map 2-8

🚕 JR 小樽築港駅南側出口步行約 3 分鐘

Wing Bay Otaru 位於小樽市海灣地區「築港」站附近，是一座大型綜合商業娛樂設施。建築面積約為13萬平米，全長約600餘米，其中有娛樂遊藝設施、各種商店、餐廳咖啡廳、電影院、酒店等，應有盡有。整個Wing Bay Otaru 共分為餐飲街、時裝街、百貨街、娛樂街和美容街等5大區域，而所有店舖都以大型的Outlet形式經營。由札幌乘火車前往小樽時，從車窗便可看到Wing Bay Otaru 的巨大的摩天輪，十分醒目。

魚一心迴轉壽司

單在商場內已開設兩家分店，受歡迎程度可見一斑。此店的壽司極其鮮味，而且價錢大眾化，當下午茶「隊」兩碟過口癮都不錯呢！

INFO

🏠 2/F 5 番街 | 🌐 sakana-isshin.com

INFO

🏠 小樽市築港 11-1 | 📞 0134-21-5000 | 🕐 10:00am-8:00pm | 🌐 www.wingbay-otaru.co.jp

---

Map 2-8

49

魚樂無窮
小樽水族館

🚕 小樽巴士站乘巴士直達

小樽水族館距離小樽市僅需25分鐘車程。水族館有大小70餘個水槽，展示著從寒冷海域中棲息的魚類，到溫帶海域中生活的魚類，總共250多種5,000隻動物。水族館每天會安排多場動物演出，其中最受歡迎的，首推7隻巴布亞企鵝在外面自由地散步。遊客更可在觸摸區，親手觸摸太平洋巨型章魚，對大人和小朋友都是難忘經歷。

INFO

🏠 小樽市祝津 3-303 | 📞 0134-33-1400 | 🕐 3 月至 11 月 9:00am-5:00pm(7 至 9 月的周五及六延長至 8:00pm)，12 月至 2 月 10:00am-4:00pm | 💲 成人 ￥1,800，小童 ￥700 (冬季成人 ￥1,300，小童 ￥500) | 🌐 http://otaru-aq.jp/ | ❗每年設休館時間，出發前需上網查清楚

夢幻酒廠
余市蒸餾所 Map 2-49 ⑤⓪

🚗 JR 余市駅步行約 7 分鐘

余市蒸餾所建於1934年，一直沿用蘇格蘭傳統的「煤炭直火蒸餾」方式生產威士忌。2008年被選為「最佳單一純麥威士忌」，為蘇格蘭以外地區首次獲得的殊榮。而「竹鶴」17年純麥威士忌則是2015年的「最佳混麥威士忌」。2015年，NHK特別把創辦人竹鶴政孝與妻子的奮鬥故事拍成日劇，令余市威士忌銷量更上一層樓。參觀余市蒸餾所，遊客不但可以了解威士忌的製作過程，亦可以即場試喝及選購原產地好酒。而且蒸餾所佔地極廣，進場又完全免費，就算山長水遠到此一遊也非常值得。

INFO
🏠余市郡余市町黑川町 7-6 | 📞 0135-23-3131 | 🕐 9:00am-5:00pm | 💲 免費入場 | 🌐 http://www.nikka.com/

美酒之鄉**余市**

威士忌是蘇格蘭的國粹，但近年卻被余市蒸餾所的出品搶盡風頭。原來余市自然環境與威士忌的故鄉蘇格蘭也十分相似，經過「日本威士忌之父」竹鶴政孝以蘇格蘭釀酒技術為基礎努力研發，終於青出於藍，在2008年憑「余市」品牌被選為「最佳單一麥芽威士忌」，是蘇格蘭以外首次獲此殊榮的地區，亦令余市成為人氣酒鄉。

美酒佳餚

余市ワイナリー(余市葡萄酒釀造所)

🚗 JR 余市駅乘的士約 10 分鐘

余市除了盛產威士忌,出產的葡萄酒也是北海道第一。「余市葡萄酒釀造所」不光只有工廠,同時還設有餐廳、畫廊以及體驗工作坊,一家大細到訪都不會悶。這裡的餐廳供應各種的余市葡萄酒,亦堅持使用北海道產食材所製作的薄餅、意粉和漢堡等菜色。對於好杯中物的朋友,當然不會錯過在北海道出產量位居第一名的「余市葡萄酒」。

INFO

🏠 余市郡余市町黑川町 1318 番地 | 📞 0135-21-6161 | 🕐 酒舖:10:00am-4:45pm(1-3 月至 4:00pm);Cafe & Bakery;10:00am-4:00pm;酒廠參觀:10:00am-4:30pm;收藏和工作室:4 月 -10 月 10:00-4:30pm(11 至 3 月休館);餐廳:11:30am-2:30pm(5 至 12 月周二休息;1 至 4 月周二和三休息)| 💲 免費入場 | 🌐 http://yoichiwine.jp/wine/

Map 2-49
(52)

齊齊當果農

ニトリ觀光果樹園

🚗 JR 余市駅乘的士約 15 分鐘

草莓	6 月中旬 -7 月上旬
櫻桃	6 月下旬 -8 月下旬
藍莓	7 月下旬 -8 月上旬
李子	7 月下旬 -9 月上旬
桃	8 月中旬 -9 月上旬
西梅	8 月下旬 -10 月中旬
蘋果	8 月下旬 -11 月上旬
栗子	9 月下旬 -10 月上旬
梨	9 月下旬 -10 月下旬
葡萄	9 月上旬 -11 月上旬
核桃	10 月下旬 -11 月上旬

ニトリ觀光果樹園一年四季都有水果收成——春天有士多啤梨、夏天有櫻桃,秋冬天則有蘋果。只要付費入場,客人可以不限時採摘園內水果。不過記得量力而為,無謂又俾人嘲笑冇教養,成為國際笑話。

INFO

🏠 余市町登町 1102-5 | 📞 0135-23-6251 | 🕐 9:00am-5:00pm | 💲 任摘任吃 成人￥1,500、小童￥1,200;任摘任吃 + 外帶成人￥2,300、小童￥2,000 | 🌐 http://www.fruits-yamamoto.net/ | 外帶有重量限制,請查閱網站資料

海天一色
積丹半島

Map 2-49
⑤③

🚗 JR 小樽駅前巴士總站乘中央巴士「積丹線往神威岬」(約 2 小時 20 分鐘)至神威岬總站下車

　　積丹半島是北海道西部後志支廳的一個半島,地名來自阿伊努語的「夏の村」。由於臨近海邊,這裡主要觀賞陡峭的懸崖及地景為主。積丹的海非常清澈,所以亦稱為積丹藍。每年六月至八月都是海膽收成期,很多遊客會遠道而來享用海上鮮。積丹岬、神威岬、黃金岬是積丹半島很有名的三大海角,遊客可以沿著海岸線的步道隔道欣賞,亦可以乘坐觀光船近距離感受大自然的鬼斧神工。喜愛行山的朋友,也可以由此出發,沿著著名的「水果之路」健行至余市,悠遊地觀看無邊際的海天一色。

INFO

🏠積丹郡積丹町神岬町 | **MAPCODE** 932 745 326*57 | ✏ 積丹半島長年風力非常強勁,遊覽時請準備風衣,並把帽子繫好。

MAP 2-49

積丹半島加遊景點

ⓘ ふじ鮨 積丹本店

積丹半島以海膽聞名全國，ふじ鮨也憑超豪邁的「海膽丼」而揚名日本，是去積丹半島遊客必試的名物。

INFO

🏠積丹郡積丹町大字美国町字船澗 120-6 | 📞0135-44-2016 | 🕐11:00am-8:00pm(L.O. 7pm); 周一至五 3pm-5pm 休息) | 🌐http://www.fujizushi.co.jp/

ⓘⓘ 黃金岬

黃金岬位於積丹半島美国町，遊客可從美国町向海突出的海岬，經一條約410公尺長的步道，到達黃金岬展望台，欣賞黃金岬的代表——宝島。

INFO

🏠積丹町大字美国町

ⓘⓘⓘ 積丹岬 / 島武意海岸

積丹岬的絕景海岸曾被選為「日本100最好的海灘」。遊客從海拔約100米的懸崖上能展望壯麗的景色。

INFO

🏠積丹町大字入舸町

ⓘⓥ 神威岬

神威岬尖端上有神威岬燈塔，遊客能從那裡展望神威岩和日本海。在神威岬有一條建在海拔80米之上的步道，路徑相當刺激，恐高者出發前要作好心理預備。

INFO

🏠積丹町大字神岬町

區內罕有奢華空間 (H1)
小樽旅亭藏群溫泉旅館

🚗 JR 小樽築港駅轉乘預約之旅館免費專車，需時約 20 分鐘

　　這間由著名建築師中山真琴利用古老藏酒庫改建而成、糅合現代簡潔風格的溫泉酒店。內裡十九間客房設計均不同，而且同樣擁有私人半露天溫泉，故深得不少日本名人的歡心，酒店還會派人迎接住客到餐廳用膳，絕對是貴賓級招待。

　　細心的職員會貼心安排住客早晚餐於不同個室用餐，使每組住客都可擁有絕對的私人空間去享受創作懷石料埋，體驗兩種不同的風味。住宿費雖然貴了一點，但能擁有個室風呂，房內更提供免費小食，加上滿分的服務態度及環境，絕對值得一試。

INFO

🏠 小樽市朝里川溫泉 2 丁目 685 番地 | 📞 0134-51-5151 | 💲 雙人套房連早餐 ￥41,800 | 🌐 www.kuramure.com

二世古
Niseko

與自然同行

二世古 Niseko

(又稱新雪谷／二世谷)

　　想買想找吃，二世古恐怕不能滿足你——因為這裡是以大自然體驗為主的一個度假區。冬季期間，二世古更是北海道其中一個熱門的滑雪勝地；夏季則可以坐激流橡皮艇、騎馬等，體驗與大自然同行的樂趣。

對外交通

往返小樽、札幌

巴士

　　每年冬季期間(12 月至 3 月)，多家巴士公司提供札幌市往返二世古的服務，其中包括北海道中央巴士 (北海道中央バス)、二世古巴士 (ニセコバス)、Good Sports Whiteliner (グッドスポーツホワイトライナー) 及 Hokkaido Access Network (北海道アクセスネットワーク) 等。依不同上車處，單程車程約需 2.5 至 4 小時不等，車資約 ￥2,000-2,500。巴士會停靠二世古三大滑雪場度假村——比羅夫 (Grand Hirafu)、二世古東山 (Niseko Village) 及安努普利 (Annupuri)。每間公司均有提供含巴士來回車資及滑雪優惠套票。

　　冬季以外，Hokkaido Access Network 亦有提供少量往返於札幌與二世古之間的班次，在 6 月下旬至 9 月下旬的周末營運。

道央

DAY 1　二世古區內酒店check-in　　乘接駁巴士約15分鐘(約1pm)　→

🎿 二世古滑雪場　乘的士約30分鐘(約4:30pm)　🍴 水湧之里吃馳名豆腐

乘的士約30分鐘(5:30pm)　→　🏯 二世古區溫泉旅館食晚飯、浸溫泉

- -

DAY 2　酒店　乘的士約30分鐘(約11am)　→　🍴🏯 ミルク工房　乘的士約15分鐘　→

🍴🏯 ニセコチーズ工房　乘的士約20分鐘(約2pm)　→

🎿 到Niseko Adventure Center，由導師帶領到雪地探險

🍴 步行約12分鐘(約6pm)　→　Kamimura　→　到酒店取回行李出

發到北海道內其他地區

火車

　　從小樽出發，最簡單是乘「JR Hakodate Line」，車程約需 100 分鐘，車資約 ¥1,680，但每天班次不多。持 JR 及北海道鐵路 PASS 的遊客可免費搭乘。由札幌前往，也可在小樽再轉火車往二世古，不過要注意發車時間。

　　冬季期間(12 月至 2 月)，JR 亦會每天安排兩班 Ski Express 由札幌直往二世古多個滑雪場，由於班次有限，宜先在網上訂車票。

相關網頁

北海道中央巴士：www.chuo-bus.co.jp
二世古巴士：www.niseko-bus.cbbs.co.jp
JR時刻表：www2.jrhokkaido.co.jp/global

Good Sports Whiteliner：www.goodsports.co.jp/white/ski-bus
Hokkaido Access Network：www.access-n.jp

TIP

　　其實比起二世古 (ニセコ駅)，俱知安站 (くっちゃん) 才是這個區域的大眾運輸中心。每 1 至 2 小時就有一班巴士從俱知安 (くっちゃん) 開往比羅夫 (Hirafu) (車程 15 分鐘)，部分班次繼續開往二世古村 (Niseko Village) (車程 30 分鐘) 及安努普利 (Annupuri) (車程 45 分鐘，僅冬季運行)。如果純粹往二世古滑雪，這安排會比往小樽轉車方便。

於11月至4月期間，市內有巴士往來幾個滑雪場。其他時間則要駕車或乘的士，部分活動中心或酒店提供免費接載服務。

滑雪場資料

二世古的雪叫「powder snow」，是道內降雪量最多而雪質最幼滑的雪。二世古內有3大滑雪場，分別是安努普利（Annupuri）國際滑雪場、東山（Higashiyama）滑雪場和比羅夫（Grand Hirafu）滑雪場。

Annupuri 國際滑雪場
地址：虻田郡二セコ町字二セコ485
電話：86-136-58 2080
營業時間：8:30am-7:30pm(12月上旬-5月上旬)
網址：annupuri.info
登山費：有由5小時至7日的門票，成人1日 ¥5,900
　　　（租用滑雪裝備須另收費）

Map3-4 B3

二世古東山滑雪場（ニセコ東山スキー場）
地址：虻田郡 Niseko 町東山溫泉
電話：86-136-44 2211（12月上旬至4月上旬）
營業時間：8:00am-5:00pm
網址：www.niseko-village.com/english/winter
登山費：有由5小時至7日門票及季節票，
　　　　成人1日 ¥8,500

Map3-4 B3

Grand Hirafu 滑雪場
地址：虻田郡俱知安町字山田204
電話：86-136- 22 0109（(12月中旬至5月上旬)
營業時間：8:30am-7:00pm
網址：www.grand-hirafu.jp
登山費：有由5小時至6日的門票，成人1日 ¥6,600
　　　（租用滑雪裝備須另收費）

Map3-4 C3

超值套票

如打算即日來回二世古兼滑雪，可以買優惠券 ¥8,800，包括巴士來回程及8小時的 lift ticket，原價 ¥10,400，十分抵買。

網頁： https://www.niseko.ne.jp/en/otoku/

觀光資料

Niseko Resort 觀光協會　　網址：www.niseko-ta.jp

Google Map 下載

A **B** **C** **D**

1

JR俱知安駅

俱知安温泉

⑪

JR函館本線

2

3

比羅夫滑雪場
3-3

東山滑雪場
3-3

⑤

⑧

⑨

JR比羅夫駅

⑩

⑦

Annupuri 滑雪場
3-3

④

②

⑥

③

4

昆布温泉

北

MAP 3-4

5 二世古

JR二世古駅

①

山上雪水靚豆腐
湧水之里

 Map 3-4/ **D5**

🚗 JR 二世古駅乘的士約 20 分鐘

　　鄰近二世古的羊蹄山及東山，年年積雪融解後滲入地底，再經過千百年沉澱後湧出地面，始成為羊蹄山的「湧水之里」。開業7年多的「湧水之里」豆腐店，便是用了這零雜質、全天然的雪山地下水來製豆腐，廿多種豆腐製品無不軟滑清香，吸引不少日本人專程來吃豆腐！店內最著名的是「鶴之舞」及「名水」兩種豆腐；前者一盒內有豆漿也有豆腐，後者則是全店最滑的上品。

INFO

🏠 虻田郡真狩村字社 217 番 1 | 📞 0136-48-2636 | 🕐 9:00am-5:00pm(4 月 -10月的周六日及假日至 6:00pm，11 月 -3 月的周三休息) | 🌐 https://wakimizunosato.com/wakimizunosato/

Map 3-4/ **B4**

02

得獎牛奶
高橋牧場工房 (ミルク工房)

 🚗 JR 二世古駅乘的士約 20 分鐘

　　高橋牧場的牛奶是道內名物之一，其乳牛曾經在2005年獲頒發北海道乳牛大賽銅牌。牧場經營的奶品工房，有多種使用自家名種牛所產牛奶製成的食物，雪糕、卷蛋、芝士蛋糕等都非常美味！另外，工房內更有手信店及玻璃體驗工房各一間，兩者都有大量精美的玻璃製品出售。

INFO

🏠 虻田郡二世古町字曾我 888-1 | 📞 0136-44-37-34 | 🕐 9:30am-6:00pm(冬季 10:00am-5:30pm) | 🌐 http://www.niseko-takahashi.jp/milkkobo/

著名芝士店 ③ Map 3-4/ B4
ニセコチーズ工房

🚕 從 JR 二世古駅轉乘的士約 15 分鐘

限定周五推出的芝士ニセコカ
チヨカハロチーズ

工房內可看到師傅做芝士的過程。

　　這個芝士工房算是二世古內最出名的芝士店，踏入店內立即飄出香濃的芝士味。這裡每日供應 10 款不同款式的芝士，款款都好食，但不要錯過這家店限定即製的「芝士大福」，其他地方絕對找不到。

INFO

🏠 虻田郡二世古町字曾我 263 番地 14 | 📞 0136-44-2188 | 🕐 5 月 -10 月 10:00am-5:00pm ;11 月 - 4 月 11:00-5:00（周三、四休息）| 🌐 www.niseko-cheese.co.jp

房間採用和式布置

除了公眾露天浴池外，部分房間內的私人風呂同樣享受到森林景色。

Map3-4/ A3　森林溫泉
④ 甘露之森

🚕 JR 二世古駅轉乘往「甘露之森」接駁巴士直達

　　最著名的是其「森林之天空露天浴池」，可以透過風呂內的落地大玻璃窗或露台，邊浸溫泉邊眺望森林景色。另外酒店的溫泉大餐也是出了名講究，一到冬季常常爆滿，訂房要趁早！

INFO

🏠 二世古町二世古 415 | 📞 0136-58-3800 | 💲 標準雙人房 ￥31,240 起 | 🌐 www.kanronomori.com

三項鐵人體驗 Map 3-4/C3 ⑤
Niseko Adventure Centre

🚕 於 JR 比羅夫站轉乘的士約 10 分鐘

中心內的 JOJO'S CAFÉ &BAR，提供西餐如漢堡包，玩完一日可以坐下來吃點東西。

　　Niseko Adventure Centre，一年四季都會舉辦大量戶外活動，如激流、獨木舟、越野單車、登山、熱氣球等，中心更有各式戶外用品出售，可供沒有準備裝備的朋友補給。在這裡一年四季亦有活動，好玩刺激。

INFO

🏠 虻田郡俱知安町山田 179-53 | 📞 0136-23-2093 | 🕐 8:00am-9:00pm | 💲 ￥6,000 位（各活動收費有異）| 🌐 www.nacadventures.jp

06 Map 3-4/ A4 泡溫泉兼護膚

二世古格蘭特 Grand Hotel

🚕 JR 二世古驛轉乘酒店免費巴士，車程約需 30 分鐘

格蘭特酒店外表雖然不是非常豪華，卻以優質的溫泉為賣點。原來溫泉水含有「矽酸」和「神經酰」，兩者都能促進皮膚的新陳代謝和令皮膚膠原蛋白增成。一般來説，溫泉水矽酸的含量有50mg以上，便算是有美肌效果。格蘭特酒店兩個泉源矽酸的含量竟高達370mg和599.4mg，不單在北海道，在全國也算是超班，所以深受愛美的女士歡迎。

男女共浴的露天風呂景致開揚，而且面積甚大，並容許著tube top入浴。

🏠 虻田郡二世古町二世古 412 | 📞 0136-58-2121 | 💲 ￥25,000 一泊二食，包早、晚餐及露天風呂浸浴 | 🌐 www.niseko-grand.com

飄雪溫泉　**Map 3-4/ B3**

希爾頓二世古山莊 07

🚕 JR 二世古驛轉乘的士約 30 分鐘

二世古頂級度假酒店，連續4年獲選為日本最佳滑雪酒店。酒店位於東山溫泉區，溫泉質素有保證，由道內的藥劑師會等組織化驗過並頒發證書。而且酒店靠近東山滑雪場，入住的客人可透過旅館參加各類雪地活動，如滑雪及雪地步行等，方便得很。

不諳滑雪的大可參加2小時的「滑雪訓練課程」，課堂乃一對一私人授課。

🏠虻田郡二世古町東山溫泉 | 📞0136-44-1111 | 💲標準雙人房 ￥32,900 起 | 🌐 https://www.hilton.com/en/locations/japan/

道央

札幌 **小樽** **二世古** **登別** **定山溪**

180度的落地玻璃對正羊蹄山，在這裡住真是人生一大享受。

啟動按摩池時，池底有不同燈光，轉紅燈時不要以為自己流血。

Map 3-4/ C3　平住絕景豪宅

⑧ Youtei Tracks

🚕 於 JR 羅比夫駅下車，再轉乘的士約 10 分鐘車即達

公寓式酒店Youtei Tracks，若入住6人 penthouse，就像入住豪宅一樣，最重要的是對正羊蹄山，連按摩池也是，玩完一天之後可以望著羊蹄山浸浴，疲勞盡消。

INFO

🏠 虻田郡倶知安町字山田 190-18 | 📞 0136-23-3503 | 💲 studio room ￥14,740；penthouse ￥40,690 | 🌐 https://www.nisekocentral.com

---

瑞士小屋觀雲海　Map 3-4/ C3
Grandpapa　⑨

🚕 於 JR 羅比夫駅下車，再轉乘的士約 10 分鐘車即達。可致電安排接送

老闆廿多年前由札幌舉家移居到二世古，只因嚮往這裡寧靜的自然環境。Grandpapa 外形甚有瑞士小屋風格，感覺溫暖。除了經營民宿，老闆的兒子還會擔任登山導遊，帶遊客登羊蹄山觀雲海。

新鮮食材配瑞士芝士火鍋，登山前必食！

INFO

🏠 北海道虻田郡倶知安町字山田 163 ニセコひらふベンツヨン街 | 📞 0136-23-2244 | 💲 ￥13,250（住宿連早餐及登山導遊）| 🌐 www.grandpapa.co.jp

Map 3-4/ **B3**

⑩

零經驗都 OK

HANAZONO 騎馬體驗之旅

 JR 二世古駅轉乘的士約 25 分鐘

　　北海道除了出名滑雪，騎馬也是很受歡迎的活動。HANAZONO 度假村推出騎馬之旅，讓遊客悠閒地騎著馬欣賞羊蹄山的美景。就算不入住度假村，也可以預約騎馬服務。出發前遊客要在圍欄內練習如何騎馬，然後才到外面實際騎乘，所以新手也不用擔心。要注意的是，因為騎馬時雙手都要握住韁繩，所以不能拿出手機和相機拍照。

INFO

🏠 虻田郡俱知安町字岩尾別 328-36 | 📞 0136-21-3333 | 🕐 8:30am-5:00pm | 🌐 https://hanazononiseko.com/ja/summer/activities/horsebackriding

---

望羊蹄山打 golf

Map 3-4/ **C2**

HANAZONO GOLF ⑪

 於 JR 俱知安駅轉乘的士約 15 分鐘

　　為什麼要去到二世古打 golf 呢？因為這個高爾夫球場有 18 個難易程度不同的場地，每個都可以遠眺羊蹄山的美景，建議在傍晚時分的 magic hours 邊打球邊看那個鹹蛋黃日落，美得如置身仙境一樣。

收費不便宜的 golf course，當然會有專人「車」你去打球。

在人少、草原大的草地看著羊蹄山打 golf，旅行中做少少運動都不錯呀！

INFO

🏠 虻田郡俱知安町字花園 1 | 📞 0136-21-7700 | 💲 ￥5,000 起 | 🌐 www.hanazonogolf.com

登 別
Noboribetsu
溫泉之鄉

支笏洞爺国立公園
SHIKOTSU-TOYA NATIONAL PARK

登別地獄谷
NOBORIBETSU JIGOKUDANI

環境省

登 別
Noboribetsu

　　登別以泡溫泉著名,是北海道第一大溫泉區而鬼是登別溫泉的象徵,每天有高達萬噸的溫泉湧出量,而且有多種溫泉水質,包括有硫磺、明礬、食鹽、鐵質、放射線等11種泉質,每一種也足以令人疲勞盡去。

　　登別地獄谷的火山地型,硫磺氣體從灰黃色的岩石表面向外噴出,遊客都爭相一睹這鬼斧神功的奇景!除此以外,登別亦有熊牧場、海洋公園、忍者村等景點;兼有溫泉購物街,一般到此一遊也要大半天時間,慢慢來享受的話,預留2日1夜便可玩盡登別了。

對外交通
札幌至登別

　　由札幌出發之北斗號列車,一般遊客皆會乘搭7:30am或8:34am班次出發。札幌至登別的車程約為80分鐘,車費為¥2,420(指定席另計)。若遇上旺季,遊客宜預早訂票!(指定席車費為¥2,360)

JR北海道網頁:
http://www2.jrhokkaido.co.jp/global/chinese/index.html

旅遊達人
出站前後的一些準備

　　一到登別駅,首先大部分遊客都會取資料或影巨熊標本相。其實遊客應第一時間用數碼相機拍下後繼站(如札幌)的火車時刻表,之後便出站外右手邊的巴士站,看看開往登別溫泉的一號巴士,開出班次時間表,以確定還剩下多少時間。有時錯失了一班車,可能要等上半小時。

　　JR登別駅內有12個¥500的投幣儲物櫃,可以放入大型行李箱。此設施方便了許多以登別為中途站的遊客。

　　另外若遊客於冬天遊覽北海道,車廂內的溫度與室外的氣溫可以相差約20℃,所以上車和下車時,謹記洋蔥式穿衣法——逐層逐層外衣往外穿。

市內交通
道南巴士

　　登別的主要旅遊區，除了登別海洋公園NIXE以外，其餘景點均集中於登別溫泉町一帶，其位置遠離JR登別駅，所以遊客到步後都需要轉乘巴士前往，當中以道南巴士是為首選。

JR登別駅至登別溫泉

　　遊客若打算到溫泉區觀光，這班巴士便合適了。此巴士途經伊代忍者村、登別溫泉，至登別足湯為總站。車程約25分鐘，車費¥350。

行車時間表

登別前	9:35	11:05	11:50	13:45	16:15
汐見坂	9:36	11:06	11:51	13:46	16:16
登別時代村前	9:38	11:08	11:53	13:48	16:18
中登別	9:43	11:13	11:58	13:53	16:23
登別溫泉	9:48	11:18	12:03	13:58	16:28
足湯入口	10:00	11:30	12:15	14:10	16:40

＊部分車站從略，以上資料截至2023年5月

道南巴士網頁：www.donanbus.co.jp/

MAP 4-3 登別廣域圖

A B C D

Map4-4 登別溫泉

俱多樂湖

歡迎鬼像

そ登別溫泉へ

北

室蘭本線

JR登別駅

1. 登別熊牧場   4-5
2. 登別伊達時代村   4-5
3. 登別海洋公園NIXE   4-6

| A | B | C | D |

1

北

MAP 4-4
登別

16

15

大正地獄展望台

大湯沼展望台

2

舟見山

鬼祠

14

藥師如來堂

13

地獄谷

地獄谷展望台

3

18

12

恩泉寺

11 4

Google Map
下載

4

6 7

9、10 8

5

17

道南巴士
溫泉街總站

登別溫泉路

熊牧場登山纜車

5

為食熊出沒，注意！ 01
登別熊牧場 Map 4-3 / B2

乘「道南巴士」至登別溫泉巴士總站，到埗後沿斜路往上行，至分叉路口時即見7-11及熊牧場的指示牌，乘登山纜車前往

擁有120多頭棕熊的登別熊牧場是世界第一的熊牧場，還有世界唯一的熊博物館，可以讓您徹底瞭解棕熊。正所謂「三軍未動、糧草先行」，到牧場後當然首先購買￥100的熊零食。當牠們見到你在上面掉食物下去的時候，每一隻熊都會站起來，連忙向你揮手示好，希望突圍而出，從而「搶」到你手上的食物，場面十分有趣！

餵過bear bear後，你還可以到地下的展示室跟熊作近距離接觸。你和熊之間只相隔一層玻璃，熊大大隻的壓迫感，只有親身經歷才可體會得到！

牧場每年都有人氣BEAR BEAR選舉。

INFO

登別溫泉町224 | 0143-84-2225 | 夏季9:00am-5:00pm；冬季9:30am-4:30pm | 成人￥2,800、小童￥1,400(包纜車來回) | www.bearpark.jp

Map 4-3 / C4 02 飛簷走壁的忍者怪客
登別伊達時代村

乘「道南巴士」至「登別伊達時代村前站」下車

一腳踏入村內，宛若進入另一個世界，類似香港的集古村，是將200年前的江戶時代重現的主題公園，佔地28萬平方米，讓您盡享當時日本人的娛樂。公園由94棟根據歷史考證的木造建築物所組成。

此外，這裡還有令人印象深刻的忍者劇場。短短十多分鐘的表演，專業的忍者加上像真度高的布景機關，將古代的忍者生活活現眼前。最受小朋友歡迎的是忍者迷宮和妖怪屋，內有許多意想不到的機關和特技效果，簡直是一步一驚心！

INFO

登別市中登別町53-1 | 0143-83-3311 | 冬季：11/1-3/31（9:00am-4:00pm）、夏季：4/1-10/31（9.00am-5:00pm） | 成人￥2,900、小童￥1,600 | www.edo-trip.jp

海洋動物全接觸 **Map** 4-3 / **D4** ③
登別海洋公園 NIXE

🚕 JR登別駅出站後向大路直行，見到郵便局向右轉直行約3分鐘

NIXE是一個以尼克斯城堡為中心，再加上北歐街景而組成的水族館，是北海道最大的水族館。擁有8米高，名為水晶塔的水槽，其中主要展示拿破崙魚。遊客更可以近距離欣賞到大群企鵝在您面前散步逛大街，可愛的模樣令人感動。

INFO

🏠 登別市登別東町1-22 | 📞 0143-83-3800 | 🕐 9:00am-5:00pm（4:30pm後停止售票） | 🌐 www.nixe.co.jp，動物表演；巡遊時間表；（英文）www.nixe.co.jp/englishinfo.htm | 💲 成人 ￥2,800；小童 ￥1,400

Map 4-4 / **B4** 　炭燒海鮮
④ 溫泉市場

🚕 「道南巴士」登別溫泉巴士總站向溫泉街上坡方向徒步約5分鐘

溫泉市場位在閻魔堂旁，是溫泉街少數較有規模的食肆，店內主打登別港海域捕獲的新鮮漁獲，未走進餐廳已經聞到炭燒香味，即場烤製的生蠔、扇貝等海鮮，原汁原味；必試的還有各款刺身丼以及「閻魔炒麵」，使用北海道小麥製的扁麵條，配合秘製醬汁及雜錦海鮮，相當香辣惹味。除了用餐地方，店內還兼售當地特產及伴手禮。

INFO

🏠 登別市登別溫泉町50 | 📞 0143-84-2560 | 🌐 www.onsenichiba.com | 🕐 販賣部 10:30am-7:30pm；餐廳 11:15am-7:30pm

左側邊欄：札幌　小樽　二世古　登別　定山溪

精緻有趣的閻魔Q版小鬼擺設

Map 4-4 / **A4**　閻羅王基地

05 貴泉堂本店

🚕 「道南巴士」登別溫泉巴士總站向溫泉街上坡方向徒步約 5 分鐘

一盒二食的閻魔麵

此店是大型工藝土產店，但同時有很多原創精品，北海道傳統民俗工藝品等。除了有很多地方限定的小食外，還有閻魔Q版小鬼擺設及勁辣的閻魔麵，一盒二食，是為送禮佳品。

INFO
🏠 登別市登別溫泉町 46 番地 | 📞 0143-84-2460 | 🕐 8:00am-11:00pm | 🌐 www.onsenichiba.com/kisendo.html

---

地道溫泉食店　**Map** 4-4 / **B4**

そば處福庵

06

🚕 「道南巴士」登別溫泉巴士總站向斜路往上徒步約 2 分鐘

此店以自家手製的蕎麥麵，售價由￥680至￥1,100不等。另備有三款飯套餐，只售￥980。整個烹煮上桌過程一絲不苟；那靈魂的湯底夠熱，麵爽口彈牙加上芝麻汁，好開胃又FRESH！食客試過它的麵無不讚好，值得一試。

INFO
🏠 登別溫泉町 30 號 | 📞 0143-84-2758 | 🕐 11:30am-2:00pm；6:00pm-10:30pm | 💲 ￥1,100 左右 / 位

道央

老牌拉麵店
天鳳

⑦

Map 4-4 / **B4**

🚗 「道南巴士」登別溫泉巴士總站向溫泉街上坡方向行 4 分鐘

温泉街的食店不多，想吃美味的拉麵，此店為不二之選。喜歡吃野味的朋友，此店之「醬煮熊肉」及「秘製鹿肉」決不可錯過。鎮店之寶乃招牌蟹味醬拉麵。此館生產的拉麵麵身較粗，湯底香濃，亦有免費飲水機，如有帶水壺的話，更可免費添飲，實為旅途上的補給站。

醬油拉麵。

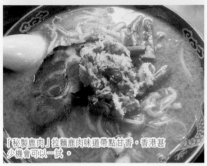
「秘製鹿肉」拉麵鹿肉味道帶點甘香，香港甚少機會可以一試。

INFO

🏠 登別溫泉町 44 | 📞 0143-84-2358 | 🕐 11:30am-2:00pm；6:00pm-11:00pm | 💲 ￥1,800 左右 / 位

Map 4-4 / **A4**

⑧

出血手信店
大黑屋民藝店

🚗 「道南巴士」登別溫泉巴士總站向溫泉街上坡方向行約 1 分鐘

位於溫泉街街頭的大黑屋，專賣北海道人氣土產，名產多而集中，應有盡有。此店有大量登別版 Hello Kitty、「熊出沒」產品出售。較著名的土產品為「熊笹茶」；此茶據稱有調理腸胃、通便及治療糖尿病等功效，實為送禮佳品。

「熊笹茶」十分受遊客歡迎，買來自用或當手信都不錯。

INFO

🏠 登別市登別溫泉町 60 | 📞 0143-80-3114 | 🕐 9:00am-10:00pm | 🌐 daikokuya-m.com/

Map 4-4 / A4　正宗天然溫泉水
（09）　夢元さぎり湯

🚕 「道南巴士」登別溫泉巴士總站向斜路上行徒步約2分鐘

如果想用低廉價錢浸一浸登別溫泉的話，此店實為不二之選，不過場地較簡樸，而且小心地滑。入門口左為掛湯，右為最熱的溫泉池，共有3個，靠近門口的為最熱，靠近蒸氣房的一個池為冷水池，對側為溫水泡泡池，近門口有自助飲水機，一般使用溫泉的方法為先用溫水池，約5至10分鐘後，再浸5分鐘熱水池，如身體許可的話，可再浸2分鐘冷水池，可以循環2至3次！

硫磺泉 含強酸性的殺菌力。

明礬泉 能收緊皮膚，回復彈性。

INFO

🏠 登別市登別溫泉町 60 ｜ 📞 0143-84-2050 ｜ 🕐 7:00am-9:00pm｜ 🌐 sagiriyu-noboribetsu.com
｜💲一次 成人 ￥480；小童 ￥180；全日 成人 ￥650；小童 ￥300

免費手湯　Map 4-4 / A4
登別湯藏　（10）

🚕 「道南巴士」登別溫泉巴士總站向溫泉街上坡方向徒步約2分鐘

在溫泉街上到處都是溫泉的泉源，源泉的溫度約46℃-90℃，呈乳白色氣味強烈的硫磺泉、具有保溫效果可治療畏冷症的食鹽泉等，多達11種類的泉質在世界上也屬珍稀少有的溫泉地，因此贏得「溫泉百貨公司」的美譽。就在夢元さぎり湯右側也有溫泉泉源，泉源上方有神像可以供人祈願，冬天時可以用此天然溫泉水浸手取暖。

INFO

🏠 登別市登別溫泉町 60

閻魔變臉。非同小可。

潮流興low-tech。小朋友可以在這裡扮下
惡鬼影相。嘻嘻哈哈又一個景點啦！

Map 4-4 / B4

⑪

閻魔堂

🚕 「道南巴士」登別溫泉巴士總站向溫泉街上坡方向徒步約7分鐘

登別的古老傳說為有位少女長久患有怪病，得到閻魔的指點，浸泡登別溫泉後不藥而癒，少女也因此愛上閻魔王，怎奈少女不堪為情所困而投湖自盡，自盡後化為青龍。這也是登別每年8月的地獄祭由來。

閻魔堂每天有數場「審判表演」；一般每小時1次；也有隔小時1次，除季節不同有所更改，表演全程約4分鐘，閻魔像會由善相變惡相，隨著巨大音樂發怒完畢後，一切便回復正常，遊客還可在堂外扮鬼卒拍照記念。

INFO

🏠 登別市登別溫泉町 | 🕐 9:00am-10:00pm；表演時間：10:00、13:00、15:00、17:00、20:00、21:00

老牌酒店 Map 4-4 / B3

第一滝本館 ⑫

🚕 「道南巴士」登別溫泉巴士總站沿斜路向地獄谷方向徒步約6分鐘；日帰り入浴入口在側門，近地獄谷大木牌

第一滝的溫泉很大，浴池種類繁多，更提供予非住客使用的「日帰り入浴」（Day Spring）。酒店充分利用了登別多泉質的特性，每個浴池旁邊還細心地立了一個說明牌，說明該浴池的歷史、泉質、治病效用等資料。其展望大風呂坐擁無敵地獄谷景觀，溫泉數目確實驚人，恐怕用三日都不能盡浸！當然，收費也相對昂貴，浸一次盛惠￥2,250！

INFO

🏠 登別市登別溫泉町55 | ☎ 詢問／預約 0120-940-489 (10:00am-5:30pm) | 🌐 www.takimotokan.co.jp | 🕐 日帰り入浴 9:00am-6:00pm | 💰 一泊2食付，每人收費由￥12,204-￥40,932(3-5月)；日り入浴：9:00am-4:00pm(成人￥2,250、小童￥1,100)，4:00pm-6:00pm(成人￥1,700、小童￥825)

側邊標籤（由上至下）：札幌、小樽、二世古、登別、定山溪

山好幫手 ⑬ Map 4-4 / C3
登別地獄谷案內所

🚗 到登別溫泉巴士總站後，依指示前往登別地獄谷便可。在登別溫泉街行到第一滝本館再向山上方向行，全程約 10 多分鐘

登別地獄谷是火山爆發後，由熔岩所形成的一個奇形詭異的谷地，灰白和褐色的岩層，加上許多地熱自地底噴出，形成特殊的火山地型景觀。

案內所提供多條行山路線地圖，及清楚的指示板，以供遊人根據自己的體力及時間作出合適的選擇。館內設有免費紀念印章及小量紀念品以供發售，對面則有環保洗手間，讓你在出發前先「放低幾兩」！

記緊出發奇山前在這裡方便一下，否則走到一半人有三急，那就叫天不應叫地不聞了！

喜歡旅行時儲印仔的朋友，這裡有一款特色印仔讓你印個飽。

INFO
🏠 登別地獄谷入口 | 🕘 9:00am-4:00pm

沿途有清楚指示，放心走好了。

Map 4-4 / C3 懶人行山首選
⑭ 地獄谷遊步道

🚗 登別溫泉巴士總站徒步至第一滝本館後，再向山上方向行，全程約 10 多分鐘

地獄谷是火山爆發後由熔岩讓地表形成一個直徑約450公尺，面積11萬平方公尺的巨大火山遺跡。無數的噴氣孔噴出天然氣及熱水，為登別最大之泉源。依地點不同，湧出之水質亦不相同，可達11種之多。雖然無法靠近其中心部，但在周圍設有約600公尺的徒步走道，可讓您「近距離」參觀。

面向地獄谷沿右手方的樓梯向上行便是展望台，此展望台可以望到地獄谷的地形。一般跟旅行團的港人在此拍拍照，便叫做「到此一遊」。面向地獄谷沿左手的斜坡上行，便是舟見山第二步道，而下行便是地獄谷遊步道。既可以近距離感受地獄谷，又可參拜藥師如來（登別溫泉三大史蹟之一）。

INFO
🏠 登別地獄谷 | **MAPCODE** 603 287 537

Map 4-4 / **C1** 天然美景
⑮
大湯沼遊步道

🚗 由地獄谷展望台步行約 20 分鐘

「大湯沼」周長1公里，是一個溫泉沼澤，泉水色澤帶藍，表面溫度約攝氏40℃ -50℃，底部卻高達攝氏130℃，與周圍山丘及清翠的樹木互相輝映，景致令人陶醉！

要到大湯沼，首先踏上地獄谷遊步道，走到分岔口，接上在大湯沼遊步道指示牌，經過一所木造涼亭，見指示牌後向樓梯那方上行，便到了7條主要路線告示牌之分叉路（路線由行10分鐘至3小時不等）。左邊往舟見山，右路便是前往大湯沼展望台，走畢整條遊步道約花20分鐘時間。

無料泡腳聖地 **Map** 4-4 / **B1**
大湯沼川天然足湯 ⑯

 由大湯沼展望台步行約 10 分鐘

通往奧之湯的大湯沼川探勝步道，是一條森林散步徑，途中會經過火山湖大正地獄，還有大湯沼川。登別溫泉因水溫高，參觀時不可隨意下水，但大湯沼川上的一個溪流前，溫泉水溫只有約40℃，最適合泡腳！感覺只有一個字——正！

連當地日本人都話正，當然要試一試啦！

側邊標籤（由上至下）：札幌、小樽、二世古、登別、定山溪

珍罕溫泉浴

Map 4-4 / A4

㉘

祝いの宿 登別グランドホテル

🚗 JR 登別駅轉乘往登別溫泉方向的巴士，總站下車步行 1 分鐘

有「登別迎賓館」之稱，由於旅館備有兩種極為罕見的溫泉浴，分別是「檜木浴」和「岩石浴」，所以一直吸引到不少日本名人光顧。旅館的位置極佳，露天風呂更位於瀑布旁，美景絕讚。

睡不慣和式房間的話，這裡亦有洋式大床可供選擇。

INFO

🏠 登別市登別溫泉町 154 | ☎ 0143-84-2101 | 🕐 10:00am-9:00pm，大浴場 12:30nn-2:30pm、3:30pm-10:00pm | 💲 ￥26,950 起（一泊二食）| 🌐 www.nobogura.co.jp

房間裡的溫泉 旅亭 花ゆら

Map 4-4 / A3

㉙

🚗 JR 登別駅轉乘往登別溫泉方向的巴士，總站下車步行 7 分鐘

旅館內擁有極多私人風呂，共有48個房間，其中31間附有私人風呂，對於不慣對著陌生人赤身露體的朋友，實在是一大喜訊。風呂的面積剛好足夠二人同浸，非常適合情侶入住。

INFO

🏠 登別市登別溫泉町 100 | ☎ 0143-84-2322 | 💲 ￥64,000 起（一泊二食）| 🌐 hanayura.com

定山溪
Jozankei

雪如花

定山溪
Jozankei

　　定山溪是一處四面環山、距離札幌最近的溫泉區（約25公里），這裡有很多溫泉旅遊飯店。無論是室內浴池還是露天浴場，都充分展示出各自獨特的風格。溫泉街內有溫泉瀑布，周圍還有小徑可供遊人散步。

　　這裡亦以秋天賞楓、冬天賞雪聞名。10月中是最佳的賞楓季節，你可以看到滿山楓紅的標準秋景！冬天在定山溪神社前飄著雪，讓遊人體會真正下著雪的美麗世界。

對外交通

札幌至定山溪

　　前往定山溪，多數遊客以札幌為起點。在JR札幌駅南面的巴士總站有巴士前往定山溪，乘客應選乘東急巴士8號「定山溪線・豐平峽溫泉線（石山中央經由）」。車程約1小時，車費￥790。

　　巴士進入定山溪區域後，第一站就是「白系之滝」，然後會環繞定山溪溫泉區繞一圈。（白系之滝＞神社前＞橫過月見橋＞湯之町＞第一寶亭留前＞定山溪大橋＞定山溪溫泉二丁目＞神社前＞定山溪車庫前）

　　旅客亦可於札幌市營地下鐵「真駒內駅」選乘東急巴士12號「真駒內線」前往定山溪。巴士進入定山溪區域後，跟8號巴士一樣在區內繞一圈。

　　東急巴士網頁：www.jotetsu.co.jp/bus

區內交通

　　定山溪範圍不大，基本上徒步即可遊畢整區。當地觀光協會更推出「散策指南」（即散步指南），指導遊客徒步遊覽溫泉街各個熱門景點。

MAP 5-2
定山渓

Google Map
下載

第一ホテル前

定山渓温泉西

9

湯の町

1

8

7

6

定山渓フ

定山渓

03

スポーツ公園

E
F
G
H

山溪大橋

定山溪大橋

定山溪温泉
東2丁目

白系の滝

1

2

往札幌

ホテル定山溪キらろ

3

神社前

北

4

閤ホテル

定山溪神

5

札幌

小樽

二世古

登別

定山溪

掃貨熱點

Map 5-2 / C4

定山溪產物館 ①

🚗 東急巴士「湯之町」站下車，走回頭路徒步至月見橋旁即達

　　此店位於月見橋尾，是定山溪少有的大型禮品店。這裡有齊眾多河童紀念品及當地名產，由於是定山溪限定，故若見到合心水的禮品，就要買下啦！否則回到札幌時想買也買不到呢！

這裡有定山溪的限定產物河童公仔，買一隻掛背包都幾得意。

INFO

🏠 定山溪溫泉西 4 丁目 | 📞 011-598-2178 | 🕐 8:00am-9:00pm | 🌐 www.j-bussankan.co.jp

Map 5-2 / G2

免費足溫泉

②

太郎之湯

🚗 東急巴士「白系之滝」站下車後，過對面馬路向斜路方向往上走，徒步約 2 分鐘即達

　　此湯水溫40℃，為天然山水，泉質是鹽化物泉，適合神經，筋肉及關節等痛症，對疲勞回復有很大幫助。浸泡方法，為先用小毛巾濕水抹腳，之後先泡3分鐘，休息1分鐘後再泡10分鐘，便能達到疲勞恢復。沒有自備毛巾的，可以到側旁的自動販賣機購買。

INFO

🏠 定山溪溫泉東 3 丁目 | 🕐 7:00am-8:00pm | 💲 免費

Map 5-2 / **A5**　　定山溪絕美地標

⑬二見公園及二見吊橋

東急巴士「湯之町」站下車，路口轉左徒步約 5 分鐘即達公園；再沿河前行 200m 即達吊橋

　　此公園為秋天紅葉，冬天白雪必賞景點，幾乎所有遊客來到定山溪，定會去二見吊橋拍照。紅色的橋叫「二見吊り橋」、有名的河童淵可以從橋下看到。

　　公園內裡藏有鼎鼎有名的河童大王像，大王可是有戴帽子，還可以喝酒。倚著吊橋看過去的雪景，真的有種遺世獨立的壯闊與滄桑感。欄杆上的積雪，蕭瑟的樹枝，眼前的道路除了白還是白。如果是秋天來，應該是開滿楓紅的絕色美景啊！

INFO

🏠 定山溪溫泉西 4 丁目 | ⏰ 吊橋於 5 月下旬至 10 月 31 日通行 | 💲 免費

札幌

小樽

二世古

登別

定山溪

Map 5-2 / F1 **04**

由天光浸到天黑

定山溪豪景酒店（定山溪ビューホテル）

溫泉泉質分析

泉質：氧化物泉
療效：神經痛，筋骨痛，關節炎等
溫泉溫度：64.3℃

湯醉鄉

 東急巴士「定山溪溫泉二丁目」站即達

定山溪豪景酒店，有各式客房共647間，可容納2,650人住宿。酒店房間分為和室、洋室、和洋室及貴賓套房四種。酒店位處著名溫泉鄉，主打當然是各式溫泉風呂。其中地下的大浴場「湯醉鄉」，跨越地下兩層，面積非常之寬闊，睡湯，藥湯，桑拿室等應有盡有，最特別是24小時都可入浴。除了室內浴場，當然不少得露天溫泉。露天溫泉同樣設於地下兩層，開放時間為5:00am-11:00pm，置身其中，感受定山溪谷一年四季變化多端的自然美景，絕對是人間一大樂事！

露天溫泉

新大樓的屋頂露天泳池。

和室

INFO

🏠 北海道札幌市南區定山溪溫泉東2丁目111 | ☎ 011-598-3339（受理時間 9:00am-7:00pm）| 💲 雙人房間(1泊2食)每人￥20,200 起 | 🌐 www.jozankeiview.com

別看小這個像室內版的水上樂園，這裡其實有一個超勁的人工滑浪池，可以訓練你成為 Beach Boy！

不能走寶
水之王國

🚕 豪景酒店新館

館內設有兒童淺水區，最啱一家大細一起嬉水。

滑水梯長50米，大人也會感到刺激。

擁有 18 項玩水設施的水之王國，就在豪景酒店新館內。忘記帶泳衣或要租用水泡玩滑梯的朋友，可在入口處購買及租借。全場最好玩的滑浪池，每小時開動2次，每次10分鐘，開動時間分別在正點及30分鐘，遊客只須花 ￥500 租用滑浪板便可試玩這個難得一見的人工滑浪池。

水之王國左側為步行全湧池，千萬別要錯過，它的水力可將整個人浮起，據聞更可打通腳底的穴道！

按摩池噴力強勁，令人疲勞全消。

🔗**INFO**

🕐 2:00pm-9:00pm; 周六、日 :10:00am-3:00pm | 💲 大 人 ￥ 2,000、小童 ￥ 1,500；日り溫泉套票適用 | 🌐 https://www.jozankeiview.com/pool/

影相發燒友必去
定山溪神社 Map 5-2 / F4 (05)

🚕 東急巴士「定山溪神社前」站下車,沿馬路徒步約3分鐘

秋天的紅葉及冬天的白雪成為此神舍的招牌風景。神舍在明治44年9月6日創立。為拜祭大山祇神而建。

INFO

🏠 定山溪溫泉東3丁目 | 🕐 定山溪觀光服務中心(9:00am-5:00pm)

(06) Map 5-2 / D4

無料河童手湯
洗手泉

🚕 東急巴士「定山溪神社前」站下車徒步約2分鐘

北海道的定山溪溫泉處處可見河童像,此地是日本推廣河童文化一大勝地。就在章月飯店的門前,有一所免費溫泉,由四隻小河童幫手,十分攪笑!正面左面是媽媽,右面是爸爸,在澡盆裡是孩子們。開始合起手給爸爸敬意,其次用水舀子把開水倒入孩子河童的頭內。連倒3次的話孩子河童像開水變得滿。繼續從孩子河童的口溢出的開水弄潔淨手。

INFO

🏠 定山溪溫泉東3丁目 | 🕐 24小時

定山溪必遊景點 Map 5-2 / D4
定山源泉公園 (07)

🚕 東急巴士「湯之町」站下車,走回頭路經月見橋即達

這就是發現定山溪溫泉的定山和尚紀念之地,每一個景點都會有一個小河童的標示。這個公園供奉著僧人定山之像,於2006年開放給遊人免費使用。

內裡有足湯、膝湯及腳湯,但都不敵寒冷的下雪天——冬天會結冰而暫停使用。

INFO

🏠 定山溪溫泉東3丁目 | 🕐 7:00am-9:00pm

風景絕美
月見橋

Map 5-2 / **C4**

08

🚕 東急巴士「湯之町」站下車，走回頭路約 2 分鐘即見

月見橋在溫泉街中心。起源於明治4年(1871年)，歷經五次改橋，現長37.8m、寬15.5m。橋邊有兩隻有趣的河童守護著此橋，是去岩戶觀音堂及二見公園必經之路。

橋上這隻河童造型騎呢，到底它是否想扮 "8" 字呢？

INFO

🏠 定山溪溫泉西 3 丁目

三十三尊觀音助陣
岩戶觀音堂 **Map** 5-2 / **B3**

09

🚕 東急巴士「湯之町」站下車，向小山坡方向徒步約4分鐘

這間觀音堂是為了在小樽和定山溪道路施工中、不幸殉職的技術者和工人所設的慰靈而建立的。只要付￥300，就可在堂內進入超長的墜道，墜道洞窟的壁安置著33尊觀音像，你可任選觀音來參拜。這尊觀音都有個別的封号、如風觀音、雷觀音、光觀音、水、火、花、樹等。若想求籤的話，近門口處有一台日式自動求籤機，入￥100，看看公仔如何告訴你的運程吧！

自動求籤機。

INFO

🏠 定山溪溫泉西 3 丁目 | 🕐 7:00am-8:00pm | 💲 成人 ￥300；小童 ￥150

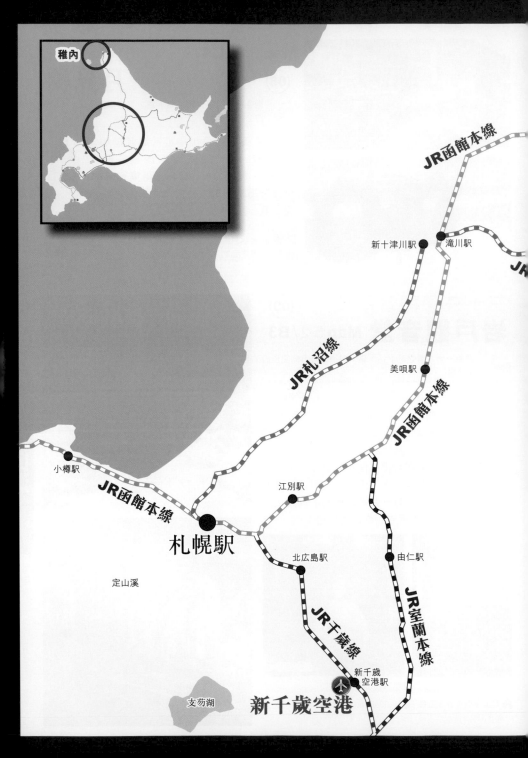

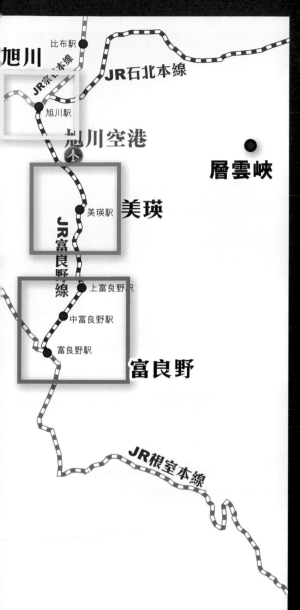

道北

星野	6-0
旭川	7-0
美瑛	8-0
富良野	9-0
層雲峡	10-0
稚内	11-0

星野

旭川

美瑛

富良野

層雲峽

稚內

星野 Tomamu

Google Map
下載

道北人氣景點
星野 TOMAMU 度假村

　　要前往星野TOMAMU度假村，便要TOMAMU(トマム)站下車，因為人流稀少，所以沒有職員駐守，日本人稱為無人車站，而車票亦需於車上購買。從札幌前往TOMAMU站，車程大約1小時35分鐘，最適合作兩天一夜的小旅行。

　　這裡一年四季都適合前來，除了可以登上海拔1,088米欣賞壯觀的雲海外，他們還有標高1,239米的滑雪場，提供大人與小朋友都喜歡的冬季活動。

火車資訊		
出發地	車程	車費
札幌	1小時40分鐘	￥5,550
帶廣	1小時	￥3,360
釧路	2小時30分鐘	￥7,460

🌐 www.snowtomamu.jp

乘搭度假村專車

　　星野TOMAMU度假村有提供專車接送服務，在抵達トマム站後，可在2號月台(札幌出發下車的月台是2號，從帶廣或釧路出發，下車的月台是1號)，在月台旁邊會有一間小屋，而度假村專車的司機，便會在這裡接待客人。由於來往トマム的火車班次不算多(平均一小時一班)，所以度假村會派司機在火車抵達時(以從札幌、帶廣、釧路的班次為主)前往接載乘客。如果發現抵達後司機仍未前來，可於小屋中打電話通知度假村。

【度假村內活動】

©Hoshino Resorts Tomamu

1 觀賞壯麗奇景
雲海

由於トマム處於特殊地理環境，所以一般不下雨的天氣都很容易看到雲海。度假村在海拔1,088米設了一個雲海展望台，客人可在清晨登上山頂，除了看到壯麗的雲海，更可以欣賞到漂亮的日出景色。從雲海展望台上，可以360度欣賞不同方位的雲海。展望台上附設CAFÉ，客人可以一邊賞雲海，一邊嘆咖啡。

度假村會安排專車於酒店門口接送客人到纜車站，詳情可於大堂查詢，建議乘最早的專車登山。乘搭登山纜車會獲發一張纜車券，而纜車券可當作明信片，客人可在山頂將明信片寄出留念。

INFO

雲海展望台 (UNKAI TERRACE 雲海テラス)
🕐 開放日期：5月至10月，纜車登山運行時間：5:00am-8:00am | 💲大人 ￥2,200，小童 ￥1,900 | 🌐 https://www.snowtomamu.jp/unkai_terrace/ | ❗開放日期和時間均因應天氣狀況而有所變更，請於出發前參考網頁

留意雲海預測資訊

度假村會於每日下午3時起，預測翌日雲海的出現機率，客人可於大堂及房內電視獲取資訊。客人於早上出發前，確定雲海出現機率，及纜車會否因天氣惡劣而停駛。

2 童話婚禮場地
水之教堂

晚上的水之教堂，客人都可以於晚飯後參觀。

日本著名的建築家安藤忠雄設計了一個「教會三部曲」系列，包括了大阪的光之教堂、兵庫的風之教堂及トマム的水之教堂。

水之教堂的建築概念，就是重新定義「神聖空間」。利用「從大自然中切割出的空間」的概念，運用自然中的四種重要元素「水、光、綠、風」與建築物互相銜接，從而使新人及賓客置身其中可慢慢的淨化身心，達到在神聖空間的效果。

水之教堂一年四季都會開放，主要出租予新人作婚禮場地。

INFO

水之教堂參觀資訊

🕐 晚間參觀：8:30pm-9:30pm | ⚠️ 白天教堂作為舉行婚禮場地不開放與公眾人士 | 🌐 https://tomamu-wedding.com/waterchapel/

3 冰天雪地暢泳
微笑海灘與木林之湯

微笑海灘(ミナミナビーチ)擁有全日本最大的室內人造波浪游泳池，一年四季都可以置身於熱帶的環境中，冬天的時候，泳池內有暖氣，客人可於泳池內欣賞到室外的雪景，同一時間感受兩種截然不同的氣氛。除了遊泳之外，場內更提供了一個設有550個噴氣口的SPA按摩池，也有在外國很受歡迎的水上滾筒，一家大小都可以在這裡享受各種水上玩樂設施。

木林之湯在微笑海灘的旁邊，日間可於露天浴池中聞著森林散發的氣味，晚間可一邊泡澡一邊欣賞天空上的繁星。冬天更可邊泡湯邊欣賞雪景。

4 一家大小都盡興 各式雪地活動

度假村設計了 NIPO TOWN 兒童滑雪場,「NIPO」是愛努語,意即「樹之子」有探險雪島、玩雪廣場和小朋友滑雪道等設施,小朋友可以在面積達6座東京巨蛋般大的地方,接受「滑降大魔神」的多項挑戰,讓滑雪項目不再是成年人的活動。

大人的活動也同樣多姿多采,度假村除了提供了專業的滑雪道之外,更有多項雪地活動,包括夜間雪地郊遊、雪地上騎馬、越野滑雪吃早餐和雪橇等,照顧到不懂滑雪的人之需要,所有人都可以在雪地上尋找到樂趣。

5 零下二十度體驗 愛絲冰城

度假村內的愛絲冰城,每一磚一瓦都由冰所建成,當中包括了冰之教堂、冰之餐廳、溜冰場和冰之酒吧等,特別對於生活在亞熱帶氣候的人來說,這裡肯定是個非一般的體驗。

INFO

🕐每年 12 月 31 日至翌年 3 月上旬,5:00pm-10:00pm(最後入場:9:30pm) |💲 ￥600

星野
旭川
美瑛
富良野
層雲峽
稚內

星野

旭川

美瑛

富良野

層雲峽

稚內

【客房住宿】
THE TOWER 塔娃大飯店

雲套房

THE TOWER已經成為了星野TOMAMU度假村的地標，從トマム車站乘車過來的時候都已經看見。兩座大樓各有36層，共有765間客房。客房分為雙人房及家庭4人客房。THE TOWER在度假村的中心位置，前往其他活動地點及餐廳都十分方便，而在各個場地之間，都建有有蓋通道連接。這兩座大樓曾在2006年請來兩位知名的歐洲建築師ASTRID KLEIN及MARK DYTHAM重新設計，並進行大規模的改裝，外牆用上了象徵森林的綠色、代表春秋兩季的花朵與果實的紅色，展現出トマム四季不同的樣貌。

客房價格分為1泊朝食(只包早餐)、1泊2食(包早、晚餐)，建議選擇1泊2食，因為度假村附近沒有餐廳，如自費餐飲價格相對較高。而夏季旺季跟冬季大概相差2,000日圓左右。

住客每人都可獲發一張木林之湯與微笑海灘的入場券。纜車券則要自費購買，如果房價包含了餐點，入住時會獲發餐飲券。

RISONARE TOMAMU

RISONARE 以高級客房為主，共有200間房間，每間客戶面積達100平方米，而且均配備大型SPA按摩浴池與蒸汽室，實現了「高優質家庭旅行」的概念。這邊比較遠離中心區，喜歡寧靜的人最適合不過。房價由¥27,400起，但只包括早餐，其他餐飲需要自費。

每間客房都有大型SPA按摩浴池。

【餐飲介紹】

度假村內提供了多間餐廳，提供了日式、意式、輕食等各款美食，讓客人在享受假期時無須為餐飲而煩惱。

自助餐廳 hal

hal位於Alpha Tomamu，亦即是晚上參觀水之教堂的集合處。「hal」一詞本身是愛奴語，意思是「自然恩賜的食材」。餐廳內全部用上北海道產的食材，每天均用新鮮材料烹調出各款北海道美食。如果參觀水之教堂，可以在8:00pm後才用餐，晚餐最後入場時間為8:30pm，9:00pm完結。

Yukku-yukku 意大利餐廳

雖説是意大利餐廳，但同時也以咖啡店的形式營業，提供下午餐時段，可以在此享用香醇的咖啡。這裡最特別的是提供多款專業的望遠鏡及觀星用望遠鏡，客人可於晚上一邊享用咖啡，一邊觀賞北海道夜空的星星。

Nininupuri 森林餐廳

Nininupuri 森林餐廳也是自助餐廳，最特別的是從落地玻璃看出去，便是一大片森林，冬天的時候，還可以看到白雪覆蓋森林的壯觀景色。此外，這裡有很多兒童餐點，最適合一家大小而來。這邊比較近纜車站，所以很多人會在看完雲海後，來這邊吃早餐。早餐入場時間：6:00am-8:30am，晚餐入場時間：5:30pm-9:00pm。

旭川
Asahikawa

北海道第2大城

旭川 Asahikawa

拉麵之城

　　旭川位於北海道正中，是去富良野及美瑛觀光必經之地。旭川最著名的是旭山動物園。此外這裡有「藝術之城」之稱，到處是噴泉和城市雕塑。這裡還是拉麵之城，拉麵店多不勝數，間間生意興隆。

對外交通

旭川空港至市區

　　到埗後，可選乘機場巴士至 JR 旭川**駅**。　車程約約35分鐘，車費¥750。發車時間已配合航機著陸時間，讀者放心好了！　　　　　　網頁：https://www.aapb.co.jp/ch/

札幌至旭川

JR 列車

　　JR 函館本線 (普通車) 單程車費￥2,860；JR ライラック 11号 (旭川行) 車費￥5,220。

巴士

　　於 JR 札幌**駅**前巴士總站乘坐「中央巴士」前往旭川中央巴士總站，單程車費為￥2,800，來回￥4,350，每小時2-3班，全日約有40班次；車程約為2小時。

網址：www.chuo-bus.co.jp/highway/course/asahikawa/index.php

美瑛、富良野至旭川

往來旭川至美瑛的 JR Norokko 號

　　夏季來訪時，遊客可以選乘 JR Norokko 號，每日對開一班，但到達旭川時已是5:46pm，請自行決定；平日則可以選乘 JR 富良野線由 JR 美瑛**駅**或富良野**駅**至旭川**駅**，車程 (富良野：1小時13分鐘；美瑛：36分鐘)，車費為 (富良野：￥1,490；美瑛：￥640)。

JR 富良野線普通列車時間表

富良野開	5:58	6:48	7:24	8:12	10:01	11:42	13:16	15:42	16:55	17:55	18:16	20:44
美瑛開	6:39	6:55	7:40	8:01	8:45	9:52	10:38	11:48	12:25	13:10	13:59	15:31	16:28
	17:22	17:38	18:38	19:52	20:36	21:15	22:36	＊紅字代表假日停開，以上資料截至2023年5月

　　除了 JR 列車外，遊客亦可乘坐往來富良野、美瑛至旭川的「高速薰衣草號」巴士，雖車程較長 (富良野：1小時30分鐘；美瑛：50分鐘)，但可省下搬行李之苦。

市內交通

巴士

　　旭川市區與郊區各景點之間的交通主要由巴士連接，最主要的乘車地點是旭川車站前的巴士總站及中央巴士站。由於旭川市主要景點多集中於 JR 站附近，徒步前往已經足夠。

道北巴士網頁：www.dohokubus.com

旭川電氣軌道巴士網頁：www.asahikawa-denkikidou.jp

旭 川 人 氣 手 信

北海道出產的手信選擇多如繁星，令人欲罷不能！旭川也有不少當地製造的特色茗菓及名釀，以下為大家整理出旭川的經典人氣伴手禮。

(a) 壺最中

壺形的脆皮外殼，裹著軟綿的豆沙餡，按季節更換口味，例如四月會推出櫻花口味。

(b) 黃金蘋果

是紀念天皇到北海道植樹的出品，海綿千層蛋糕內餡包著蘋果肉，真空包裝，方便送禮。

(c) 藏生

(d) 男山純米大吟釀

男山的代表作，使用了精米度38%的山田錦，帶有蘋果、梨、香蕉等果香。

使用北海道產的小麥製作，曲奇餅中間包著朱古力，是必買名物之一。

(a) (b) き花の杜（壺屋総本店）
誕生於旭川的壺屋，其招牌產品「壺最中」，80多年來保留傳統製法。
地址：旭川市6条19丁目
交通：JR旭川駅搭旭川電気軌道33號巴士，於南6条19丁目站下車

(c) The・Sun 蔵人
旭川著名的菓子工廠，創業於1940年，復古的石屋位於小山丘上，可以品嘗到剛出爐的饅頭，並提供試食及免費咖啡。
地址：旭川市神楽岡8条1丁目
交通：JR旭川駅搭旭川電気軌道33號巴士，於南6条19丁目站下車

(d) 男山酒造り資料館
代表旭川地區的知名酒廠，是江戶幕府的官用酒，前身為山崎釀酒廠，於1968年改名為男山。
地址：旭川市永山2条7-1-33
交通：道北巴士「男山公園」下車即到

Map 7-3
旭川

A
B
C
D

7条昭和通

6条9

Google Map
下載

5条通

大体寺

ホテルろしシセ旭川

238

4条通

3条通

昭和通

旭川三六街

平和通

緑橋通

2条通

H

A.s.h

Feeeal

北

JR函館本線

JR旭川駅

JR宗谷本線、石北本線

JR富良野線

道北巨無霸百貨公司
AEON Mall 旭川店

Map 7-3 / **B5**

(01)

🚕 JR 旭川駅旁

星野

旭川

美瑛

富良野

層雲峽

稚內

旭川站是道北交通的樞紐，怕等車百般無聊，一定要到旭川站旁的AEON Mall逛一逛。除了因為就腳，樓高四層的商場絕對是道北百貨公司的巨無霸，包括了食買玩各店舖，隨時玩到忘形錯過火車班次。

AEON Mall 樓層分布

1樓	美食廣場及超市
2樓	女士時裝
3樓	玩具、圖書、文具及家庭用品
4樓	餐廳、電影院及室內遊戲場

精　選　店　舖

KITA KITCHEN きたキッチン

精選了各項北海道的物產，特別又以旭川、旭川以北的「道北」地區的食材為主。

LUPICIA 茶店

這裡能買到的北海道限定茶款包括小妖精「KORPOKKUR」，是一款有著藍莓果和薰衣草的香氣，喝起來酸甜又水潤的一款紅茶。

INFO

🏠 旭川市宮下通 7 丁目 2 番 7 號 | 📞 0166-21-5544 | 🕐 9:00am-9:00pm | 🌐 https://asahikawaekimae-aeonmall.com/

Map 7-3 / **B4**　一路好玩
02 平和通購物公園

🚕 JR 旭川駅步行 3 分鐘

旭川市是北海道計札幌及函館後的第三大城市，而由旭川火車站延伸出去的平和通，更是該市食買玩的中心。從旭川車站到8條通的長約1公里，兩旁有大型購物中心，年輕人喜歡的專賣店，飲食店等。要喪食爆買，一條街已經應有盡有。

INFO
🏠 旭川市平和通

平　和　街　大　型　購　物　中　心

Feeeal旭川

結合 Feel 及 Real 的概念，打造出舒適的復合式商業空間。地下街云集北海道地道美食，不可錯過。

INFO
🏠 旭川市 1 条通 8 丁目 | 📞 0166-56-0700 | 🕐 10:00am-7:30pm

トーテム旭川（A.s.h）

除了購物消閒，這裡更不定期舉行藝術展覽，增添大家的收養。

源至名古屋的著名連鎖咖啡店コメダ珈琲店設於商場1樓。

INFO
🏠 旭川市 1 条通 7 丁目 | 📞 0166-29-7000 | 🕐 9:00am-5:00pm

星野
旭川
美瑛
富良野
層雲峽
稚內

窩心家庭式小店 Map 7-3 / C3
らぅめん青葉 ③

🚕 JR 旭川駅步行 10 分鐘

日本雜誌旭川Walker每年都會選出了旭川BEST60，而青葉經常入選前十名之內。青葉於1947年開始營業，是旭川最早的拉麵店，現在已經傳到第3代。這裡沒有連鎖拉麵店的氣派，倒有家庭式小店的感覺。他們的湯底十分講究，只會以魚、豬骨和利尻昆布等作湯底材料，因為湯底加了魚來熬煮，所以特別惹味。

INFO

🏠 旭川市二条通 8 丁目左 8 二条ビル名店街 | 📞 0166-23-2820 | 🕐 9:30am-2:00pm，3:00pm-5:30pm，周三休息 | 🌐 www5b.biglobe.ne.jp/~aoba1948/

Map 7-3 / C4 拉麵王者元祖店
④ 山頭火旭川本店

🚕 JR 旭川駅徒步約行 4 分鐘

山頭火拉麵店始祖本舖就在旭川，由創辦人畠中仁先生於1988年創立。最初麵店只有9個座位，獨沽一味只提供鹽味拉麵。開業不久，麵店即大獲好評，分店不但進佔北海道，甚至廣設於全日本，及後更分別在亞洲及北美各國開設分店，而且每間麵店門外總是大排長龍，成為日本飯食界的傳奇。而眾多口味，仍以鹽味及味噌拉麵最經典，也最受歡迎。

INFO

🏠 旭川市 1 条通 8 丁目 348 番地小竹本大樓地舖 | 📞 0166-25-3401 | 🕐 11:00am-9:30pm (最後點餐：9:00pm)| 🌐 www.santouka.co.jp

香味蛋是以秘製頭加叉燒汁煮成。

忘情豪飲 ⑤ Map 7-3 / D5
大雪地ビール啤酒館

🚕 JR 旭川駅徒步約 5 分鐘

只需￥2,000就可在90分鐘內任飲啤酒、清酒、雞尾酒及果酒等等，不勝酒力的遊人亦應一試店內的啤酒四天王套餐。一般三唥可喝完一小杯，酒精度為5-8%。筆者認為最好飲的啤酒是富良野大麦及大雪ビルスナ—啤酒，皆因兩者皆有濃郁的啤酒香味。店有英文菜譜可供選擇！

🏠 旭川市宮下通り 11 丁目 1604 番地の 1 | ☎ 0166-25-0400 | 🕐 11:30am-10:00pm | 💲￥1,000 左右 / 位 | 🌐 www.ji-beer.com

---

Map 7-3 / B4 ⑥
風味彈牙靚麵
梅光軒本店

🚕 JR 旭川駅徒步約 8 分鐘

創業已經40多年的老字號，憑著特製十多小時豬骨熬煮的湯頭加入魚高湯湯底加上自家製麵條，再加進蔥花、叉燒肉、筍干，極受當地人歡迎。梅光軒以灑滿蔥花的招牌拉麵最為特殊，屬於旭川正統的醬油拉麵，湯頭的顏色深，口味卻是相當清甜，將豬骨、雞骨、魚類與蔬菜等食材充分融合熬成高湯的成果，香味十足的口感讓人忍不住一口接一口。

🏠 旭川市 2 条 8 丁目買物公園「ビアザビル大樓」B1/F | ☎ 0166-24-4575 | 🕐 11:00am-3:30pm、5:00pm-9:00pm，周一休息 | 🌐 www.bai-kohken.com | 💲￥1,000 左右 / 位

星野
旭川
美瑛
富良野
層雲峽
稚內

Map 7-3 / **B2**

活海鮮直營店
食彩味三昧
⑦

🚗 JR 旭川駅徒步約 12 分鐘

食材以鮮度見稱,設有多款海鮮連任飲套餐,售價由 ¥4,500 起,二人以上便可落單。店內有中文餐單,對港人甚為方便。喜歡吃蟹亦可一試此店的蒸鱈場蟹或毛蟹。

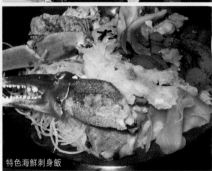

特色海鮮刺身飯

🏠 北海道旭川市四条通 7 丁目 | 📞 0166-25-2508 | 🕐 5:00pm-10:00pm | 💲 ¥4,500 左右 / 位 | 🌐 https://ajisanmi.owst.jp/

別有一番風味　**Map** 7-3 / **B2**
蜂屋五条支店
⑧

🚗 JR 旭川車站步行 12 分鐘

蜂屋老闆加藤枝直於1947年自學煮拉麵,然後把本為雪糕屋的蜂屋成功轉型,拉麵大受歡迎。這裡最人氣的是醬油拉麵(しょうゆラーメン),表面上平平無奇,不過湯底是自家配製,用上大雪山山水來煮麵,湯面上浮著一層薄薄的油,卻不油不膩,繼而飄來的是一股焦香的味道,有點像煮燶東西的味道。這股焦香的味道不是人人能接受,但如果想吃一碗獨特的旭川拉麵,可以來蜂屋試一下。

醬油拉麵,味道雖獨特,卻是很受旭川人的歡迎。

🏠 旭川市五条通 7 丁目右 6 | 📞 0166-22-3343 | 🕐 10:30am-7:50pm; 周四休息 | 💲 ¥750 起

日本100座最佳城市公園

常磐公園

Map 7-9 09

JR 旭川駅乘的士約 10 分鐘

被選入「日本100座最佳城市公園」之一，位於旭川中心的公園。公園內有圖書館，美術館，游泳池等各種各樣的設施，在天氣晴朗的日子很多家庭都會自帶食品來此。冬季冰雪節很多市民全家出動來看冰雕，雪雕。

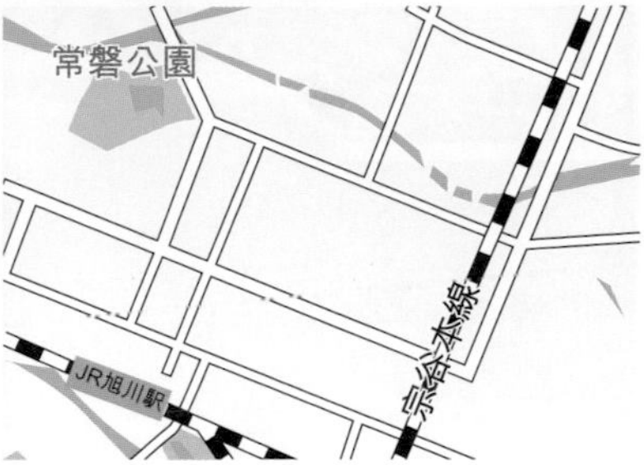

INFO

旭川市常磐公園

Map 7-9 10

鬼斧神工

旭川美術館

常磐公園內

旭川美術館坐落於美麗的常磐公園內，絕對稱得上地傑人靈。由於旭川的林木資源豐富，令這裡的木器藝術特別蓬勃。美術館除了展示作家收藏的木雕，工藝品以外，還舉辦介紹日本國內外美術作品的特別展覽會。

INFO

旭川市常磐公園 | 0166-25-2577 | 9:30am-5:00pm(周一休館) | http://www.dokyoi.pref.hokkaido.lg.jp/hk/abj/top.htm

星野

旭川

美瑛

富良野

層雲峽

稚內

最值得推薦的動物園
旭山動物園 ⑪

🚕 JR 旭川車站東口 6 號站搭乘 41 或 47 號巴士至旭山動物園巴士總站，車費每位￥500，車程約 40 分鐘

擁有40年歷史的旭山動物園，每年吸引超過300萬人參觀，門票收入亦高達17億日圓！看似風光，其實卻背負龐大的債務。10年前，旭山動物園曾經因為經營不善而瀕臨關門；為了吸引遊客再度光臨，園方舉債18億日圓大興土木，重新以讓參觀民眾都能貼近動物的前提來設計，增加許多讓人驚喜的參觀路線，隨即一炮而紅，成為日本超人氣動物園。這段傳奇過程已被拍成電視劇、更寫成《歡迎來到旭山動物園》一書。

旭川市

旭山動物園

動物園重點分為六部分，每個主題動物館幾乎都有迴廊跟隧道的設計，讓你不只是從欄杆中欣賞牠們，還可以近距離的看到他們的趣怪模樣！

東門

22 北海道小動物區

23 蜘蛛猴·水豚館

20 長臂猿舍

21 猴子舍

19 紅毛猩猩舍·紅毛猩猩館

18 麋鹿舍

17 黑猩猩館·黑猩猩之森

15 兩棲類·爬蟲類舍

13 漁鴞舍

25 動物資料展示館·動物圖書館

20 北海道產動物舍

14 丹頂鶴舍

12 蝦夷鹿之森

24 猴子山

9 小獸舍

10 雪鴞舍

11 狼之森林

8 小熊貓舍

7 北極狐舍

26 兒童牧場

戶外舞台

27 公雞·小鴨舍

5 北極熊館

6 猛獸館

26 第2兒童牧場

9 孔雀舍

4 海豹館

3 企鵝館

活動會堂

29 河馬館

30 長頸鹿舍

2 雀鳥村

西門

1 紅鶴舍

正門

圖片來源：旭山動物園網站

星野

旭川

美瑛

富良野

層雲峽

稚內

旭山動物人氣景點：

企鵝遊行

人氣十足的企鵝館，呆呆的模樣永遠獲得人們的喜愛。遊人可以行入水底玻璃隧道，看企鵝游泳姿態。冬天的重頭戲是企鵝遊行（約12月中旬至3月中旬），每天有兩次，分別在11:00am及2:30pm。遊客可以在幾乎觸手可及的距離，看企鵝搖搖擺擺的走過面前，但記緊不要太高興而觸摸企鵝呢！

園方在企鵝的手綁上頸圈，男左女右，藉由哪個塑膠圈，你便可以馬上分辨出公母。

北極熊館

　　這個北極熊專用的大型水箱，就花了7億日圓。巨大的身軀在水裡靈活至極，距離近得就像隔著水族箱看小丑魚！水裡的北極熊每每突然出現在離遊客超近的地方，又或從水中冒出，總是讓大家大嚇一跳。至於躺臥在冰上懶洋洋的北極熊，遊客可以透過特設的半圓玻璃觀賞罩，從近距離觀看牠們的一舉一動。

海豹館

　　海豹館花了6億日圓，館內一個有放大鏡效果的大水管通道貫穿於館內正中央，人群圍繞在大水管的四周，只要手中有相機的朋友，都一定舉機拍攝。海豹經常游出游人，在這裡你可以清楚看到海豹優美的泳姿，是必要的園內展館之一。

被欄杆隔著的巨大東北虎

猛獸館

老虎在籠裡也一圈又一圈的散步，彷彿是照著規定好的路線來走，毫不偏移，實在十分有趣。

綜合動物館

園內動物十分多，如長頸鹿、犀牛、河馬、水豚、鱷魚及蜘蛛猴等，多集中於此館。

INFO

🏠 旭川市東旭川町倉沼 | 📞 0166-36-1104 | 🕐 冬季開園
11/11/22-9/4/23 10:30am-3:30pm； 夏 季 29/4-15/10/23
9:30am-3:15pm;16/10-3/11/23 9:30am-4:30pm； 10/8-16/8/23
開至 9:00pm | 💲 成人 ￥1,000；小童 (中學生以下) 免費 | 📷
http://www.city.asahikawa.hokkaido.jp/asahiyamazoo/

美瑛
Biei

閒遊原野上

美瑛 Biei

　　美瑛可説是北海道的農產之鄉，一望無際的農田如波浪般展向遠方，簡直就像是大自然的拼布圖一般。因此排名全國前茅的著名美瑛單車徑就被名為「拼布之路」(Patchwork Road)！

　　春天遊美瑛可以見到罌粟；夏天是薰衣草、花海、麥田和草田的世界；秋季有波斯菊和向日葵等各式各樣的花海。冬天乘火車到美瑛，沿途雪景非常震撼，情侶同遊，實在難得的浪漫。如果能在七月到訪，美瑛簡直可媲美仙境。喜歡攝影的朋友可以影數百張相也未夠喉！就像當年(1971)攝影大師前田真三先生在美瑛拍了一幅名作「麥秋鮮烈」，使原本寂寂無名的美瑛震撼日本人心，也長留在你的心田！

對外交通

札幌、富良野至美瑛

　　由JR札幌馬尺乘坐JR函館本線至旭川，車程約1.5小時；再由旭川轉乘JR富良野線至美瑛，車程約35分鐘。

　　若計劃以富良野及美瑛同遊，可先遊富良野並於當地留宿，翌日以富良野為起點，乘JR富良野線（旭川方向列車）或巴士前來美瑛。富良野至美瑛交通，請參閱「富良野」交通篇。

「慢」遊富良野・美瑛 Norokko 號

　　夏季時，可於JR美瑛馬尺乘坐特別觀光小火車「Norokko 號」往富良野，透過特大的玻璃窗欣賞美瑛及富良野的風景。車內布置美倫美奐，更有小賣部，售賣紀念版的小火車模型及小食。此列車是以慢速來回「旭川 ─ 美瑛 ─ 中富良野 ─ 富良野」。詳情請參閱「富良野」交通篇。

市內交通

JR觀光巴士「美瑛號」

網頁：https://www.furanobus.jp/

行駛日期：6月10日至11日；6月17日至8月13日 每天　　**時間：**10:15am-6:00pm

票價：大人 ¥6,000、兒童 ¥3,000　　**出發地點：**JR富良野站

路線：出發(10:30)⇒富田農場(60分)⇒パノラマロード江花(車上)⇒千望峠(20分)⇒噴射之路(車上)⇒四季彩之丘(45分)⇒白金青池(40分)⇒白鬚瀑布(20分)⇒北西之丘展望公園(20分)⇒拼布之路(車上)⇒美瑛站(16:45，僅下車)⇒富良野站(17:30，僅下車)⇒新富良野王子飯店(18:00，僅下車)

※由於每年的行程或有若干變更，請於出發前參閱官方網頁以獲得最新資料。

星野　旭川　美瑛　富良野　層雲峽　稚內

市內交通

美遊巴士

對於一些不懂踏單車的朋友，選乘美遊巴士遊美瑛，實為另一個不俗的選擇。此觀光巴士含多個行程，不同日期提供的路線亦有所不同，詳情請參閱網頁。記住需事先預約，雖可當天購票，但客滿便無法乘搭。

＊以下行程起終點均為JR美瑛站附近的四季情報館。

網頁：https://www.biei-hokkaido.jp/zh_TW/cruise_bus/#cruise01

預約/購票方法：

1. 網上預約，於4日前申請。
2. JR北海道綠色窗口，須於2日前購票。
3. 當日於四季情報館購票。

【4-6月行程（28/4~8/6）】

成人￥2000，小學生（6-12歲）￥1000

I. 上午行程（9:45-12:20）

四季情報館→白金青い池→拓真館→新榮之丘展望公園

II. 下午行程（13:40-16:25）

四季情報館→白金青い池→Ken & Mary Tree→Seven Stars Tree→親子之木→北西之丘展望公園→美瑛選果

【7-8月行程（1/7~31/8）】

成人￥3,500，小學生（6-12歲）￥1,750（包括美術館入場費及飲品）

行程（12:00-15:30）

四季情報館→西美之杜美術館→四季彩之丘→後藤純男美術館

【6-9月行程（9/6~17/9）】

成人￥2000，小學生（6-12歲）￥1000

I. 上午行程（9:45-12:20）

四季情報館→白金青い池→四季彩之丘→三愛之丘展望公園

II. 下午行程（13:40-15:12）

四季情報館→北西之丘展望公園→親子之木→Seven Stars Tree→Ken & Mary Tree→ぜるぶの丘

III. 下午行程（15:30-18:05）

四季情報館→白金青い池→四季彩之丘→新榮之丘展望公園

【9-10月行程（18/9~8/10）】

成人￥2000，小學生（6-12歲）￥1000

I. 上午行程（9:45-12:05）

四季情報館→Ken & Mary Tree→Seven Stars Tree→親子之木→北西之丘展望公園→四季彩之丘→三愛之丘展望公園

II. 下午行程（13:25-16:20）

四季情報館→十勝岳望岳台→白鬚瀑布→白金青い池

※ 以上均為2023年行程，請於出發前參閱官方網頁以獲得最新資料。

北美瑛駅

拼布之路
北西之丘展望公園
聖台貯水池
新區画水壩
第五山

全景之路
美瑛駅

北

MAP 8-3A
美瑛町廣域

Google Map 下載

美瑛町

神社山
南山

熊見山

美馬牛駅

妙見山
大正山
朝日山
白金哥爾夫倶樂部

井牧山

14

12
美瑛自然之村露營場
白金野鳥之

日新水壩

17 **13**

日之出水壩

上富良野駅
日之出公園

MAP 8-3B
美瑛駅

15
1 JR美瑛駅 **2** **6**
3
5
4

富良野線

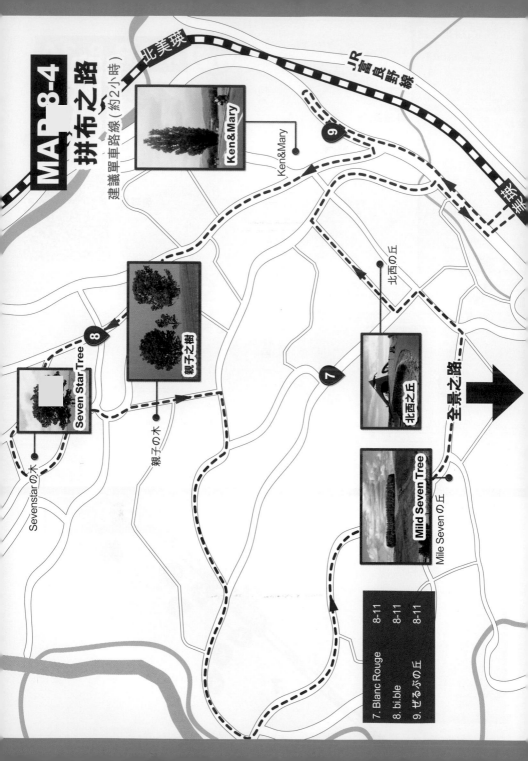

MAP 3-4 拼布之路

建議單車路線（約2小時）

北美瑛

JR富良野線

Ken&Mary

Ken&Mary

9

親子之樹

親子の木

北西の丘

Seven Star Tree

Sevenstarの木

8

北西之丘

7

全景之路

Mild Seven Tree

Mile Sevenの丘

7. Blanc Rouge	8-11
8. bi.ble	8-11
9. ぜるぶの丘	8-11

全景之路

MAP 8-5

全景之路

建議單車路線（約4小時）

JR美瑛駅

四季之橋(紅橋)

綠橋

丸山橋

16

新榮之丘

三愛之丘

11

千代田之丘
展望公園

JR美馬牛駅

拓真館

美馬牛學校

10

哲學之木

四季彩之丘

北

美瑛單車遊

美瑛兩大觀光路線
拼布之路／全景之路

美瑛駅有兩條主要的遊覽路線，分別是JR美瑛駅東南邊的「全景(Panorama)之路」及西北邊的「拼布(Patchwork)之路」，前者較多牧場及薯仔花田，因為平原較大，可以擁有180度的無敵景觀，所以名為「全景之路」；後者則在起伏的山丘上出現一格格的圖案，所以名為「拼布之路」。不懂踏單車的朋友，可以在JR車站包的士由司機帶路1小時遊一個course，收費每小時￥5,400，幾個

親子之木

人分擔也很划算。

一般來説，選乘單車遊的朋友，多會挑選其中一條來遊。在租單車的店子，職員可以幫忙保管行李，亦會給你一份很清楚的路線地圖，不會讓你迷路的。

［ パッチワークの路
拼布之路 ］

騎單車約2小時，沿途瑰麗的花田與波浪般的農作交錯，也有許多廣告拍攝的著名地點。

Mild Seven之丘——日本香煙廣告拍攝場地。

Ken and Mary之木——日本汽車廣告名景，名喚Ken and Mary的白楊樹取自於廣告片中的男女主角之名。

北西之丘展望公園——園內有薰衣草田和向日葵田，可登上造型獨特的三角形展望塔眺望貼布之路的風景。

パノラマロード
全景之路

騎單車約3小時30分鐘，寬廣無際的視野讓你體會天地的氣闊和不凡。路程比拼布之路更起伏難行，而且景點分散很遠，用單車前往會很費力，建議選擇乘坐觀光巴士。

美馬牛小學校——園內的尖塔為其特色，許多攝影愛好者喜愛來此捕捉夕陽西下的美景。

四季彩之丘——大門口的兩位「Roll君」可會是旅途上的重要icon。

哲學之木——它的形態就像一個孤單的哲學家，靜靜在諾大田野的一角沉思。

新榮之丘展望公園——為日本觀賞夕陽的首選地點，夏天園內開滿美麗的薰衣草、罌粟與向日葵。

包的士遊：

可直接向美瑛所有的士司機查詢，安排行程及時間

車費：
每小時￥5,400左右

【旅遊達人】美瑛單車遊須知

騎單車遊美瑛一直是最受歡迎的旅遊方式，但是因為沿途坡道非常多，自問是養尊處優一族的你，可租較省力的電動腳踏車。雖然大家近來已經成為「格價專家」，可是在美瑛租單車則不用格價——因為各店租車的價錢為均一價，只是車款和店舖位置不同已！

電動單車租金（每日）

*電池續航力：一次充電後可行的距離

車款	租金(半日/全日)	電池續航力*	備註
A type	￥2,200/￥3,000	約3小時	適合半天行程
B type	￥2,500/￥3,500	約3小時	適合半天行程
C type	￥3,000/￥5,000	100公里(約5-6小時)	電池續航力超強 +7段變速，而且車齡較新，適合較長距離行程
E type	￥1,000(每2小時)	10公里(約1-2小時)	適合單車初哥體驗

A type

B type

C type

E type

【遊玩策略】

- 出發前宜先行為你的大件行李作打算。如來回經札幌，可把行李寄存在之前或之後住宿的酒店，只帶小行李前去遊玩。美瑛及富良野車站的儲物櫃數量及尺寸有限，未必有空的儲物櫃，故不建議帶大行李到富良野或美瑛同行。
- 女士盡可能選租電動型單車，以減省體力消耗。
- 離開租單車店前必須先檢查單車，如剎車掣及車軟是否夠氣。
- 停放單車休息時，記緊將單車上鎖（所有單車均附有防盜鎖）。
- 如有大型行李，可存放於四季情報館；不貴重的小型行李，可以放在租單車店，他們都會免費代客保管行李。

- 記得帶備足夠食水，因沿途也甚難找到商店購買飲品！
- 美瑛及富良野等地夏天時陽光極度充沛，記緊戴上太陽帽、濕毛巾（以密實袋袋好）及定時塗上防曬用品，以免曬黑或曬傷。

ガイドの山小屋
- 交 JR美馬牛駅前徒步1分鐘
- 地 上川郡美瑛町美馬牛南1丁目5-52
- 電 0166-95-2277
- 時 8:00am - 6:00pm
- 網 http://www.yamagoya.jp/renta/
- 註 提供免費物件寄存服務

星野
旭川
美瑛
富良野
層雲峽
稚內

日本車站百選美景
JR 美瑛駅
MAP 8-3B ①

　　美瑛駅由風格獨具的美瑛軟石砌造而成，80年代就已經在山口百惠的廣告片中出現，雖然於1987年經過改建但仍保有傳統風貌，相當具有地方特色，自然散發的古樸感和美瑛優雅氣質非常匹配，還被列為日本車站百選之一。

　　這個小鎮人口不多，街道寬敞而筆直，沒有超過三層的樓房，每棟都是經過細心布置的小洋房，整個小鎮散發一股緩慢休閒的步調，來到這人們都不自覺放慢腳步，彷彿時間在這裡也變的慢了起來。

INFO

🏠 美瑛町本町 1 丁目 JR 美瑛

② **MAP** 8-3B

必定要到的觀光案內所
四季情報館

館內除了有旅遊情報外，亦有當地的紀念品發售，值得一到。

🚕 JR 美瑛駅旁，徒步約 1 分鐘

　　館內有大量關於美瑛的旅遊資料免費派發，另有洗手間、免費上網及手機充電等服務，內有大型投幣儲物櫃，可以將你的大件行李暫存。館內地方頗大，而且不時舉行畫展，另設有多張長枱，供遊客使用。除資料外，館內不時舉行關於美瑛的攝影展，還設有當地特產發售。

INFO

🏠 美瑛町本町 1-2-14 | 📞 0166-92-4378 | 🕐 11-4 月：8:30am-5:00pm(7-9 月至 7:00pm、6 月及 10 月至 6:00pm) | 🌐 www.biei-hokkaido.jp

---

租單車便利店
UNO 宇野商店
MAP 8-3B ③

🚗 JR 美瑛駅旁，徒步約 1 分鐘

　　春夏秋天遊美瑛，最佳方法是踏單車（冬天不提供租單車服務，只可租車作自駕遊）。這裡的單車店，信譽良好及劃一收費。要以單車遊拼布之路和全景之路，基本上可以在兩至三小時內遊畢。可是在大熱天時又要上坡下坡，的確有點吃力。

INFO

🏠 美瑛町本町 1 丁目 3-2 | 📞 0166-92-1851 | 🕐 7:00am-6:00pm

牛魔王必吃

MAP 8-3B
04 燒肉にしき

🚕 JR 美瑛駅徒步約 2 分鐘

美瑛食店不多，想食拉麵及 BBQ 烤肉，可惠顧此店。烤肉有多款選擇，每小碟由 ￥430 起，當然食烤肉就要豪飲啤酒才有日本旅遊 mood！

INFO

🏠 美瑛町榮町 1 丁目 4-2 | 📞 0166-92-5091 | 🕐 5:00pm-9:00pm，周一休息 | 💲 ￥2,000 左右 / 位

夜晚好去處

飲み食い處 きむら屋

MAP 8-3B 05

🚕 JR 美瑛駅徒步約 2 分鐘

開業於1984年，為當地居民常去之居酒屋。此店出名在炸墨魚、炸魷魚及炸蝦等。大部分以小吃拌啤酒為主，不會吃得太飽。

INFO

🏠 美瑛町榮町 1 丁目 | 📞 0166-92-3660(需預約) | 🕐 5:00pm-10:30pm；周日休息 | 💲 ￥2,000 左右 / 位

老字號食店

06 MAP 8-3B そば天

🚕 JR 美瑛駅徒步約 2 分鐘

此為當地出名老店，開業於1964年，以天婦羅日式涼麵、及手打蕎麥麵為主打菜。要留意，店家每每以當做的蔬菜做天婦羅，所以落單時，應叫季節料理為佳。

天婦羅配手打蕎麥麵 ￥800
天婦羅炸得香脆，不太油膩，蕎麥麵麵身滑而彈牙，屬水準之作。

INFO

🏠 美瑛町本町 1 丁目 3-16 | 📞 0166-92-1463 | 🕐 11:00am-2:30pm，5:00pm-10:30pm；周日及假期只提供午市 | 💲 ￥800 左右 / 位

在森林和原野 **MAP** 8-4
Blanc Rouge ⑦

 JR 美瑛駅乘單車約 20 分鐘

隱藏在美瑛叢林間的 Blanc Rouge，外形以紅白配色，仿似一間童話小屋，且四季各有不同景致。這裡以西菜為主，其中的燉牛肉更是必試佳作。牛肉以洋蔥、芹菜等蔬菜及紅酒燉煮，香濃味道令人難忘。此外這裡的麵包都是採用美瑛產小麥粉來自家製作，處處可見店家愛護這片土地的心思。

INFO 🏠 上川郡美瑛町大村村山 | 📞 0166-92-5820 | ⏰ 7-8 月 11:00am-7:30pm (晚餐需預約)、9- 次年 6 月 11:00am-5:00pm、周四休息 | 🌐 http://biei-blanc.sakura.ne.jp/

⑧
MAP 8-4

美食聖經
bi.ble

 JR 美瑛駅乘單車約 30 分鐘

bi-ble(ビブレ) 位於美瑛拼布之路內，同系除了餐廳，也有培養料理人的「美瑛料理塾」。主廚鈴木俊之曾在札幌法國料理餐廳「 Presvert 」擔任主廚23年，對法國菜有深入研究，配合美瑛無比新鮮的食材，令你的味蕾徹底投降。食肆沒有菜單提供，完全由大廚發板，但保證不會令你失望。

INFO 🏠 上川郡美瑛町字北瑛第 2 北瑛小麦の丘 859-457 (舊北瑛小学校) | 📞 0166-92-8100 | ⏰ 4 月至 10 月 11:00am-4:00pm(午餐)、5:30pm-9.30pm(晚餐)，周二休息 ; 11 月至次年 3 月冬季關閉 | 💲 午餐 ￥ 3,200、￥ 4,200、￥ 6,400，晚餐 ￥ 8,500/ ￥ 11,000(需預約) | 🌐 http://bi-ble.jp/restaurant/

色彩花海 **MAP** 8-4
ぜるぶの丘 ⑨

山坡上的花田。顏色層次顯然易見。

 JR 美瑛駅沿國道 237 駕車約 5 分鐘

ぜるぶの丘是美瑛的花田農場，雖然面積不大，但勝在山巒起伏，容易找到高處清楚看到色彩斑斕的花海。園內商店有售賣美瑛種植的粟米薯仔，超甜超美味！

可乘坐高球車遊覽公園一周，￥500。

INFO 🏠 上川郡美瑛町大三 | 📞 0166-92-3160 | 💲 免費 | 🌐 biei.selfip.com/

坐直升機睇花
四季彩之丘

MAP 8-5 ⑩

🚕 JR 美馬牛駅徒步約 25 分鐘，或騎單車約 10 分鐘

佔地超過7公頃的四季彩丘，最搶眼的必定是大門口的兩位「Roll君」稻草門神。山丘上種滿了30多種不同的鮮花，如果懶得行可以乘園內的拖拉車巴士「NOROCCO號」，車程連拍照時間共15分鐘，讓你輕鬆盡覽這裡的美景。

「Roll君」是四季彩丘的標記。

園內種了不同顏色的鬱金香，甚受遊客歡迎。

園內開滿了向日葵，好不壯觀。

INFO

🏠 上川郡美瑛町新星第三 | 📞 0166-95-2758 | 🕐 4-5月、10月 9:00am-5:00pm，6-9月 8:30am-6:00pm，3月、11月 9:00am-4:30pm，12-2月 9:00am-4:00pm | 💲 免費，拖拉機巴士成人 ￥500，小童 ￥300 | 🌐 www.shikisainooka.jp

---

就算到訪時花未全開，但從山上可看到一片綠油油草地，也確是心曠神怡。

MAP 8-5　盡覽美瑛丘陵美景
⑪ **新榮之丘展望公園**

🚕 JR 美馬牛駅乘的士前往

新榮之丘是大部分租單車遊美瑛的遊客中途休息站，站在山丘上，可把美瑛高低起伏、層次分明的丘陵景色盡覽無遺。觀光季節時非常擠逼，建議在早上到訪，可避開人潮。但新榮之丘是日本觀看日落的有名勝地，黃麥穗和綠坡地一塊塊的穿差交接而形成特別景觀，在夕陽下演變而成的色彩，必定長留遊人的腦海裡！

園內最靚的就是這顏色繽紛的羽扁豆。

INFO

🏠 上川郡美瑛町美馬牛新榮 | 📞 0166-92-4378 | 🕐 24小時（免費入場）| 🌐 www.biei-hokkaido.jp

藍光水池
白金青い池 ⑫

MAP 8-3A

🚗 JR 美瑛駅乘的士約 20 分鐘

　　白金青い池位於美瑛町的東南部白金區，青池以其青色的水池顏色而著稱，令人仿似置身仙境。原來水池不是產自天然，而是地方政府在1988年，為了防止十勝岳爆發後的堆積物產生火山泥流的災害，在美瑛川建設的人工水池。據說水池呈現美麗的青藍，是因為水中含鋁的關係，所以池水只可遠觀，不要落手接觸為妙。

秋天紅葉季期間一樣美得像仙境。

青い池附近的道路休息站「白金ビルケ」。出售青い池限定手信。

INFO

🏠 上川郡美瑛町白金 | 📞 電話：0166-94-3355 | MAPCODE 349 568 888

8-13

年終無休　**MAP** 8-3A
白鬚瀑布　⑬

🚗 JR 美瑛駅乘的士約 20 分鐘

距離青い池不遠的白鬚瀑布 (白ひげの滝)，是北海道三大名瀑布之一。該瀑布算不上氣勢磅礴，但因為源自白金溫泉，所以就算在冬天山壁四處而白朦朦一片，但河水仍在山澗激射出來，蔚為奇觀。

由青い池通往白鬚瀑布的步道，沿途風光如畫。

INFO

🏠 上川郡美瑛町白金 | **MAPCODE** 796 182 604

在《來自北國》一劇中，長澤正美就做過這隻花紋水杯。

INFO

🏠 上川郡美瑛町白金 | ☎ 0166-94-3354 | 🕐 8:30am-5:00pm，周二休息 | 🌐 kaikukiln.com

MAP 8-3A　藝術手信
⑭　皆空窯

🚗 JR 美瑛駅乘的士前往

日本藝術家南正剛的工作和展覽室，店內主要售賣他創作的藝術小品。但因為日劇《來自北國》曾在此取景，所以吸引不少情侶來拍拖，劇中的彩紋杯這裡也有出售！

多樣化 cooking school
Hotel L'avenir ⑮ MAP 8-3B

 JR 美瑛駅沿向四季情報館方向步行 3 分鐘

美瑛的 Hotel L'avenir 將酒店與烹飪學校二合為一，於是除了投宿之外，你還可以在這裡以100%美瑛天然材料學做麵包、牛油、雪糕、烏冬、豆腐或薯仔年糕，有得玩又有得食。酒店位於 JR 美瑛駅旁邊，對於沒有租車或者不喜歡住民宿的遊客來説，絕對是一個又平又方便的選擇。

教室內的器材齊全，加上老師悉心指導，絕對不會失敗！(疫情期間暫停)

🏠 美瑛町本町 1-9-21 | 📞 0166-92-5555 | 💲 房價：雙人房￥7,500 起 | 🌐 www.biei-lavenir.com

房間面積不大，但看到那張大床已叫人欣慰。

MAP 8-5 一泊二食首選
⑯ 丘之宿 こえる

 JR 美瑛駅轉乘的士約 10 分鐘

在 JR 美瑛駅附近，房間闊落，膳食非常之好，和式晚餐連頭盤、火鍋等，共十多碟，豐富得很！

🏠 美瑛町大町 1 丁目 1-7 | 📞 0166-92-5531 | 💲 雙人房一晚￥15,994；包早及晚餐 | 🌐 http://www.biei-koeru.jp/

白金四季
Park Hills Hotel ⑰ MAP 8-3A

 JR 美瑛駅沿國道 966 向白金溫泉街方向駕車或乘的士約 25 分鐘

酒店位於山上，風景優美，酒店內提供溫泉，泉水來自北海道非常有名的白金溫泉，具美容及消除疲勞的功效，入住的女士們一定要試一試。

🏠 上川郡美瑛町白金溫泉 | 📞 0166-94-3041 | 💲 雙人房一晚約￥10,395(1 泊 2 食) | 🌐 http://www.biei-hotelparkhills.com/

富良野
Furano
薰衣草勝地

富良野 Furano

北海道最浪漫的地帶——富良野，地處北海道中心，是賞花勝地。絢麗而種類繁多的花朵覆蓋在富良野的土地上，無邊無際，美麗壯觀，並有「日本的普羅旺斯（原地為法國）」之稱；很多人已經將此地與紫色劃上等號，富良野就是永遠的薰衣草。

　　每年6月開始，不同品種的花海接力開放，一直到9月底為止，期間人潮最密集、最迷人的花景為7月中到8月初，此為一生人必要一看之絕景。大自然的鬼斧神工，處處慑人心神。若非親身所見，實在無法置信。

對外交通
札幌往返富良野

以薰衣草為主題的「Lavendar」號。

　　每年6月中旬到9月下旬，JR 都會開設一列名為「富良野薰衣草特急列車」（Furano-Lavender Express），直通札幌至富良野，車程約2小時，車票￥2,860，如乘坐指定席特急券另加￥2,360。

以濱茄為主題的「Hamanasu」號。

　　此外，乘客也可考慮購買「富良野・美瑛鐵路車票」，票價￥9,000（日本國內購買￥9,500），使用期限為4天，暢遊新千歲機場－札幌－小樽－富良野－美瑛－旭川之間的區域！可自由乘坐指定區域內的列車！

富良野薰衣草特急列車班次：

札幌→富良野

札幌	岩見沢	滝川	芦別	富良野
7:41開車	8:18開車	8:46開車	9:15開車	9:45抵達

富良野→札幌

富良野	芦別	滝川	岩見沢	札幌
16:51開車	17:19抵達	17:45抵達	18:16抵達	18:50抵達

JR 為薰衣草特急列車設計的兩款車票。

營運日期： 2023年6月17日至8月13日每天營運；
　　　　　　8月19日至9月24日逢周六、日及假日營運

相關網頁： https://www.jrhokkaido.co.jp/global/chinese/ticket/railpass/index.html#furano
遊客可於 Klook 或 KKday 等網站預購車票。

普通 JR 列車

其餘時間,遊客均要在 JR 旭川駅或滝川駅轉車:

JR 札幌駅 ➡ JR 旭川駅 ➡ 轉乘富良野線 ➡ JR 富良野駅
　　1 小時 25 分鐘　　　　　　　　　　1 小時 10 分鐘

JR 札幌駅 ➡ JR 滝川駅 ➡ 轉根室本線 ➡ JR 富良野駅
　　52 分鐘　　　　　　　　　1 小時 3 分鐘

中央巴士「高速富良野號」——札幌 <> 富良野

乘坐巴士可省卻轉車及搬行李之苦,最適合一家大細。由 JR 札幌駅前巴士站至 JR 富良野駅前巴士站,車程約 2 小時 30 分鐘,單程票價每位 ¥2,500;來回 ¥4,720,小童半價,全年開設。

「高速富良野號」時間表

札幌至富良野

JR 札幌駅前巴士站	富良野中央巴士站
8:50am	11:27am
10:40am	1:17pm
12:40am	3:17pm
2:40pm	5:17pm
3:50pm	6:27pm
5:10pm	7:47pm
6:40pm	9:17pm

富良野至札幌

富良野中央巴士站	JR 札幌駅前巴士站
7:00am	9:36am
8:30am	11:06am
10:00am	12:36am
10:00am	12:28pm
11:40am	2:16pm
1:20pm	3:56pm
3:00pm	5:36pm
4:50pm	7:26pm

網頁:https://www.chuo-bus.co.jp/highway/index.cgi?ope=det&n=9&t=173&o=2

富良野巴士「薰衣草號」巴士——旭川 <> 美瑛 <> 富良野

若由旭川出發,乘坐富良野巴士「薰衣草號」相信會是一個不錯的選擇。巴士除了會途經 JR 美瑛駅及富良野外,更會深入富良野王子酒店,對前往酒店附近滑雪場的朋友是最佳的選擇!

富良野巴士「薰衣草號」時間表
JR旭川駅至富良野

巴士站 / 班次	#1	#2	#3	#4	#5	#6	#7	#8
旭川駅前	9:30	11:00	12:15	13:40	15:30	17:15	18:15	19:40
旭川空港	10:10	11:40	12:55	14:20	16:10	17:55	18:55	20:20
美瑛駅	10:26	11:56	13:11	14:36	16:26	18:11	19:11	20:36
上富良野	10:46	12:16	13:31	14:56	16:46	18:31	19:31	20:56
中富良野	10:58	12:28	13:43	15:08	16:58	18:43	19:43	21:08
富良野駅前	11:21	12:42	13:57	15:22	17:12	18:57	19:57	21:22
富良野王子飯店	11:22	12:52	14:07	15:32	17:22	19:07	20:07	21:32
新富良野王子飯店	11:30	13:00	14:15	15:40	17:30	19:15	20:15	21:40

富良野至JR旭川駅

巴士站 / 班次	#1	#2	#3	#4	#5	#6	#7	#8
新富良野王子飯店	6:30	8:00	9:15	10:40	12:30	14:15	15:15	16:40
富良野王子飯店	6:38	8:08	9:23	10:48	12:38	14:23	15:23	16:48
富良野駅前	6:50	8:20	9:35	11:00	12:50	14:35	15:35	17:00
中富良野	7:02	8:32	9:47	11:12	13:02	14:47	15:47	17:12
上富良野	7:14	8:44	9:59	11:24	13:14	14:59	15:59	17:24
美瑛駅	7:34	9:04	10:19	11:44	13:34	15:19	16:19	17:44
旭川空港	7:50	9:20	10:35	12:00	13:50	15:35	16:35	18:00
旭川駅前	8:30	10:00	11:15	12:40	14:30	16:15	17:15	18:40

＊部分車站從略，以上資料截至2023年5月

單程車費 (￥)

	旭川空港	JR旭川駅
新富良野王子飯店	940	1,050
富良野王子飯店	940	840
富良野駅	790	900
中富良野、上富良野駅	690	800
美瑛駅	380	750
旭川空港		750

網頁：http://www.furanobus.jp/lavender/index.html

JR Norokko 號（夏季限定）通常是6至8月期間

　　美瑛跟富良野相連一起，遊覽時可以計劃合併於2天連遊。若時間充裕，又想體驗鄉郊的鐵道風情，首選是 JR 的 Norokko 夏季限定的「慢速觀光火車」！此車以柴油車頭推動，車速奇慢，但好處是車廂兩邊設有可以自由開閉的落地大型觀景窗，讓乘客可以在車上慢慢觀光沿途風光。除此以外，Norokko 號更會停靠夏季才開設的「JR 薰衣草田駅」，由此站前往富田農場只需徒步約7分鐘，十分方便！

JR Norokko 號時間表

旭川、美瑛至富良野

富良野方向	
Norokko 1號	旭川10:00開→富良野11:40到
Norokko 3號	美瑛13:08開→富良野13:59到
Norokko 5號	美瑛15:10開→富良野16:021到

富良野至美瑛、旭川

美瑛、旭川方向	
Norokko 2號	富良野11:53開→美瑛12:51到
Norokko 4號	富良野14:07開→美瑛15:02到
Norokko 6號	富良野16:11開→旭川17:45到

營運日期： 2023年6月10日、11日、6月17日至8月13日（每天）、2023年8月19日至9月24日（逢週六、週日及假日）

單程車費：
富良野~薰衣草田 ¥300
富良野~美瑛 ¥750
富良野~旭川 ¥1,290
*小童半費，如選擇指定席額外另加 ¥840

Norokko 號乘車證。

網址： https://www.jrhokkaido.co.jp/travel/furanobiei/train/index.html

全車有三個客卡，其中一卡是指定席。

車廂內有大窗方便欣賞風景。

市內交通

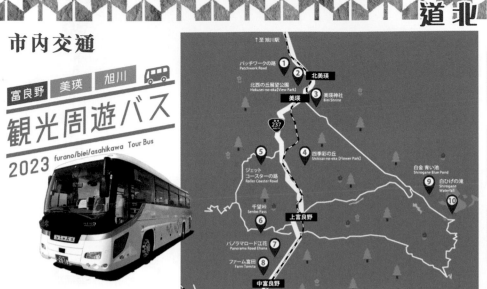

富良野 美瑛 旭川
観光周遊バス
2023 furano/biei/asahikawa Tour Bus

富良野、美瑛觀光周遊巴

　　該巴士會帶你去欣賞富良野和美瑛的重要景點，包括富田農場、白金青池、全景之路江花、四季彩之丘、雲霄飛車之路、白鬚瀑布、拼布之路、千望山脊、北西之丘展望公園和美瑛神社等，最啱不想自駕又懶做「功課」的朋友。

車費 成人￥6,000，兒童￥3,000

預約網站：https://www.furanobus.jp/furanopass/ticket/

詳細行程

①美瑛號・全景路線
【運行時段】6/10、6/11、6/17~8/13每天、8/19~9/30周末、祝日運行

上下車地點／景點名稱	注意事項／觀光模式
JR富良野車站（上車）	10:15
富田農場	下車參觀90分鐘
全景之路　江花	車窗觀看
千望山脊	下車參觀20分鐘
雲霄飛車之路	車窗觀看
四季彩之丘	下車參觀45分鐘
白金　青池	下車參觀40分鐘
白鬚瀑布	下車參觀20分鐘
北西之丘展望公園	下車參觀20分鐘
拼布之路	車窗觀看
JR美瑛車站（之後都可下車）	約16：45到達
JR富良野車站	約17：30到達
基線	約17：40到達
Naturwald富良野飯店	約17：45到達
新富良野王子飯店	約18：00到達

②旭川號・拼布之路路線
【運行時段】6/10~8/27每天、9/2~10/9周末、祝日運行

上下車地點／景點名稱	注意事項／觀光模式
星野度假村OMO7旭川	10:20
JR旭川車站前	10:40
旭川機場	11:10
拼布之路	車窗觀看
北西之丘展望公園	下車參觀20分鐘
雲霄飛車之路	車窗觀看
全景之路　江花	車窗觀看
富田農場	下車參觀80分鐘
白金　青池	下車參觀20分鐘
白鬚瀑布	下車參觀20分鐘
美瑛神社	下車參觀15分鐘
JR美瑛車站（之後都可下車）	約16：45到達
旭川機場	約17：10到達
JR旭川車站前	約17：40到達
星野度假村OMO7旭川	約17：50到達
Art飯店旭川	約17：55到達

MAP 9-6
富良野廣域圖

13

19

JR 上富良野駅

富良野線

中富良野 9-7

JR 西中駅

富田農場

JR 薰衣草畑駅
（臨時）

彩香之里

JR 中富良野駅

JR 鹿討駅

根室本線

富良野 9-8

JR 學田駅

JR 富良野駅

新富良野
太子酒店

根室本線

北

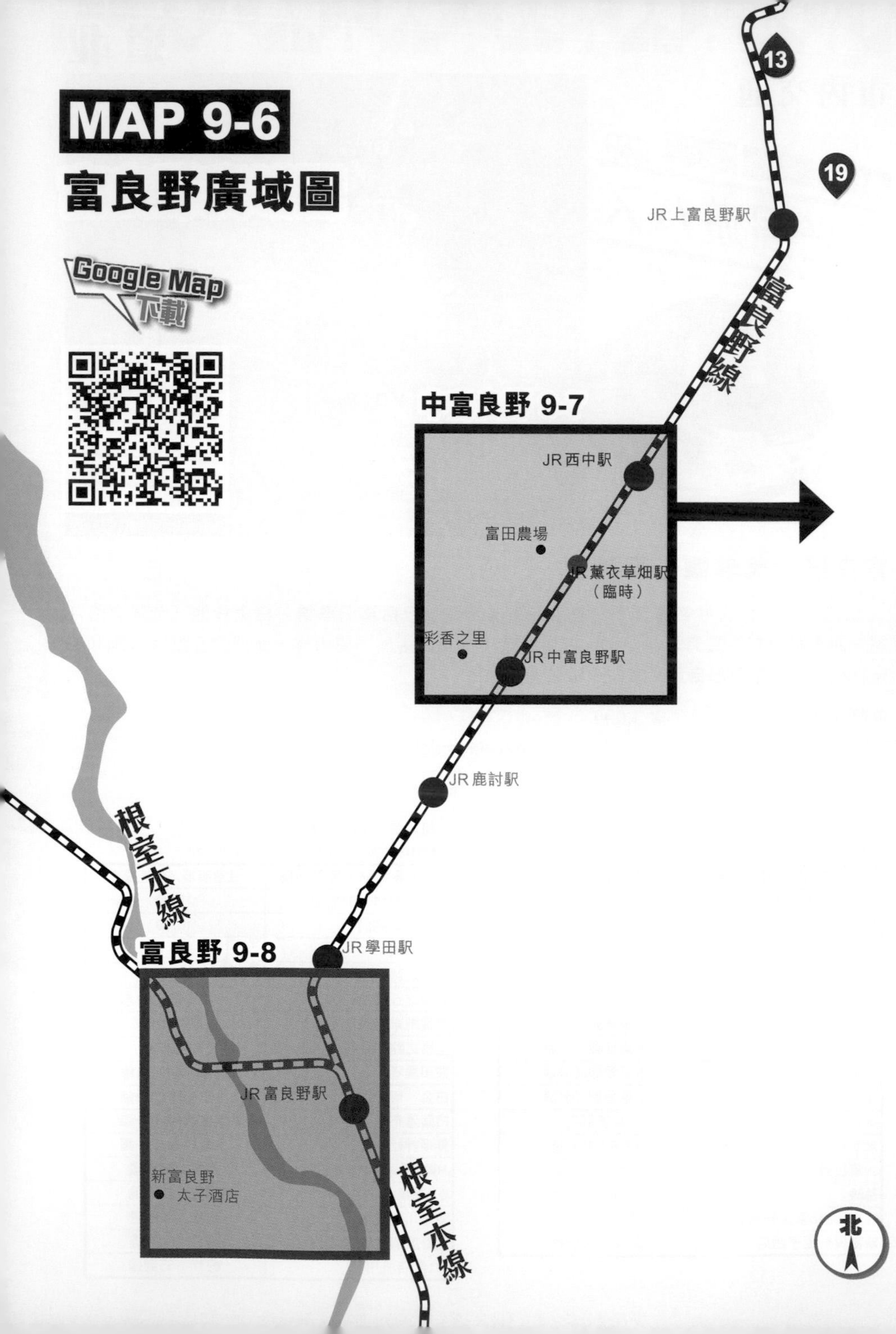

MAP 9-7

中富良野

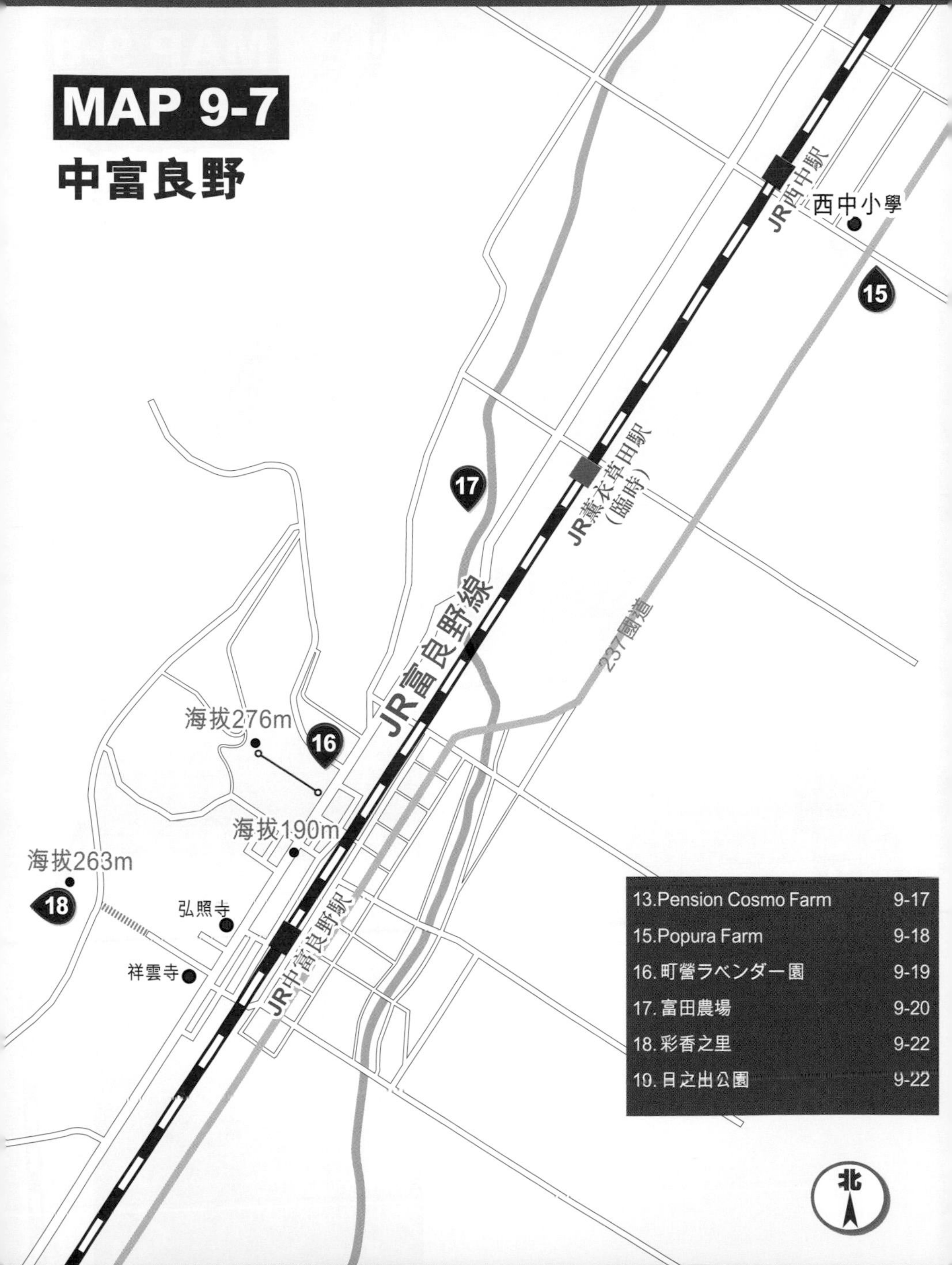

JR西中駅
西中小學
15
JR薰衣草田駅
（臨時）
17
JR富良野線
237國道
海拔276m
16
海拔190m
海拔263m
18
弘照寺
祥雲寺
JR中富良野駅
北

13.Pension Cosmo Farm	9-17
15.Popura Farm	9-18
16. 町營ラベンダー園	9-19
17. 富田農場	9-20
18. 彩香之里	9-22
19. 日之出公園	9-22

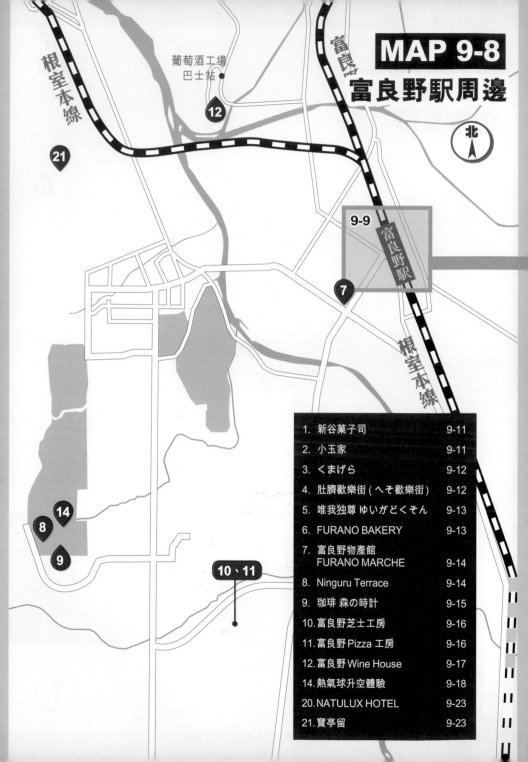

MAP 9-8
富良野駅周邊

根室本線

富良
富良

葡萄酒工場
巴士站

12

21

北

9-9

富良野駅

7

根室本線

14

8

9

10、11

MAP 9-9
富良野駅

1

20

三番舘

6

JR富良野駅

根室本線

日出之町

4

2

5

3

旅遊達人

JR 富良野駅交通工具接駁觀光巴士時間一覽

富良野觀光點較分散，以觀光巴士前往就最方便。編輯部特此以 JR 富良野駅為中心點，將由外地／其他觀光點到達 JR 富良野駅的火車／巴士及由此出發的觀光巴士／JR 列車時間表整合，以方便讀者計劃行程。

富良野駅開出 旭=旭川 札=札幌 美=美瑛

時間	往	路線
6:50	旭	＊富良野巴士「薰衣草號」
7:00	札	＊中央巴士「高速富良野號」
8:00	札	＊中央巴士「高速富良野號」
8:20	旭	＊富良野巴士「薰衣草號」
9:00	札	＊中央巴士「高速富良野號」
9:35	旭	＊富良野巴士「薰衣草號」
10:00	札	＊中央巴士「高速富良野號」
11:00	旭	＊富良野巴士「薰衣草號」
11:30	札	＊中央巴士「高速富良野號」
12:02	美	富良野・美瑛慢車號 Norokko
12:20	旭	快速富良野・美瑛號
12:50	旭	＊富良野巴士「薰衣草號」
13:00	札	＊中央巴士「高速富良野號」
14:04	美	富良野・美瑛慢車號 Norokko
14:30	札	＊中央巴士「高速富良野號」
14:35	旭	＊富良野巴士「薰衣草號」
15:20	札	JR 薰衣草特急火車
15:30	札	＊中央巴士「高速富良野號」
15:35	旭	＊富良野巴士「薰衣草號」
16:12	旭	富良野・美瑛慢車號 Norokko
16:30	札	＊中央巴士「高速富良野號」
16:51	札	JR 薰衣草特急火車
17:00	旭	＊富良野巴士「薰衣草號」
18:00	札	＊中央巴士「高速富良野號」

到達富良野駅 旭=旭川 札=札幌 美=美瑛

時間	開	路線
9:49	札	JR 薰衣草特急火車
10:43	札	＊中央巴士「高速富良野號」
11:03	旭	富良野・美瑛慢車號 Norokko
11:07	札	JR 薰衣草特急火車
11:12	旭	＊富良野巴士「薰衣草號」
11:58	札	＊中央巴士「高速富良野號」
12:00	旭	快速富良野・美瑛號
12:42	旭	＊富良野巴士「薰衣草號」
12:48	札	＊中央巴士「高速富良野號」
13:57	美	富良野・美瑛慢車號 Norokko
13:57	旭	＊富良野巴士「薰衣草號」
14:08	札	＊中央巴士「高速富良野號」
15:22	旭	＊富良野巴士「薰衣草號」
15:58	札	＊中央巴士「高速富良野號」
16:02	美	富良野・美瑛慢車號 Norokko
17:12	旭	＊富良野巴士「薰衣草號」
17:08	札	＊中央巴士「高速富良野號」
18:08	札	＊中央巴士「高速富良野號」
18:57	旭	＊富良野巴士「薰衣草號」
19:31	札	＊中央巴士「高速富良野號」
19:57	旭	＊富良野巴士「薰衣草號」
20:08	札	＊中央巴士「高速富良野號」
21:08	札	＊中央巴士「高速富良野號」
21:22	旭	＊富良野巴士「薰衣草號」

註：
1) ＊者為全年行走路線，其他交通工具均只在夏季行走，敬請留意。
2) 上述時間表每年均有差異，最新班次請以官網公告為準。

地方甜品名店
新谷菓子司

MAP 9-9 (01)

🚕 JR 富良野駅徒步約 4 分鐘

店主三代人皆造甜品,因此在當地享負盛名,是出名的手信店。每樣甜品,除可禮盒包裝外,更有散買服務,最出色的甜品為芝士餅,以當地農場直送牛奶製成,令人無法抗拒。(注意:此芝士餅需要冷藏,不能帶回香港做手信。)

富良野芝士批
¥1,650

富良野芝士蛋糕
¥1,080(6個)

INFO
🏠富良野市朝日町 4-7 | 📞 0120-86-6411 | 🕐 9:00am-7:00pm; 元日休息 | yukidoke.co.jp

除了堂食,2樓還設有和室包廂座

MAP 9-9 (02) 蕎麥麵專家
小玉家

🚕 JR 富良野駅步行 5 分鐘

富良野市地方不大,要找一間地方較「骨子」的食肆選擇不多,但小玉家肯定是首選。小玉家有三十多年歷史,以自家手打蕎麥麵聞名,菜單中以海鮮蕎麥麵最受歡迎,如扇貝天婦羅及大蝦天婦羅蕎麥麵等,其中大蝦天婦羅更是招牌菜式,蕎麥麵內充滿霸氣的巨型大蝦,一上菜便成為全枱拍攝的對象。

大蝦天婦羅蕎麥麵 ¥1,780

INFO
🏠富良野市幸町 5 1 | 📞 0167-23-1234 | 🕐 11:00am-8:30pm,周二休息 | 🌐 http://www.furano.ne.jp/kodamaya/

日劇人氣食堂
くまげら

MAP 9-9 **03**

🚕 JR 富良野駅徒步約 5 分鐘

因為日劇《從北之國開始》及《溫柔時刻》曾在此取景拍攝,而成為極之人氣的食堂,周末及假日等上一兩小時是平常。

和牛刺身飯 ¥2,100,原來是熱食的,味道很鮮美。

INFO

🏠 富良野市日之出町 3-22 | ☎ 0167-39-2345 | 🕐 11:30am-10:00pm(周三休息) | 💲 ¥2,200 左右/位 | 🌐
www.furano.ne.jp/kumagera

MAP 9-9
04

晚上好去處
肚臍歡樂街(へそ歡樂街)

🚕 JR 富良野駅徒步約 6 分鐘

一般遊客選在富良野過夜,都會於晚上空閒時間逛逛此酒吧街,內裡由十多間居酒屋、餐廳及酒吧組成。大多店舖營業至 9:00pm,已算是當地的「夜場」。歡樂街頭有一名店——魔女之湯,富良野的咖喱十分有名,加上特產馬鈴薯是必試的食物,而此店是以食湯咖喱出名,收費由 ¥1,000 起。

此店的咖喱湯十分有名,值得一試。

INFO

🏠 富良野市日之出町 12-29 | 🕐 12:00nn-2:00pm;6:00pm-9:00pm;周五休息

星野

旭川

美瑛

富良野

層雲峽

稚內

霸氣食店
唯我独尊 ゆいがどくそん

05 MAP 9-9

 JR 富良野駅步行 5 分鐘

「唯我独尊」單看店名，也感受到箇中的霸氣。食肆以咖喱飯馳名，雖然店名很猛，店內外的布置就更 raw 更粗獷。全店以木器為主，由枱椅、牆壁到餐牌都用了很多循環再用的元素。幸而食肆的出品卻是令人驚喜的細膩，無論蛋包飯或燉牛肉，配上店家自家產的秘方咖喱，香與滑完美混和，令人一試難忘。如果食客想重溫這滋味，臨走時還可購買燻製食品，把美味帶回家。

 INFO

🏠 富良野市日の出町 11-8 | ☎ 0167-23-4784| 🕐 11:00am-9:00pm，周一休息 | 🌐 http://doxon.jp/

MAP 9-9 06

麵包樂園
FURANO BAKERY

 JR 富良野駅步行 3 分鐘

富良野好山好水，孕育出最好的食材。FURANO BAKERY 標榜以在地出產的麵粉、牛奶以至雞蛋，每天新鮮烘焙令人唾涎的新鮮麵包。FURANO BAKERY 的老闆本身經營富良野牧場，麵包店直接使用牧場出產作材料，一條龍式產業確保食材的質素，難怪出品的麵包深受當地人歡迎。

INFO

🏠 富良野市本町 1-1FURANO201 ビル 1F | ☎ 0167-22-2629 | 🌐 http://www.fb-furano.com/furano_bakery/ | 🕐 9:00am-6:00pm(周日休息)

一站式選購富良野土產 ⑦ MAP 9-8
富良野物產館 FURANO MARCHE

🚗 JR 富良野駅步行 10 分鐘

富良野是北海道重要的農業基地，富良野物產館就是在地土產集中處，展銷超過數千種富良野一帶出產的特色土產。物產館分為多個區域，當中的「ARGENT」區主要銷售加工的農產品如奶酪、葡萄酒和調味料等。至於在「HOGAR」區，則可以找到當季最新鮮的蔬果食材，種類多達80多款。而物產館亦設多間食肆及兒童遊玩設施，服務細心又貼心。

INFO

🏠 富良野市幸町 13-1 | 📞 0167-22-1001 | 🕙 10:00am-6:00pm;10:00am-7:00pm (17/6-31/8);13-7/11 維修休館 | 🌐 http://www.furano.ne.jp/marche/

在真正的森林內 Shopping 感覺很新鮮

MAP 9-8
⑧ 工藝品市集
森林精靈的陽台
Ninguru Terrace

🚗 JR 富良野駅駕車約 10 分鐘

新富良野 Prince Hotel 裡的 Ninguru Terrace，是一條充滿藝術氣息的森林小村落，各木屋內售賣精心製造的精品，有音樂盒、時計、蠟燭、木刻擺設等等，不少工藝品都是這裡限定，市集到了黃昏更會亮起美麗的燈飾，華麗非常。

樹木年輪時計 ¥1,470

INFO

🏠 富良野市中御料新富良野 Prince Hotel 旁 | 📞 0167-22-1111 | 🕙 12:00nn-8:45pm；7-8 月期間開店時間為 10:00am | 🌐 http://www.princehotels.co.jp/furano-area/summer/ningle/

享受一刻的溫柔
珈琲 森の時計

MAP 9-8 ⑨

 JR 富良野駅開車約 10 分鐘

因為一套改編自日本作家倉本聰《溫柔時刻》的日劇，造就了這家在森林內的咖啡店，不但吸引戲迷，也吸引愛喝咖啡的人。這裡的即沖咖啡，會讓客人用咖啡磨把咖啡豆磨成碎粒，然後才沖泡成咖啡，非常獨特，而且店內收藏了不少古舊咖啡磨，相當罕見，從落地玻璃看森林的景色，絕對是享受咖啡的最好時光。

House Blend Coffee
人手滴鑪的咖啡非常香濃

落地玻璃可看盡森林的日與夜

INFO

🏠 富良野市中御料新富良野 Prince Hotel 旁 | 📞 0167-22-1111 | 🕐 12:00nn-8:00pm | 💲 House Blend Coffee ￥650 | 🌐 http://www.princehotels.co.jp/newfurano/restaurant/morinotokei/

星野
旭川
美瑛

富良野

層雲峽
稚內

即造即吃
親身體驗

MAP 9-8

工房內有多款特別口味的芝士，如這款「墨汁芝士」，香滑得來竟有點苦味，但出奇地好味！

富良野芝士工房 ⑩
(富良野チーズ工房)

🚕 JR富良野駅乘富良野巴士「芝士工房」觀光巴士直達，車費成人￥150，小童半價；專車只在7-8月行駛，詳見本章交通篇

　　富良野的牛奶舉國聞名，所以這裡的乳製品都是有口皆碑的。芝士更是富良野的特產，來到芝士工房更可以買到富良野特產的紅酒芝士和墨汁芝士，非常罕見。你更可以預約參與手工體驗工房「手製芝士」的課程。同時這裡亦設有手製牛油、麵包餅乾與雪糕的製作體驗課程。

洋蔥蘑菇Pizza ￥1,530/1個、￥410/1/4片，口感香脆，芝士味甚香濃。

⑪　**MAP** 9-8　**Pizza工房**
(ふらのピッツァ工房)

　　在芝士工房旁開設的Pizza工房，以芝士工房自行生產的水牛芝士和富良野的小麥製造pizza，完全是富良野製造（唯獨烤爐是來自意大利），雖然不設自製體驗，但可吃到富良野只此生產的水牛芝士，價錢又平，值得一試！

INFO

🏠 富良野市中五區　| 📞 0167-23-1156　| 🕐 4月至10月 9:00am-5:00pm，11月至3月 9:00am-4:00pm　| $ 免費入場；自製牛油、雪糕￥900、芝士￥1000；可即日參加　| 🌐 www.furano-cheese.jp

星野
旭川
美瑛
富良野
層雲峽
稚內

MAP 9-8 ⑫　　必食芝士火鍋

富良野 Wine House
(ふらのワインハウス)

🚕 JR 富良野駅轉乘的士車費約 ￥ 1,040；夏季（7 月 -8 月）可於 JR 富良野駅外乘富良野巴士「富田農場線」觀光巴士，於葡萄酒工場下車，詳情請查閱本章交通篇

　　葡萄酒是富良野的特產，無敵靚景餐廳，主要供應西餐，亦可以品嘗到富良野葡萄酒工場及果汁工場製造的紅、白酒及紅、白葡萄汁。

可媲美瑞士的水準，而且別具富良野的農村風味 芝士火鍋 ￥1,886。

INFO

🏠 富良野市清水山 | 📞 0167-23-4155
| 🕐 11:00am-9:00pm | 💲 免費入場 | 🌐
www.furano.ne.jp/winehouse

---

⑬　　　　　　　　如家般親切
Pension Cosmo Farm
(コスモス.ファーム)

MAP 9-6

設於 2/F 的房間，更可遠眺田野花間景色！

在這裡可以欣賞到十勝岳連峰的雄姿。

🚕 JR 上富良野駅下車，轉乘的士 5 分鐘

　　很有地道色彩的木屋 Pension，屋主夫婦十分親切，還講得一口流利英語，溝通很方便，膳食採用當地的新鮮素材，吃來很健康。

INFO

🏠 上富良野町西 2 線北 28 號 | 📞 0167-45-4995 | 💲 每人每晚 ￥ 7,400；包早餐 | 🌐 www.cosmos-farm.com

MAP 9-8

早起看靚景
⑭ 熱氣球升空體驗

 可安排專車接送

早上升空霧氣未散，景色有點迷幻矇矓；黃昏時則是日落晚霞，視乎你想看到甚麼樣的景色而對錶升升空吧！

富良野的夏天是個翠綠的世界，要從高處欣賞這片廣闊平原的景色，可選擇參加富良野的熱氣球升空體驗。升空活動在清早和黃昏舉行，雖然只是短短 5 分鐘的垂直升空，但整個十勝岳、大雪山和富良野市的全景都盡入眼簾！不過升空須視乎風速及天氣狀況，能否順利升空也要靠點運氣。

INFO

🏠 富良野滑雪場（A 點）或新富良野 Prince Hotel Picnic Garden(B 點) | 📞 Furnao Nature Club 0167-22-1311 | 🕐 夏季升空日期：4 月 29 日 -10 月 10 日（5 月只限周六、日），6:00am-7:00am；6:00pm-7:00pm(晚間升空只限 7 月至 8 月) | 💲 ￥2,700、小學生以下 ￥2,200、2 歲以下免費，升空體驗每程約 5 分鐘；另有 30 分鐘長途飛行於冬天 (12 月下旬至 3 月) 早上舉行，成人 ￥22,000，小童 (12 歲以下)￥15,000 | 🌐 www.alpn.co.jp

豪吃富良野蜜瓜
Popura Farm
MAP 9-7 ⑮

🚕 JR 西中駅向國道 237 方向徒步約 3 分鐘

在 Popura，只需要約 ￥1,400 便可以歎到半個富良野超甜蜜瓜，上面還有極濃牛奶味的雪糕，蜜瓜又甜又多汁。除了牛奶味，亦有十勝紅豆、蜜瓜與牛奶雙拼等口味。注意 Popura Farm 每年只於 4 至 10 月營業。

坐在國道旁吃蜜瓜，別有一番獨特滋味。

這個蜜瓜加軟雪糕的甜品叫「聖誕老人的鬍鬚」

INFO

🏠 中富良野町東 1 線北 18 號（國道 237 旁）| 🕐 4 月尾至 10 月 9:00am-5:00pm | 💲 聖誕老人的鬍鬚 ￥1,400 | 🌐 http://popurafarm.com

MAP 9-7 ⑯ 富良野小山
町營ラベンダー園

🚕 JR 中富良野駅經花人橋向上小斜坡的馬路直去，
途經弘照寺後一直徒步約 10 分鐘

此為地方政府開發的公園，夏天於佔地2.6公頃的山坡上種滿花卉。遊客可以乘坐全長300多米的吊椅上落山，來回收費￥300，你亦可捨登山吊車而拾級步行上山頂。若閣下平日訓練有素，約10分鐘便可徒步至山頂。上山後，你可以看到整個中富良野全景，甚麼煩惱事都可一掃而空。此地冬天則變成滑雪場，上山一看雪景，亦非常震撼，值得一遊。

INFO

🏠 中富良野町宮町 1-41 | 📞 0167-44-2123 | 🕐 全日開放 | 💲
入園免費；上山吊椅來回收費：成人 ￥300/ 位；小童 ￥200/ 位
| 🌐 www.f-la.info/farm/hokuseiyama.html

彩虹花田中，最大面積的是薰衣草。這片夢幻的紫色，一生人總要跟愛人看一次吧！

農場有個大溫室，保證遊人不論甚麼季節前來都有薰衣草看，總不會教人失望。

FARM TOMITA

全日本最出名的花場
富田農場 ⑰ MAP 9-7

🚗 JR 中富良野駅徒步約 25 分鐘；JR 於夏季會開設臨時站「薰衣草花田駅」，由此站徒步前往約 7 分鐘

　　每年5至10月，均是富田農場的賞花期，農場內的「彩色地毯」，隨著季節不同，種植的花草種類也不一樣。園內也分成五大花田區——花人之田、倖之田、春彩之田、秋彩之田和香水之田。

　　由於整個富田農場地形由高而低，所以站在高處，眺望下來，視野角度非常好，必能拍到出色的相片。

　　富田農場不收門票，而是靠一些薰衣草相關的商品作為收入。農場內還有蒸餾之舍、香水之舍、乾燥花屋和花人之舍等創新及多元化的經營方式研製各種相關薰衣草的產品如精油、蠟燭、香水、乾花、護膚品等等，應有盡有！記得一嘗獨特的薰衣草味雪糕。

ファーム富田

場內有大量薰衣草製成品，香水、乾花，甚至薰衣草味的軟雪糕都有！

花期於每年7月中旬至下旬左右。想影靚相就要夾好時間啦！

【農場小檔案】

農場主人富田忠雄先生為了生產天然香料，於1958年開始種植薰衣草，後來因為人工化學香料面世，薰衣草的銷路大減，附近的薰衣草農家也越來越少了，只有富田先生堅持繼續栽種下去。1976年，富田農場的薰衣草花田因為刊登在 JR 日本國鐵的月曆上而打響名聲，慢慢開始有觀光客來訪。

富田蜜瓜專門店

如果是在6至9月期間去富田農場，千萬不能錯過這直營店，店內有橙肉及青肉蜜瓜可供售賣，每小片￥250。蜜瓜非常清甜多汁，如喜歡吃蜜瓜，可以買一大個慢慢吃。

點揀靚蜜瓜？

遊客選購小片蜜瓜的話，是不能揀選的。因為店員會根據次序一件一件售買，確保食用擺放時間的一致性。至於想買一整顆蜜瓜的話，可以挑一些蒂部較硬的，以便可以帶回港享用；若想即晚食用，則叮選蒂部或底部較軟腍一點的。

INFO

🏠 中富良野町北星 | 📞 0167-39-3939 | 🕐 4 月中旬至下旬 9:30am-4:30pm，5 月至 6 月中旬 9:00am-5:00pm，6 月下旬至 8 月中旬 8:30am-6:00pm，8 月下旬至 9 月 9:00am-5:00pm，10 月至 11 月 9:30am-4:30pm，12 月至 3 月 10:00am-4:30pm | 💲 免費入場 | 🌐 www.farm-tomita.co.jp | 🚩 「JR 薰衣草花田駅」只讓觀光火車「Norokko 號」停靠，一般普通 JR 列車是不停站的

星野

旭川

美瑛

富良野

層雲峽

稚內

町內最大花園
彩香之里

MAP 9-7
⑱

🚗 JR 中富良野駅沿北星方向徒步約 20 分鐘（因彩香之里在半山腰，上去以斜路為主，故建議去程乘搭的士，約 ¥1,500；回程則可依地圖沿斜路徒步回富田農場。）

彩香之里是中富良野町內面積最大的薰衣草花田，由6月底至9月，薰衣草開遍整個山丘。佔地六公頃的花田，薰衣草品種多達8種，花園裡只見無窮無盡的紫色，非常震撼。若想帶些薰衣草回家作手信，只要付出約 ¥1,000，便可以在指定範圍內任摘一袋薰衣草，體驗一下採花的滋味！

INFO

🏠 中富良野町丘町 6-1 | ☎ 090-3773-3574 | 🕐 8:00am-5:00pm（6月至9月開放）| 💲 入場免費 | 🌐 http://www11.plala.or.jp/saikanosato/

就算沒有婚禮舉行，這樣優美的公園，還是要一遊的。

MAP 9-6
⑲

薰衣草婚禮
日之出公園

🚕 JR 上富良野駅沿國道 291 駕車約 5 分鐘；徒步約 15 分鐘

公園內每年由5月至9月都會有不同的花開，而每年7月第3個周六及日舉行的「薰衣草祭」，期間會有兩對新人在薰衣草花田中舉行婚禮，十分浪漫。這裡適合於日落之前登山（順道看夕陽），而最高處更有一個教堂鐘，很多情侶都會一面敲著鐘一面拍照留念。這裡不只有薰衣草，亦有片顏色耀目的太陽花田，是攝影的好景點。

INFO

🏠 空知郡上富良野町東 1 線北 27 號 | ☎ 0167-39-4200 | 🕐 全年無休；6月尾至8月初見花海 | 💲 免費入場

MAP 9-9 ⑳ 富良野住宿推介
NATULUX HOTEL

 JR 富良野駅出站即達

NATULUX HOTEL 是富良野市內首家精品酒店，位置極之方便，就在火車站側，黑白色的外形相當搶眼。酒店的裝潢簡約又帶點 hip 味，房間內都以黑白色為主調，而且採用有名的設計家具，感覺時尚有型。酒店內設有室內溫泉，住客可免費使用。

黑白色調的房間感覺簡約，而且樓底較一般酒店高，毫不侷促。

🏠 富良野市朝日町 1 番 35 號 | 📞 0167-22-1777 | 💲 雙人房 約 ¥24,200 起 | 🌐 www.natulux.com

盡覽溫泉美景 ㉑
寶亭留　MAP 9-8

 JR 富良野駅駕車約 10 分鐘

這家高級溫泉旅館只有29個房間，旅館內各處也放置了梳化，讓住客遊走到任何角落都可以坐下來細意欣賞館內環境。餐廳提供用富良野新鮮食材炮製的法國菜，又有多個景觀溫泉，實在是高級的享受。

超大的大廳置有燒炭暖爐，在此可眺望清幽寧靜的景色。

🏠 富良野市學田三區 | 📞 011-598-2828 | 💲 雙人房每人 ¥37,000 一泊二食 | 🌐 www.jyozankei-daiichi.co.jp/furano

層雲峽
Sounkyo
賞花賞雪

層雲峽
Sounkyo

層雲峽是全日本最早可以看到紅葉的地方，每年9月下旬至10月上旬，很多人都會專誠前往層雲峽，希望率先欣賞到紅葉。層雲峽位於日本最大的國立公園-「大雪山國立公園」境內，是石狩川上流地區侵蝕大雪火山的熔結凝灰岩所形成的斷崖峽谷，覆蓋範圍達24公里。這裡崖壁高達100公尺，幾乎呈垂直狀，自然奇觀加上擁有天然溫泉，成為不少日本人歡迎的度假勝地。

遊客可以在層雲峽欣賞到瀑布、峽谷和高山植物，秋天最適合登上黑岳；而冬天則有「冰瀑祭」，夏天又會有「峽谷火祭」，一年四季都適合前往。不過，層雲峽的觀光交通並不多，所以自駕會較方便，如果不會開車，也可向入住的酒店查詢的士租用服務，費用約為1小時￥6,250，已包括瀑布、大雪湖和大函等幾個熱門景點。

對外交通
從旭川出發

大部分人都會從旭川出發往層雲峽，因為這裡有巴士直接抵達，而且租車公司選擇也多。從札幌乘火車前來只要1小時20分鐘的車程，而且還可以配合旭川的行程。

從旭川出發可以乘道北巴士，在旭川車站前的8號位置上車，車程是1小時50分鐘左右，車費是￥2,140(單程)，下車付錢，不需預購車票。

要留意的是，由於巴士沒有設置大型行李存放的空間，建議先到層雲峽，然後回來才遊覽旭川，這樣便可先將行李寄存在日後入住的旭川酒店，只需要帶兩天一夜的行李到層雲峽，這樣比較方便。

層雲峽觀光協會：www.sounkyo.net　**道北巴士**：https://www.dohokubus.com/index.html

星野
旭川
美瑛
富良野
層雲峽
稚內

來往旭川鐵道

出發地點	交通	所須時間	車費
札幌	[特急]カムイ号 [特急]ライラック [特急]オホーツク号 函館本線	1小時25分鐘 1小時25分鐘 1小時25分鐘 2小時54分鐘	￥5,220 ￥5,220 ￥5,220 ￥2,860
美瑛	富良野線 富良野￥美瑛ノロッコ号 （每天只有一班，指定季節運行，請參閱美瑛P.）	28-33分鐘 25分鐘	￥640 ￥1,040
富良野	富良野線 富良野￥美瑛ノロッコ号 （每天只有一班，指定季節運行，請參閱美瑛P.）	1小時13分鐘 1小時33分鐘	￥1,290 ￥1,070
網走	[特急]オホーツク号	3小時49分鐘	￥8,560

來往層雲峽與旭川的道北巴士，並不大型，沒有存放大型行李的空間。

上車時在車門旁領取整理券，下車時連同車資交給司機便可。

下車後便會看到觀光中心，可先取得一些資料及巴士時表，這裡有收費的儲物櫃，如果不是自駕，可先寄存行李，但必須於5點前回來提走行李。

從上川站出發

　　如果不打算遊旭川，可以選擇從上川站出發。從上川站乘巴士前往，車程約30分鐘，車費￥890。來往上川站的火車只有札幌、網走及旭川三地，其餘的大城市均沒有班次。所以，如果從旭川出發，還是建議直接在旭川乘巴士會較為方便及划算。

來往上川站鐵道

出發地點	交通	所須時間	車費
札幌	[特急]オホーツ	2小時22分鐘	￥6,350
旭川	[特急]オホーツ	44分鐘	￥2,450
網走	[特急]オホーツ	3小時5分鐘	￥7,240

道北巴士網頁：dohokubus.com

自駕

如果從旭川前往，走國道39便可抵達層雲峽，毋須經收費公路及隧道，全程67公里，須時大約2小時30分鐘，直路較多算是很好走，中途可以在上川站作休息。

層雲峽內的交通

在每年9月中下旬至10月上旬，道北巴士都會加開觀光巴士，不過班次每天只有一班，而且不預留觀光時間，遊客只可選定參觀瀑布（滝見台）或大函其中之一個。如果覺得乘巴士太麻煩，還可選擇租的士。層雲峽有提供以時間計的出租的士服務，如果同行有4人，便會很划算。出租的士每小時約為￥6,520起，如果遊覽流星、銀河漫布、大函及大雪湖，一小時已足夠，不諳日語可請酒店代為預約。

層雲峽出租的士網頁：www16.plala.or.jp/sounkyo-kh

觀光巴士班次供參考 (夏季行駛)：

層雲峽	12:50(發車)	14:00
滝見台	13:09	13:49
大函入口	13:15	13:43
大雪湖	13:23	13:38(發車)

08、09、11

Google Map 下載

勇闖高峰

黑岳 / 黑岳纜車 **01**

Map 10-4

黑岳高1,984米，位於大雪山公園內。觀光部分包括五合目（1,300米）及七合目（1,520米）兩段，而九合目比較適合喜歡登山的人，並要自備專業裝備。山上有很多高山植物和野生小動物，都較罕見的。黑岳纜車位於溫泉街的盡頭，從巴士下車後走十分鐘便到達。黑岳站上面有土產店、餐廳和洗手間，如果想登上七合目，便要在這裡解決用餐及如廁。一般人會先登上五合目，纜車券來回¥2,600。如果有興趣登上七合目，便要再付¥1,000乘 chairlift。如果登上七合目，一般全程所花時間為兩至三小時。

纜車每20分鐘一班。

從溫泉街走10分鐘，盡頭便是纜車站。

運行時間	ROPEWAY	CHAIR LIFT
4月1日至5月31日	8:00-16:30	9:00-15:20
6月1日至9月30日	6:00-18:00	6:30-17:30
10月1日至10月15日	6:00-17:00	6:30-16:30
10月16日至11月30日	8:00-16:30	停駛至來年春天

＊停駛時間每年均有不同，請於出發前到網頁查閱最新消息。

INFO

🏠 北海道上川郡上川町字層雲峽 | 📞 016-585-3031 | 🕐 參閱上表 (不同季節的營運時間會有出入) | 🌐 http://www.rinyu.co.jp | 💲 來回 ￥2,600、單程 ￥1,500；CHAIR LIFT（夏季）來回 ￥1000、單程 ￥700；ROPEWAY + CHAIR LIFT 來回 ￥4,200、單程 ￥2,400 (纜車 / 吊車任坐)

【第一站】五合目

Map 10-4 **02**

五合目是第一個登上層雲峽的部分，車站設施比較完善，有洗手間跟餐廳。這裡可先從五合目遊步道走到高松台遠眺層雲峽，再走到資料館了解層雲峽的歷史及生態環境，整條散步路線需時30分鐘。

右側欄：星野　旭川　美瑛　富良野　層雲峽　稚內

星野

旭川

美瑛

富良野

層雲峽

稚內

屋內展出在黑岳中常見的岩石，也有各種高山動植物的照片。

登山交通只有纜車，所以一定要買來回車票，¥2600。

拉麵店供應上川系拉麵，師傅用上黑岳雪水打麵和熬煮湯底。湯底較為清徹，因為加入了雞殼，店家也是上川町「ラーメン日本一の会」（日本一拉麵會）的會員之一。

大雪山黑岳資料館

テークルチセ〈林の家〉

001　13.-9.27　13:03
大雪山層雲峽
黑岳ロープウェイ
ロープウェイ
大人往復券
Round Trip
層雲峽駅 ⇄ 五合目駅
Sounkyo 　　 5th
Station 　　 Station
1850円
通用当日限り
(株)りんゆう観光

這間小木屋就是大雪山黑岳資料館，展示黑岳的生態環境與歷史。

熊出沒注意的紀念品最受歡迎。

【第二站】Chair Lift 登上七合目　　Map 10-4 ③

星野

旭川

美瑛

富良野

層雲峽

稚內

如果想居高臨下，可以在五合目乘 Chair Lift 吊車往七合目，來回車票¥1,000，這種登山吊車比纜車還要有趣，因為 Chair Lift 為開放式的吊椅，所以景觀開揚，加上一車只可乘兩人，可以不受干擾登山。雖然沒有設置安全欄，不過座椅設計比較深，所以整個人自然不會傾前，如果背上背包，便需要於上車前放在胸前以策安全。沿途風景相當不錯，特別在紅葉盛開的季節，所以非常推薦大家乘坐 Chair Lift。

如果打算繼續登山，便要準備專業登山裝備，還要帶響鈴，因為上山上可能有棕熊或其他野生動物出現。

黑岳散步路線圖

▲ 黑岳方向　（空中纜車上行方向）

▲ 層雲峽溫　泉街方向（空中纜車上行方向後方）

Maneki岩

黑岳山頂
海拔1984公尺

山中休息所、
登山事務所
小賣店、
雙人纜車售票處

黑岳登山道

黑岳七合目
海拔1520公尺

五合目
散步道路線
一周約30分鐘。
可輕鬆體驗散步。

黑岳雙人纜車

黑岳五合目
海拔1300公尺
黑岳站
售票處、小賣店、
黑岳餐廳、
WC

層雲峽黑岳空中纜車

五合目散步道路線圖

從空中纜車五合目站到雙人纜車乘車處約200公尺。
① 資料館／展示動物和植物以及大雪山四季風光等的照片。
② 高松台／可近眺黑岳的觀景台。
　　也是欣賞日本最晚開的櫻花一千島標的景點。
③ 可以看到因寒冷的天候而樹幹凍裂的樹。
④ 五合目標桿／上面還留有被天然紀念物
　　熊啄木鳥啄過的痕跡。
⑤ 在散步道上邊留有蝦夷鹿和北方狐的腳印。

從纜車站瞭望台
看出的風景

散步道五合目標桿

雙人纜車售票處
雙人纜車乘車處
（五合目）

③ ④ ⑤ 黑岳雙人纜車

高松台 ②

資料館

從高松台眺望

層雲峽大雪山
攝影博物館

2F
黑岳餐廳

1F 小賣店

BF 洗手間
WC

遊客中心

層雲峽站
售票處、小賣店、WC、
四季茶坊

39

層雲峽溫泉
海拔670公尺

空中纜車
黑岳五合目站

從散步道廣場看出的風景

往北見　　　　　往旭川

圖片來源：www.rinyu.co.jp

夫婦瀑布 ④ Map 10-4
銀河の瀧・流星の瀧

🚗 從層雲峽溫泉街沿國道 39 步行約 30 分鐘，也可在溫泉街租單車前往，須時約 15 分鐘

　　銀河の滝與流星の滝是「日本の滝百選」之一，這兩個瀑布高約90米，因為並排在一起，所以又被稱為「夫婦の滝」。在銀河の滝的對面有個觀景台叫「双瀑台」，走20分鐘後，便可在高處同時觀賞兩個瀑布，又會是另一個景象。

🏠 上川郡上川町字層雲峽 | MAPCODE 623 177 891

深山碧湖 Map 10-4
大水壩 大雪湖 ⑤

🚗 從層雲峽溫泉街出發，大約要 10 分鐘車程

　　大雪湖是個水壩，不是天然湖，大雪湖位於旭川市70公里以外的地方，高86.5米，集水區達291.6平方公里，總儲水量6,600萬平方米。大雪湖位於大雪山國家公園內，因此稱為「大雪湖」。

🏠 上川郡上川町字層雲峽 | MAPCODE 743 515 784

懸崖絕壁 ⑥ Map 10-4
大函 / 舊大函隧道

🚗 從層雲峽開車去大函約 5-6 分鐘車程，步行則要花 30 分鐘

　　「函」的意思是「河床兩側有峭立懸崖地形」，這100公尺高的柱狀節理懸崖，像一道雄偉的屏風聳立於溪谷上，氣勢磅礴。大函位於石狩川的上流，於3萬年前大雪山火山爆發，堆積的熔結凝灰岩被石狩川侵蝕而成。

🏠 上川郡上川町字層雲峽 | MAPCODE 743 692 789

最佳賞楓地 Map 10-4
銀泉台 ⑦

🚗 從層雲峽溫泉開車到銀泉台約 45 分鐘

　　每年9月下旬前後的時間，北海道的層雲峽是最早可以賞楓的地方。這裡是赤岳的登山口，位於海拔1490公尺，圍繞著大雪湖，紅黃橙色的針葉樹交織在一起，景色十分壯麗。雖然層雲峽溫泉會有觀光巴士途經銀泉台，但班次十分疏落，這裡比較適合自駕的朋友前來。

©visit HOKKAIDO

🏠 上川郡上川町字層雲峽 | MAPCODE 623 025 204

星野

旭川

美瑛

富良野

層雲峽

稚內

層雲峽加油站　Map 10-4
層雲峽溫泉街　⑧

🚕 JR 上川駅前乘巴士到層雲峽站
下車步行 5 分鐘

　　層雲峽溫泉街沒有其他溫泉街般熱鬧。不過總算可以解決遊客的需要，兩旁商店餐廳林立，更有不少個性商店及 CAFÉ，跟其他傳統溫泉街很不一樣。在溫泉街的盡頭便是登上黑岳的 ROPEWAY 纜車站，因為黑岳只適合白天遊覽，所以遊客可先參觀黑岳，回程後才在溫泉街閒逛。

INFO

🏠 上川郡上川町字層雲峽 | **MAPCODE** 623 204 652

平歎溫泉　Map 10-4
黑岳之湯　⑨

🚕 JR 上川駅前乘巴士到層雲峽
站下車步行 5 分鐘

　　這個公眾浴場黑岳之湯的設備比得上溫泉旅館，有大浴池及露天風呂，還有 SPA 接摩池和水柱按摩。收費只是每人￥600。這裡的泉質屬於弱鹼性溫泉，對於筋肉痛、神經痛都有舒緩效果。

INFO

🏠 上川郡上川町層雲峽 | ☎ 0165-85-3333 | 🕐 10:00am-9:30pm(最後入場時間 9:00pm)| 💲入浴料￥600

野外冰雕展　Map 10-4
層雲峽冰瀑祭　⑩

🚕 JR 上川駅前乘巴士到層雲峽站下車步行 5 分鐘

　　層雲峽的冰瀑祭會場位於層雲峽溫泉的石狩川兩岸，佔地約 1 公頃，展示出各種不同的冰雕及雪雕，特別是非常震撼的冰柱和冰隧道，場面非常盛大。每年一般在 1 月中旬至 3 月下旬之間舉行，如果想參加冰瀑祭，出發前應先瀏覽層雲峽觀光協會網頁。

©層雲峽觀光協會

INFO

🏠 上川郡上川町層雲峽溫泉 | www.sounkyo.net （北海道層雲峽觀光協會)

登山前醫肚好地方　⑪
登山軒　Map 10-4

🚕 JR 上川駅前乘巴士到層雲峽站下車步行 5 分鐘

　　登山軒位於溫泉街的入口處，是溫泉街唯一的拉麵店，主打旭川系的拉麵。這裡在 1930 年已開始營業，在層雲峽已有 70 多年的歷史。這裡最有人氣的是炸雞拉麵，將傳統拉麵中的叉燒改為炸雞，由於炸雞炸得皮脆內嫩，所以非常受歡迎。

INFO

🏠 上川郡上川町層雲峽 | ☎ 016-58-5-3005 | 🕐 10:00am-10:00pm，11 月至 5 月休息

Map 10-4

花花世界

⑫ **大雪森之花園**

🚕 JR 上川駅乗的士約 15 分鐘

北海道的「花園街道」南北向貫穿十勝、富良野、美瑛等地，長達250公里。其中位於大雪山旁的大雪森之花園，由5個主題花園所構成，種植有超過500種花卉，最有特色的是親密之庭(親しみの庭)，讓遊客可以用五感享受充滿花朵的體驗。臨離開前可以到咖啡店嘆茶點，由「Fratello di MIKUNI」餐廳負責營運，可以享用到上川產的食材。

星野 旭川 美瑛 富良野 層雲峽 稚內

🏠 上川郡上川町菊水 841 の 8（大雪高原旭ケ丘）| 📞 0165-82-4655 | 🕐 5 月上旬至 10 月中旬 9:00am-6:00pm | 💲 ￥800，初中生以下免費 | 🌐 https://www.daisetsu-asahigaoka.jp/ | ❗以上為 2023 年資料，每年營運日子有異，請出發前參閱官網。

老字號溫泉酒店 **Map** 10-4

層雲峽 朝陽亭 ⑬

🚕 JR 上川站或旭川站乘巴士到層雲峽下車，步行 10 分鐘，或乘坐酒店免費送迎巴士從札幌、旭川或上川站前往

從層雲峽巴士站到朝陽亭，要先走上一條斜路，斜路就在溫泉街旁，大概是3分鐘，如果拖著大件行李會比較辛苦。酒店也有免費送迎巴士，客人可選擇從札幌或旭川出發，但必須事前預約。這裡的溫泉泉質屬於單純溫泉，對於高血壓及動脈硬化等病症有舒緩的功效。

🏠 上川町層雲峽溫泉 | 📞 01658-5-3241 | 🌐 www.choyotei.com | 💲 ￥17,600 起（雙人房）包早晚餐

稚內
Wakkanai
北方明珠

Google Map 下載

Map 11-0A　稚內市

北

5-8

Map 11-0B

11
礼文町

10
利尻島

9

稚內市

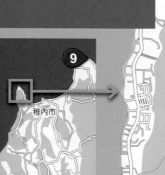

2

1

3

稚內 (Wakkanai)

4

利尻礼文サロベツ国立公園

稚內 Wakkanai

稚內是北海道、也是全日本最北的地方，東面向鄂霍次克海，西面日本海，北為宗谷海峽，年均溫只有攝氏7℃。稚內除了有獨特的地貌外，也是近距離觀賞極地動物如企鵝及海豹的好地方。此外，稚內附近的兩大離島——利尻島及禮文島，因為位處邊陲，人煙稀少，自然生態得以完整保留，到訪時切勿錯過。

對外交通
札幌、旭川至稚內

札幌搭乘JR至稚內，車程約5小時20分鐘，也可乘宗谷巴士（Soya Bus）前往，車程約6小時。旭川乘JR至稚內，車程僅需3小時45分鐘。遊客亦可選乘內陸機由札幌（新千歲機場）至稚內機場，直飛約50分鐘。

札幌至稚內的巴士搭乘地點位於大通巴士轉運站。
地址：札幌市中央區南1条東1丁目 (大通りバスセンター)　**電話：**011-241-0241

對內交通

除了自駕，稚內區內可乘坐宗谷巴士前往各景點。至於前往利尻島及禮文島，則可在稚內港碼頭搭乘渡輪(Heart Land Ferry)前往，每天約有兩至三班來回，按不同季節而調整。

宗谷巴士：http://www.soyabus.co.jp/
(內含稚內市、利尻島及禮文島巴士時刻表)
Heart Land Ferry：http://www.heartlandferry.jp/
※ 航班會因應天氣變化而隨時停航，
　 出發前一定要上網查清楚。

星野
旭川
美瑛
富良野
層雲峽
稚内

俯瞰稚內景色　**Map** 11-0A
北方紀念館 ①

🚕 JR 稚內駅步行約 15 分鐘至稚內公園入口，
再步行至紀念塔約 20 分鐘

　　北方紀念館樓高80米，建於稚內公園170米的小丘上，所以是全個稚內地區最高的建築物，可以360度俯瞰稚內市、利尻島、禮文島，以至庫頁島的風光。顧名思義，紀念館是紀念稚內市開拓百年而建造，1、2樓為紀念館，介紹開拓稚內名人的事蹟，包括當時的探險家間宮林藏乘往庫頁島時的北前船「貞寶丸」之模型，與及稚內農業的歷史。

INFO
🏠 稚內市稚內公園　電話：0162-24-4019｜🕐 6 月至 9 月
9:00am-9:00pm，4 月末至 5 月末和 10 月 9:00am-5:00pm，
期間周四休息，1 至 4 月休館｜💲 ￥400

Map 11-0A ②

思鄉情懷
冰雪之門

🚕 JR 稚內駅步行約 15 分鐘

　　稚內公園內極具代表性的紀念碑「冰雪之門」，是由北海道出身的藝術家本鄉新所創作，為了紀念在日俄爭奪庫頁島一役中犧牲的九名少女而建。這雕像抬頭望天，猶如在慨歎著戰火的無情，使人家破人亡、流離失所，令人感到悲哀。從兩扇門中間看過去就是庫頁島了！

INFO
🏠 稚內市稚內公園｜**MAPCODE** 964 005 350

北海道遺產
稚內港北防波堤

Map 11-0A ③

🚕 JR 稚內駅步行約 10 分鐘

　　面對宗谷灣，全長427米的防波堤建於1936年，是全球罕見的半弧形狀防波堤，一直保護著北方碼頭，防止強風及巨浪的進擊。防波堤使用70根圓柱的哥德式拱門建築，實用之餘又充滿美感，是稚內港最著名的地標。

INFO
🏠 稚內市北方碼頭｜**MAPCODE** 964 007 152

稚內掃貨熱點
副港市場

04

Map 11-0A

 JR 稚內駅步行約 15 分鐘

　　副港市場是一處複合商業設施。包括販售各式海產等特產品的「市場棟」，還有戶外的攤販村「波止場橫丁」，在這裡可以吃到俄國菜等各式料理，更不時有俄羅斯傳統歌舞表演，真正是稚內食買玩集中地。而2樓的「溫泉棟」的湯屋港のゆ，更設有露天風呂，可以一邊泡溫泉，一邊欣賞真正的風天一色。

INFO

🏠 稚內市港 1 丁目 6 番 28 号 | 📞 0162-29-0829 | 🕐 8:00am-8:00pm (各店舗時間有異) | 🌐 https://fukkoichiba.hokkaido.jp/

05　　　　　宗谷海峽守護著

Map 11-0A　**稚內燈塔**

 由 JR 稚內駅轉乘宗谷巴士「野布寒」方向至「野布寒 2 丁目」下車，步行大約 5 分鐘；或乘的士約 10 分鐘

　　稚內燈塔高42.7m，紅白鮮明的雙色調非常醒目，是全日本第二高的燈塔，也被評選為「日本燈塔50選」之一。燈塔坐落於寒布岬之上，是宗谷海峽航路上的重要守護者。

INFO

🏠 稚內市野寒布 2 丁目 | **MAPCODE** 964 092 627

夕陽醉了
野寒布岬

Map 11-0A

06

 由 JR 稚內駅轉乘宗谷巴士「野布寒」方向至「野布寒 2 丁目」下車，步行大約 5 分鐘；或乘的士約 10 分鐘

　　野寒布岬愛奴族是 Noshappu，意即突出的下巴，正好形容這個宗谷海峽岬角。野寒布岬是稚內欣賞夕陽的最佳觀景處，就算是其他時間，只要是天朗氣清，更能清楚望見海上的兩大浮島——利尻島和禮文島，與及整個稚內港。這裡除了有稚內燈塔，也設有青年科學館及寒流水族館，足夠暢遊大半天。

INFO

🏠 稚內市野寒布 2 丁目 | **MAPCODE** 964 092 626

極地好魚 Map 11-0A
寒流水族館 ⑦

🚕 由 JR 稚內駅轉乘宗谷巴士「野布寒」方向至「野布寒 2 丁目」下車，步行大約 5 分鐘；或乘的士約 10 分鐘

　　野寒布寒流水族館是日本最北方的水族館，館內規劃成 3 區，包含企鵝館、海豹館以及本館，飼養了多達 120 種，總數共計 1,300 隻的寒帶海洋生物，並設有 360 度觀賞用大型魚槽，可以近距離欣賞罕有的夢幻魚種伊富魚、超人氣的海天使，與及汽球魚等。

INFO

🏠 稚內市野寒布 2 丁目 2-17 | 📞 0162-23-6278 | 🕐 夏季 4 月 29 日至 10 月 31 日 9:00am-5:00pm；冬季 11 月 1 日至 3 月 31 日 10:00am-4:00pm； 4 月 1 日至 28 日、12 月 1 日到隔年 1 月 31 日休館 | 💲 (科學館聯票) 成人 ￥500，小童及學生 ￥100 | 🌐 https://www.city.wakkanai.hokkaido.jp/suizokukan/

Map 11-0A
⑧
知識寶庫
青少年科學館

🚕 由 JR 稚內駅轉乘宗谷巴士「野布寒」方向至「野布寒 2 丁目」下車，步行大約 5 分鐘；或乘的士約 10 分鐘

　　青少年科學館探索的科學知識名副其實是上至天文，下至地理。1 樓的科學角能學習和體驗到有關於滑輪和磁力等的知識，而環境角展示地球溫暖化和再生能源的運用，2 樓的南極角中，展出了歷代的南極考察船的模型和物資，另設有天文館和天文觀測室供遊客作星象觀察。

INFO

🏠 稚內市野寒布 2 丁目 2-16 | 📞 0162-22-5100 | 🕐 夏季 4 月 29 日至 10 月 31 日 9:00am-5:00pm；冬季 11 月 1 日至 3 月 31 日 10:00am-4:00pm；4 月 1 日至 28 日、12 月 1 日到隔年 1 月 31 日休館 | 💲 (水族館聯票) 成人 ￥500，小童及學生 ￥100 | 🌐 https://www.city.wakkanai.hokkaido.jp/kagakukan/annai/riyoannai.html#01

國境之北 ⑨ Map 11-0B
日本最北端之地碑

🚕 由 JR 稚內駅乘的士約 30 分鐘

　　日本最北端之地碑位於日本最北端，在地標旁邊遙望著海面的立像是間宮林藏先生，他是第一個發現庫頁島的冒險家！為了紀念他的創舉，日本特別使用他的名字來為海峽命名為「間宮海峽」，是目前在世界上唯一使用人名來命名的海峽！

INFO

🏠 稚內市宗谷岬 | **MAPCODE** 998 067 446

極地富士山
利尻島

Map 11-0B ⑩

 由稚內渡輪總站乘渡輪前往

利尻島和禮文島都是日本最北邊的離島,其中利尻島最著名的,是佇立在島中央,高1,721米被稱為「利尻富士山」的利尻山,非常受登山人士歡迎。利尻島內有美麗的沼澤和森林,還有長達25公里的單車旅行路線行,漫山遍野在不同季節開滿不同的野花,令人賞心悅目。

INFO
🏠 稚內利尻島 | **MAPCODE** 714 408 826

花之浮島
禮文島

Map 11-0B ⑪

 由稚內渡輪總站乘渡輪前往

禮文島位處於高緯度,約有300種高山野生植物,尤如一座「花的浮島」。花開得最燦爛的5月到8月,簡直就如在花圃中散步。從禮文島最北端須古頓海角出發,途經Gorota海角、澄海海角直到濱中,步道全長約13km,在這裡俯視禮文島奇特的海岸線,令人驚嘆大自然的鬼斧神工。此外也可在島上品嘗海鮮美食,其中海膽、昆布和花鯽魚更特別有名,不可不試。

INFO
🏠 稚內禮文島 | **MAPCODE** 854 468 416

道南

函館 12-0

JR函館本線

八雲

函館
Hakodate

海港城市

函館
Hakodate

擁有世界第三大夜景的函館，是北海道最繁榮的貿易港。醉人夜景以外，還有大量的購物中心買個夠。元町周邊的教堂群，為這個地方營造出一片濃烈的異國風情，是情侶們必遊的浪漫勝地。若可以早一點起床的話，可以走到朝市，品嘗超新鮮的當造肥美海鮮！

對外交通

登別、札幌至函館

由函館開往札幌方向的「北斗號」列車，車程約需3.5小時，車費為￥9,440（連指定席特急票）。

函館空港

函館空港比札幌的新千歲機場規模細一點，但其繁忙程度則不相伯仲。遊客可由東京羽田空港乘內陸機進入，以函館空港為遊北海道的起點。若以函館為終點，則可乘內陸機轉往大阪或返回東京。

機場至市區

從函館空港到JR函館駅，乘客可選乘函館帝產巴士的3號機場巴士前往JR函館駅。車程約20分鐘，每隔約20分鐘開出一班，車費每位￥500；小童半價。返回機場的尾班巴士於5:30pm從JR函館駅開出，敬請留意。

註：由於JR函館駅並非總站，故往機場的巴士有機會客滿，敬請預留時間作兩手準備。（屆時可選乘函館巴士96號（經湯之川溫泉）返回機場，車程33分鐘，車費每位￥300。）

函館帝產機場巴士時間表：www.hakotaxi.co.jp/shuttlebus
函館巴士96號：http://www.hakobus.co.jp/airport/

道南

市內交通

函館市電

　　形式跟香港的電車相若，行走湯之川至函館山一帶，途經主要景點五稜郭公園、JR函館駅及十字街。整個電車路線分為2號線（湯之川•十字街•函館碼頭前）及5號線（湯之川•十字街•谷地町）。一般遊客多數只會用上十字街至五稜郭公園的一段，故上錯車的機會不大。

> 車程：五稜郭公園＜＞JR函館駅　約16分鐘
> 　　　JR函館駅＜＞十字街　　　約6分鐘

先上車，後付款

　　市電是採取「先上車，後付款」的收費方法，上車時領取印有號碼的整理券，以證明於何站登車。下車時，看車上的電子顯示板顯示整理券上號碼的應付車費，下車時連同整理券及車費一併投入車費箱便可。車費由￥210至￥260不等。

市電1日乘車券

　　精打細算的你，如果計劃一天內乘搭市電超過3次，那你就應該買「市電1日乘車券」。成人￥600，小童半價。隨券附送函館市迷你旅遊地圖一份，極具實用及紀念價值。

　　除了市電一日券，尚有「市電•函館バス共通乘車券」，憑券當天無限次乘函館市電及巴士，一天券成人￥1,000，兩天券￥1,700，小童半價。

http://www.city.hakodate.hokkaido.jp/

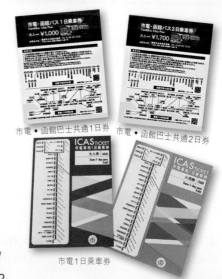

市電•函館巴士共通1日券　　市電•函館巴士共通2日券

市電1日乘車券

函館

■ 2系統
■ 5系統

函館市電 路線図

旅遊達人

若要登上函館山看夜景，最方便的當然是坐Ropeway啦！情況就有如上太平山，豈能錯過坐纜車看風景！不過話說回頭，當全世界的人都一窩蜂的搶搭Ropeway上山，逼Ropeway就會變成一件苦事。若你喜歡舒服一點，可以跑到JR函館駅的巴士站選乘「函館巴士」上山！

函館山交通攻略──Ropeway、巴士

函館山Ropeway

網：www.334.co.jp

車費：　單程成人 ¥1,000；小童 ¥500
　　　　來回成人 ¥1,500；小童 ¥700

車程：　約3分鐘

運行日子	首班列車	上山尾班	下山尾班
4月25日至10月15日	10:00am	9:50pm	10:00pm
10月16日至4月24日	10:00am	8:50pm	9:00pm

函館巴士

網：www.hotweb.or.jp/hakobus/ropefuyu.htm

車費：JR函館駅至山頂──成人 ¥500；小童半價

車程：約10分鐘

＊注意11月-3月往山頂班次停駛，
只停靠Ropeway纜車站，車費 ¥240

MAP 12-4
函館廣域

函館港

JR函館本線

昭和橋

千歳町

函館市中心　12-6

函館駅

新川町

市役所前

函館駅前

松風町

大町

函館どつく前

末廣町

十字街

魚市場通

函館山纜車

寶來町

函館山頂

青柳町

谷地頭

五稜郭12-8

五陵郭公園

陵郭公園前

杉並町

白木町

深堀町

競馬場前

市民會館前

湯の川

中央病院前

千代台

堀川町

函館市電

函館競馬場

駒場車庫前

湯の川溫泉

漁火通

函館空港

輕津海峽

北

函館朝市 12-8

E   F   G   H

JR函館駅 15

新川町 1

2

函館駅前

9

28

10

松風町

2

市役所前

11

3

12

魚市場通

3

14

4

5

JR函館駅

A   B   C   D

巴通

朝市中通

朝市大通

MAP 12-8A

函館朝市

MAP 12-8B

五稜郭

北

五稜郭公園前

杉並町

海上博物館
摩周丸號

MAP 12-6/ **E1**

 JR 函館駅步行 5 分鐘

函館很早以前已是北海道連繫本州的門戶。從前未有青函隧道，由函館往返本州的青森，就只有靠海路，而摩周丸號就是當年往返輕清海峽之間的渡輪。隨著青函隧道開通，陸路漸取代海路運輸，摩周丸號亦宣告退役，更被改裝成紀念館，停泊在函館朝市旁的碼頭供遊客參觀。館內保留了當時摩周丸號的設備，亦介紹不同型號的連絡船，去遊完函館朝市，不妨登船參觀。

INFO

🏠 函館市若松町 12 番地先 | 📞 0138-27-2500 | 🕐 4 月至 10 月 8:30am-6:00pm，11 月至 3 月 9:00am-5:00pm | 💲 成人 ￥500、小童 ￥250 | 🌐 http://www.mashumaru.com/

MAP 12-6/ **H1**

送禮給母親的最佳手信
はこだて自由市場

 市電車「新川町」站落，向前方徒步行 2 分鐘即到；由 JR 函館駅徒步約 10 分鐘

地方小小的當地街市，因以本地人為銷售對象，所以價錢很大眾化。説到函館的名產，那肯定是花枝、貝柱(即瑤柱)。而魚生則是朝市的最佳選擇。正宗北海道的乾瑤柱，是送禮佳品。售價只是由 ￥1,000 起， 十分經濟。

INFO

🏠 函館市新川町 1-2 | 📞 0138-27-2200 | 🕐 8:00am-5:30pm；周日休息 | 🌐 hakodate-jiyuichiba.com

道南
美食寶藏
函館朝市

MAP 12-8A/ **B3**

03

🚗 JR 函館駅西口轉右徒步約 2 分鐘（就在站口對面馬路）

函館市

　　函館朝市集結了11家海鮮丼專賣店，各店門口一字排開的蓋飯模型，讓人看了就忍不住口水直流！與朋友可以多點幾個迷你丼一齊分享，嘗試不同的口味。

　　市場中間有一處可供垂釣魷魚的大魚缸，付錢後就給你一支手竿，放下魚缸內上下搖動，魷魚就會被勾中上釣！把魷魚交給店員洗淨切片，便可品嘗這即釣即吃的魷魚！不論是切成薄片的刺身或幼絲的「魷魚冷麵」，都非常新鮮爽口。

INFO

🏠函館市若松町 9-19 | 🕐5 月 -12 月 :5:00am- 凌晨 12:00mn；1 月 - 4 月 :6:00am- 凌晨 12:00mn（個別店舖會於 3:00pm 關舖）| 🌐 www.hakodate-asaichi.com

【 函館朝市食肆推介 】

04

MAP 12-8A/ **C2**

活槍烏賊飯
一花亭

　　最佳賞味期限長達6個月的槍烏賊，就是道央地區不可不吃的海味之一！亦成為這店的招牌飯。店主首先撈起活烏賊，將其頭部切成條狀，烏賊下身則放在飯上讓它自由活動，可說十分新鮮兼有趣。

生魷魚飯連蟹蚶湯
「活生生」的魷魚就放在你面前，有些當地人為了觀賞動作連連的「魷魚舞」，就會在切開的頭部注入少許豉油刺激牠！

INFO

🏠函館市若松町 9-14（函館朝市靠近中央位置）| ☎0138-27-6171 | 🕐 5-10 月 5:00am-3:00pm，11-4 月 6:00am-2:00pm

12-10

生猛海鮮日日送
味鮮まえかわ

MAP 12-8A/ **B2**

⑤

味鮮まえかわ門面雖然不起眼，但卻有大批名人光顧，更留下推介「墨寶」。這裡除了三文魚刺身及海膽吸引外，魷魚刺身也是一絕，甚至有本地人晨早來當早餐吃。

名人推薦「墨寶」

味鮮ま･い･う～丼 ￥5,980，雖然價錢略貴，但在一隻直徑21CM的巨碟上放滿海鮮，足夠2-3個人分享。

INFO

🏠 函館市若松町 9-15 | 📞 0138-23-3057 | 🕐 5:30am-3:00pm(周四休店) | 🌐 https://www.hakodate-maekawa.com/

⑥ **MAP** 12-8A/ **B2** 五色丼王者
馬子とやすべ食堂

此店招牌是五種類魚生飯，還設有二十四種不同配搭之魚生飯。不懂日文者，可看門外的美食模型，以1至24號落單，確保不會出錯。

開港丼 ￥2,680，據說是紀錄函館開港150周年而推出。

INFO

🏠 函館市若松町 9-15 | 📞 0138-26-4404 | 🕐 6:00am-3:00pm
(周三休息) | 🌐 https://www.mako-yasube.com/

函館朝市名物

味處きくよ食堂本店 ⑦

MAP 12-8A/ **B2**

　開業於昭和31年之老店。此店能經營超過50年，自有其成功之道，大可放心光顧！看見一粒粒明亮的魚子，還有色澤鮮明的海膽，滿滿的堆放在一大碗日本飯上面，筆者差點忍不住的大聲「嘩」了出來。海膽要用鮮甜來形容，還有魚子，竟然一點腥味也沒有，味美得十分感動。

海膽魚子丼
魚子多到差不多滿瀉。海膽又新鮮，物有所值！

INFO

🏠 本店：函館市若松町 12-15，支店：函館市若松町 10-11 | 📞 本店 0138-22-3732，支店 0138-23-2334 | 🕐 5:00am-2:00pm（冬季營業時間為 6:00am-1:30pm）| 🌐 hakodate-kikuyo.com

---

MAP 12-8A/ **C2**

⑧

天光吃海鮮

函館ダイニング 雅家

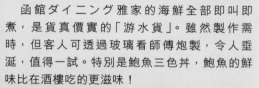

　函館ダイニング雅家的海鮮全部即叫即煮，是貨真價實的「游水貨」。雖然製作需時，但客人可透過玻璃看師傅炮製，令人垂涎，值得一試。特別是鮑魚三色丼，鮑魚的鮮味比在酒樓吃的更滋味！

擺放得十分生鬼的活魷魚麵爽口彈牙超攪鬼。

（上）鮑魚三色丼。
（左）海鮮三段丼。
（右）蟹肉丼。

INFO

🏠 函館市若松町 8 番 14 號 | 📞 0138-22-1000 | 🕐 11:30am-3:00pm，5:00pm-11:30pm | 🌐 http://www.hakodategaya.com/

四十年歷史的拉麵店 ⑨
龍鳳
MAP 12-6/ **G2**

🚕 JR 函館駅徒步約 8 分鐘 (出站後經十字路口,再直行 2 條街轉左)

　　這是一條由26家食店組成的食街——大門橫丁:這裡的食店都是細細間,有規劃地用上木材築成的單層食店,感覺十分整潔。龍鳳店內只有十多張高椅子,「招牌黃金鹽味拉麵」以五種豬骨秘製再加上整隻十勝紅雞來熬湯,麵煮好後放上了五花肉及腿肉兩種不同的豚肉部位,口感一流,令不少食客慕名而來。我有朋友說這是他在北海道吃過最好的拉麵!

黃金鹽味拉麵(黃金塩ラーメン)

醬油拉麵(しょうゆラーメン)

INFO

🏠 函館市松風町 7-5 (靠近高砂通路一邊) | 📞 090-8372-8495 | 🕐 10:30am-12:30mn | 🌐 http://www.hakodate-yatai.com/shop/ryuho

MAP 12-6/ **G2**　鹽味拉麵專家
⑩ 鳳蘭 (ほうらん)

🚕 JR 函館駅步行 10 分鐘

　　在龍鳳附近的鳳蘭,是函館另一著名拉麵店,已有超過60年歷史,主打函館鹽味拉麵。原來函館的鹽味、札幌的味噌及旭川的醬油,是北海道三大拉麵系列,而鹽味拉麵的特徵是清澈的湯頭與稍微有點捲曲的麵條。除了拉麵,店家也提供各類中華料理菜式,例如炸里肌、糖醋豬肉與燒賣等,出品亦非常有水準。

鹽味拉麵

INFO

🏠 函館市松風町 5-13 | 📞 0138-22-8086 | 🕐 111:00am-9:30pm,周二休息 | 🌐 https://houran-hakodate.com/

函館

MAP 12-6/ **E3**　超鮮地下水啤酒
⑪ **Hakodate Beer**

🚕 市電「魚市場通」站徒步約 3 分鐘

「函館 Beer Hall」是市內唯一自行釀啤酒的地方，更標榜採用「100% 最好的函館山地下水」釀酒，附設餐廳供應的都是 100% 新鮮釀製的啤酒！因為釀酒用的是地下水，含有豐富的礦物質，所以能夠造出不同濃度和口味的啤酒。當中就以三款獨有口味的啤酒「五稜之星」、「明治館」和「北之一步」是必試推介。

左至右「五稜之星」果味較重，「明治館」味甘帶苦，而「北之一步」則似小朋友飲品，甜甜的。

Bar 枱前面正是各巨型釀酒器

INFO

🏠 函館市大手町 5-22 明治館通 | 📞 0138-23-8000 | 🕐 11:00am-3:00pm，5:00pm-9:30pm（周三休息）| 💲 ￥800 左右 / 位 | 🌐 www.hakodate-factory.com/beer

浸足湯　MAP 12-6/ **E3**
函館美食俱樂部 ⑫

🚕 市電魚市場通站步行 5 分鐘

函館美食俱樂部位於函館碼頭旁，是最新的主題飲食設施，有拉麵、和食、洋食等十多間食店。其中迴轉壽司店「水產」(まるかつ水產) 本身經營海鮮販賣，所有海產都非常新鮮。而美食俱樂部內更設有免費露天足湯，吃飽後可以浸一浸腳。

店內經常座無虛席，非常受歡迎。

美食俱樂部提供免費露天足湯。冬天吃飽飯浸一浸最疏乎！

INFO

🏠 函館市豐川町 12-1 | 📞 0138-22-9696 | 🕐 11:30am-3:00pm；5:00pm-10:00pm | 💲 ￥1,200 左右 / 位

超人氣早餐
北の番屋

MAP 12-6/ **E3**

⑬

 市電「魚市場通」站步行 6 分鐘

　　北の番屋是函館著名酒店「LA VISTA 函館 BAY」附設的餐廳，餐廳以豐富的自助早餐聞名，連續兩年被日本的 Tripadvisor 選為「20 大美味酒店早餐」第一名。雖然名為早餐，其實豐富程度卻媲美午餐甚至晚餐。由炭燒到魚生刺生，傳統和式米飯到西式糕點一應俱全，種類多達 60 種，實行以美食為你打造美好的一天新開始。

INFO

🏠 函館市豐川町 12-6 (LA VISTA 酒店 2/F) |
📞 0138-23-6111 | 🕐 6:30am-10:00am |
🌐 http://www.hotespa.net/hotels/lahakodate/

MAP 12-6/ **E4**

限售50碗的拉麵店
新函館ラーメン マメさん拉麵店

⑭

🚕 市電「十字街」站下車徒步約 5 分鐘

　　相信是函館市歷史最悠久的「新函館拉麵」。店內使用秘製3年的獨特醬油湯底，招牌醬油拉麵每日精心炮製50碗。一般黃昏前已售完，大多食客會將其湯底一飲而盡，吃不到醬油拉麵的可選其他味道的拉麵。

醬油拉麵
每日限定50碗，手快有，手慢無！

INFO

🏠 函館市寶來町 22-6 | 📞 0138-27-8811 | 🕐 11:00am-3:00pm，5:00pm-8:00pm；周四，每月第二、三個周三休息 |
www.hakodate.ne.jp/okadamen/news/index.html

函館

北海道最佳芝士蛋糕
PASTRY SNAFFLE'S

MAP 12-6/ **F1**

⑮

 市電函館駅內

　　每次出門往北海道都必定會買芝士蛋糕，試過最美味的非函館SNAFFLE'S莫屬。餅店以招牌半熟芝士蛋糕廣為人知，人氣不輸小樽的LeTAO。蛋糕軟熟芝士味濃，細細件易入口，食極都不夠喉。本店除了芝士蛋糕外，亦有多款自家製的蛋糕甜品供選擇。

芝士蛋糕（4個入）￥864。

INFO
🏠 函館市若松町 12-13 | 📞 013-883-5015 | 🕘 9:00am-7:00pm | 🌐 www.snaffles.jp

---

⑯ 到百年郵局 shopping
明治館

MAP 12-6/ **D3**

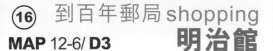

🚕 市電「十字街」站徒步約 5 分鐘

　　明治館是市內一個熱門購物中心，因館內有最齊全的龍貓精品。不過，很多人除了前往購物外，更會選擇到館內特設的郵遞中心，寄張明信片回家，當是到了這個一百年前其實是郵政局的明治館的紀念。館內更保留了很多經年歷代的郵政設施，讓大家看看一個世紀前的郵便系統。

INFO
🏠 函館市豐川町 11 番 17 號 | 📞 0138-27-7070 | 🌐 www.hakodate-factory.com/meijikan | 🕘 9:30am-6:00pm，周三休息

古蹟活化典範
金森倉庫群

MAP 12-6/ **D3** ⑰

🚕 市電「十字街」站下車步行7分鐘

　　1859年，函館與橫濱、長崎一起作為日本最初國際貿易港而開港。1863年，渡邊熊四郎從長崎來到函館，開始從事進出口業務，後來生意愈做愈大，金森紅磚倉庫群便陸續建成用作貨品儲存。時至今日，金森紅磚倉庫依然能保持原貌，卻活化成不同的商店和食肆，見證函館的歷史變遷。

INFO

🏠 函館市末広町 14-12 | 📞 0138-275-530 | 🕐 10:00am-7:00pm，部分食肆營業至 10:00pm | 🌐 http://www.hakodate-kanemori.com/

【 商店分布 】

　　金森洋物館，函館灣最古老的店家，以最初所崇尚的「西歐豐富文化」為主題，匯集了大量多彩而富有個性的店舖。

　　函館歷史廣場，匯集了函館啤酒館、函館浪漫館、路邊攤、千圓工坊、手工烘焙日式煎餅店以及種類繁多且充滿樂趣的店舖。

BAY HAKODATE，運河周圍建有教堂、遊船、咖啡店等，在燈光的映照下，運河顯得格外美麗。

MAP 12-6/ **D3**

函館名物 NO.1
LUCKY PIERROT
⑱ **(ラッキーピエロ ベイエリア本店)**

🚕 市電「末廣町」站徒步約5分鐘

　　LUCKY PIERROTK在函館有十多間分店，以設於金森倉庫群的本店最聞名，招牌與香港某連鎖快餐店一樣以小丑為logo，而且店內裝潢相當懷舊，非常易認。漢堡用料新鮮，醬汁層次豐富，所以榮獲函館No.1的美譽。

中國雞堡（チャイニーズチキンバーガー），長期 NO.1人氣之選。

INFO

🏠 函館市末広町 23-18（金森倉庫そば）| 📞 0138-26-2099 | 🕐 10:00am-10:00mn | 🌐 http://luckypierrot.jp/

道南

函館

人氣燒烤肉串 MAP 12-6/ **D3**
やきとり弁當 ⑲

🚗 市電「末廣町」站徒步約 4 分鐘

這個只在北海道南部才有售的烤豚肉雞串飯盒即叫即燒，保證新鮮，連 Glay 的成員也曾撰文推介，令這個飯盒紅極一時！小店門面不大，但燒豚串的香味卻遠遠都聞得到呢！

INFO

🏠 函館市末廣町 23-5(長谷川 store 港灣店) | 📞 0138-24-0024 | ⏰ 7:00am-10:00pm | 🖥 www.hasesuto.co.jp

豚肉雞串飯盒(小)
抵食之餘，美觀的飯盒更可作收藏之用。

---

⑳ **函館最美麗的斜坡**

MAP 12-6/ **C4** 　　**八幡坂**

🚗 市電「末広町」站步行 5 分鐘

由函館山走回函館市區，有一條非常有名的「坂道」，甚至與函館山的夜景齊名，便是函館著名的八幡坂。整段八幡坂並不算長，但兩旁充滿了異國風情的建築，又能俯瞰函館港，感覺非常浪漫，所以很多日劇和廣告中都在此取景，更是情侶們拍拖的勝地。

INFO

🏠 函館市八幡坂

郵局食頹飯 MAP 12-6/ **C3**
CALIFORNIA BABY ㉑

🚗 市電「末広町」站步行 5 分鐘

CALIFORNIA BABY 由大正時代 (上世紀20-30年代) 的郵局改建，裝修佈置比較隨意，而店家最出名的 Cisco Rice，在奶油炒飯上面放上兩條大香腸，再淋上義大利肉醬就完成，感覺極似在大學時代學生飯堂吃的「頹飯」。

INFO

🏠 函館市末広町 23-15 | 📞 0138-22-0643 | ⏰ 11:00am-9:00pm(周四休息) | 🖥 https://www.hakobura.jp/db/db-food/2009/03/post-79.html

函館

五島軒研發了一系列的即食咖喱。

百年咖喱
五島軒

MAP 12-6/ **D4**

🚕 市電「十字街」站步行 5 分鐘

五島軒創立於1879年,是函館歷史最悠久的洋食餐廳,總店舊館於1998年更被登錄為北海道的國家文化遺產。這裡的咖喱又稱為「英國咖喱」,是英國人由當時的殖民地印度移植過來。咖喱所需要的香料都來自印度,配合北海道的素材,造就了獨一無二的用膳體驗。

INFO

🏠 函館市末広町 4-5 | 📞 0138-23-1106 | 🕐 11:30am-2:30pm; 5:00pm-8:00pm; 周二休息 | 🌐 http://www.gotoken.hakodate.jp/

古代茶室
茶房 菊泉

MAP 12-6/ **C4**

🚕 市電「末廣町」站徒步約 6 分鐘

日本著名旅遊雜誌都推介的菊泉,正是因為她保留了上世紀的建築;還有那自家磨製的紅豆蓉,軟滑香甜,配上日式小丸子,這清新可口的午後甜品,一定要試!

INFO

🏠 函館市元町 14-5 | 📞 0138-22-0306 | 🕐 10:00am 5:00pm;周四休息 | 💲 ￥1,000 左右

館內還設有Queen's Memory紀念品區,售賣清一色「Made in England」的貨品。

坐在玫瑰園內歎英式 High tea
舊英國領事館

MAP 12-6/ **C3**

🚕 市電「末廣町」站徒步約 4 分鐘

位於元町區的舊英國領事館,是19世紀的建築,但經歷過多次火災後,直至1992年才重開。前往領事館的人,几成都是為了館內茶室Victorian Rose提供的傳統英式high tea。茶館隔壁的紀念品店,有紅茶及精緻茶杯可買回家當紀念呢!每天3:00pm開始便人流不斷,想high tea最好早點前往。

INFO

🏠 函館市元町 33-14 | 📞 0138-27-8159 | 🕐 4 月至 10 月:9:00am-7:00pm;其餘月份開放至 5:00pm;除夕及元旦日休館 | 💲 入館參觀費 ￥300;單點紅茶 ￥600 | 🌐 https://www.fbcoh.net/

【 天主教元町教會 】

🚕 市電「末廣町」站徒步約 8 分鐘

　　天主教元町教會（カトリツク元町教會）與橫濱的山手教會及長崎的大浦天主堂並列，都是日本數一數二古老的教堂。教堂為歌德式建築，莊嚴肅穆。

天主教元町教會是日本最古老的教堂之一，於1924年落成，地位超然。

INFO

🏠 函館市元町 15-30 | 📞 0138-22-6877 | 🕐 10:00am-4:00pm（周日上午休息）| 💲 免費 | 🌐 www.hakonavi.ne.jp/site/course1/catholic.html

異人町歐陸風 **MAP** 12-6/ **C4**
元町教堂群 ㉕

　　由於函館是日本港口，早年有不少外國人居住，並引入了不少歐洲風格的建築，聚集於函館山元町一帶的石板街上。這裡共有三間特色的教堂，建築充滿異國情調，這裡更有不少特色的cafe，使元町成為散步的好地方。

【舊函館公會堂】

 市電「末廣町」站徒步約 8 分鐘

🏠 函館市元町 11-13 | 📞 0138-22-1001 | 🕐 4月 -10月：9:00am-6:00pm(周二至五；其餘：延長至 7:00pm；11 月 -3 月提早至 5:00pm(不定休) | 💲 成人入場費 ￥300/ 位；小童半價 |
www.zaidan-hakodate.com/koukaido

【聖約翰教會】

 市電「末廣町」站徒步約 8 分鐘

　　函館聖約翰教會是北海道最古老的聖公會教堂。教堂於1878年在末廣町建造，不久卻被大火燒毀，最後在1979年在現址重建。教堂外形如巨蛋，從高空來看看上去像是十字架的上部，建築非常具特色。

聖約翰教堂是道南最古老的聖公會教堂。

🏠函館市元町 3-23（不設內部參觀）

函館

函館山上可俯瞰整個函館灣的無敵夜景。

㉖ 世界三大夜景之一

MAP 12-6/ **B5** 函館山

JR 函館駅前坐函館巴士直達山頂；或乘市電至
「十字街」站轉乘函館 ropeway；詳細交通見
本區交通部分

　　函館山的夜景，有世界三大夜景之一的
美譽！乘纜車登上海拔334米的函館山，可
360度飽覽無阻隔的景色。香港的夜景是立體
的，函館的夜景是平面的，有點像香港的長
洲，大小建築就如珍珠米一樣，一粒粒放在眼
前；她兩側分別為右側津輕海峽及左邊的函館
港。山上頗凍，不過如此百萬夜景使人（暫時）
忘記寒冷大風！

INFO

🏠 函館山頂展望台 2/F | 📞 0138-23-6288 | 🕐 (25/4-15/10)
10:00am-10:00pm; 16/10-24/4) 10:00am-9:00pm| 💲 登 山
Ropeway 成人單程 ￥1,000、來回 ￥1,500；小童單程 ￥500、
來回 ￥700 | 🌐 www.334.co.jp

【旅遊達人】 上函館山攻略

　　每到黃昏，遊客便蜂擁在山下苦等可載客125人登山
Ropeway 吊車！故此遊客應該在冬天6:45pm後、而夏
天則在7:30pm後才好上山，原因是可以避開一大群旅行
團！另外大家要注意由山上開出的尾班吊車為9:00pm(冬
天)及10:00pm(夏天)！

㉗ 平食函館百萬夜景

MAP 12-6/**B5**

Genova

🚕 乘函館纜車至山頂

這間位於函館山頂的 Geno-va Restaurant，有超過180度的弧形大玻璃及10多張超大的window seat，坐擁整個被譽為世界三大夜景之一的函館夜色，喜歡無遮無擋的食客，還可到餐廳的露天展望台。難得有此絕景，餐廳的收費卻絕不昂貴，正餐也是由￥1,000起。

INFO

🏠 函館山展望台 2/F | 📞 0138-27-3127 | 🕐（午市）11:30am-3:00pm;（晚 市）4:00pm-8:30pm (8:00最後落單）; 其餘日子營業至 8:45pm | 💲 ￥2,000 左右 | 🌐 http://334.co.jp/restaurant

函館大牌檔 **MAP** 12-6/ **G2**

大門橫丁 ㉘

🚕 JR 函館駅步行 7 分鐘

大門橫丁匯聚了函館市接近30間屋台，是函館市民間美食的總匯。大門橫丁曾在1934年的函館大火中被燒毀，後來重建為美食街。這裡食肆種類繁多又密集，由街頭吃到街尾，部分食肆還提供中英文菜牌，令遊客吃得更盡興。不過屋台一般座位有限，所以用餐時間不宜過長，免得阻人生意。

函館いか家提供墨汁餃子，非常有特色。

串燒與炸雞，是日式屋台最受歡迎的食品。

MAP 12-8B/ **C4**　摘星景點
㉙ 五稜郭公園

🚕 市電「五稜郭公園前」駅徒步約 8 分鐘至入口

　　五稜郭公園是德川幕府防衛北邊所建，為日本第一個西洋城堡。五稜郭城牆呈現五角形而護城河岸遍植櫻花，4月下旬至5月中旬櫻花盛開，將五稜郭裝飾成粉紅色的五芒星花海。冬天則可以欣賞到燈光點綴後的「五稜星之夢」即是於護城河周邊掛上約二千顆燈泡，並於每年的1月中至2月中舉行。

　　2006年4月更有新建成的五稜郭塔登場，收錄了有關五稜郭的歷史故事；觀景台高98米，比隔鄰的舊展望台高出差不多一倍，可更看清公園的星星全貌。

INFO

🏠 函館市五稜郭町 43-9 | 📞 0138-51-4785 | 🕐 4 月 21 日至 10 月 20 日：8:00am-7:00pm；其他時間：9:00am-6:00pm | 💲 登五稜郭塔 ￥900/ 位 | 🌐 www.goryokaku-tower.co.jp

在高空俯瞰五稜郭公園，會發現公園呈星形，被水道包圍著，景色優美得令當地人也視這裡為散步熱點。

函館舊行政中心
箱館奉行所 **MAP** 12-8B/**C3** ㉚

 市電「五稜郭公園前」駅步行 15 分鐘

箱館是幕末時代函館的舊稱，奉行所即是當時地方政府的總部，也是五稜郭的核心。奉行所在1864年建成，由當時著名的建築師武田斐三郎主理，後卻因為箱館戰爭而遭破壞。2010年，地方政府完成奉行所的重建，並獲得北海道赤レンガ（紅磚）建築賞，以慶祝五稜郭邁入150周年。奉行所除了重現百多年前的漂亮結構，也藉此重溫箱館戰爭這段影響日本由幕末走向明治時代的戰役。

 INFO

🏠 函館市五稜郭町 44-3 | 📞 0138-51- 2864 | 🕐 9:00am-6:00pm（11-3 月營業至 5:00pm）| 💲 成人 ￥500、小童 ￥250 | 🌐 http://www.hakodate-bugyosho.jp/

MAP 12-8B/**C4**　　美景配美食
㉛ **六花亭 (五稜郭店)**

 市電「五稜郭公園前」駅步行 12 分鐘

六花亭是北海道著名甜品老字號，設在五稜郭公園的分店，除了銷售甜品外，更兼營餐廳。餐廳外表優雅，遠望還以為是公園內的美術館。它置身在公園的叢林內，透過落地大玻璃，可以在室內盡覽五稜郭公園四季的美景。餐廳既有西式輕食，同時亦供應傳統定食，而且咖啡更無限任飲，是公園內絕佳的加油站。

INFO

🏠 函館市五稜郭町 27-6 | 📞 0138-31-6666 | 🕐 9:30am- 5:30pm | 🌐 http://www.rokkatei.co.jp/

道東

層雲峽

根室本線

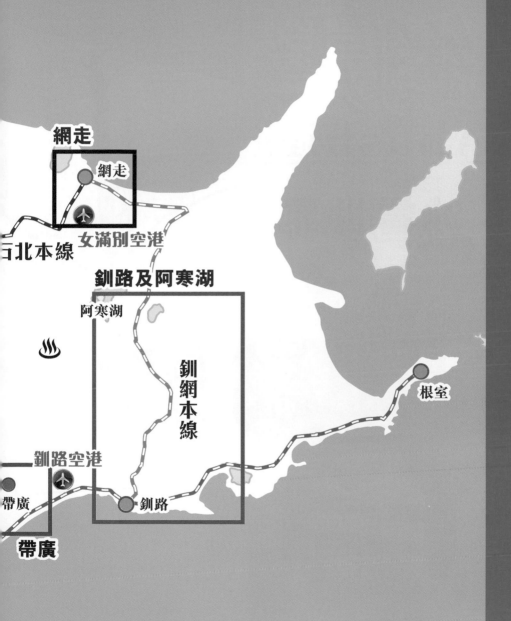

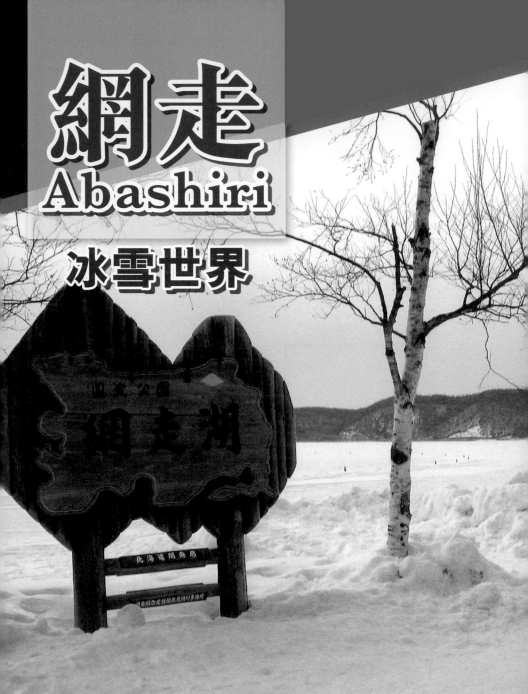

網走
Abashiri

冰雪世界

網走 Abashiri

網走位於北海道東部、面向鄂霍次克海的城市，以冰天雪地中的網走監獄和流冰廣為人所知。每年1-3月間，都有破冰船在網走海岸邊航行，觀賞鄂霍次克海的浮冰，是網走最熱門的觀光活動。

對外交通

札幌、旭川至網走

一般乘火車往網走的旅客，都會在旭川乘坐石北本線的特急列車「鄂霍次克號」（オホーツク號），車程約4小時。鄂霍次克號也可由札幌搭乘，到網走約5.5小時，車資￥10,540。(不同班次有不同票價)

＊冬期限定特急列車「流冰特急鄂霍次克之風」在2月初到3月中旬，行駛在札幌、旭川和網走間，每天有一班來回。

「鄂霍次克號」班次：

札幌→網走

	1號	3號	5號	7號
札幌(發車)	7:21	9:41	15:08	17:30
旭川	9:00	11:15	16:41	19:05
網走(終站)	12:46	15:09	20:37	22:58

網走→札幌

	2號	4號	6號	8號
網走(發車)	6:23	9:30	13:29	.17:18
旭川	10:10	13:11	17:12	20:59
札幌(終站)	11:46	14:45	18:47	22:38

市內交通

札幌、旭川至網走

遊客可乘坐網走觀光巴士「定期觀光バス」，參觀市內的主要觀光景點。每天的8:20am至4:45pm發車，一天共有5-6個班次，一日乘車券￥1,500。

路線：網走巴士總站(JR網走駅旁)→網走刑務所→網走監獄博物館→天都山（流冰館）→北方民族博物館→はな・てんと会場

網站：www.abashiribus.com/teikanri.html

另外巴士公司亦會按不同季節推出不同的觀光路線巴士，詳情可於網走巴士公司的網站查閱。

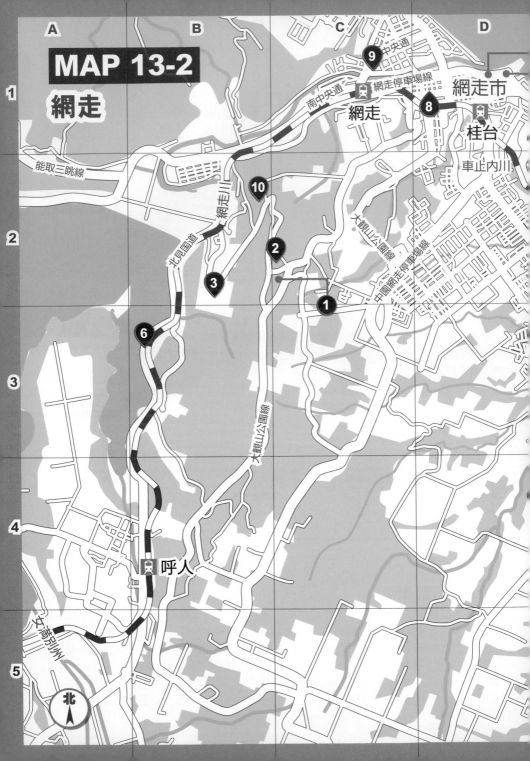

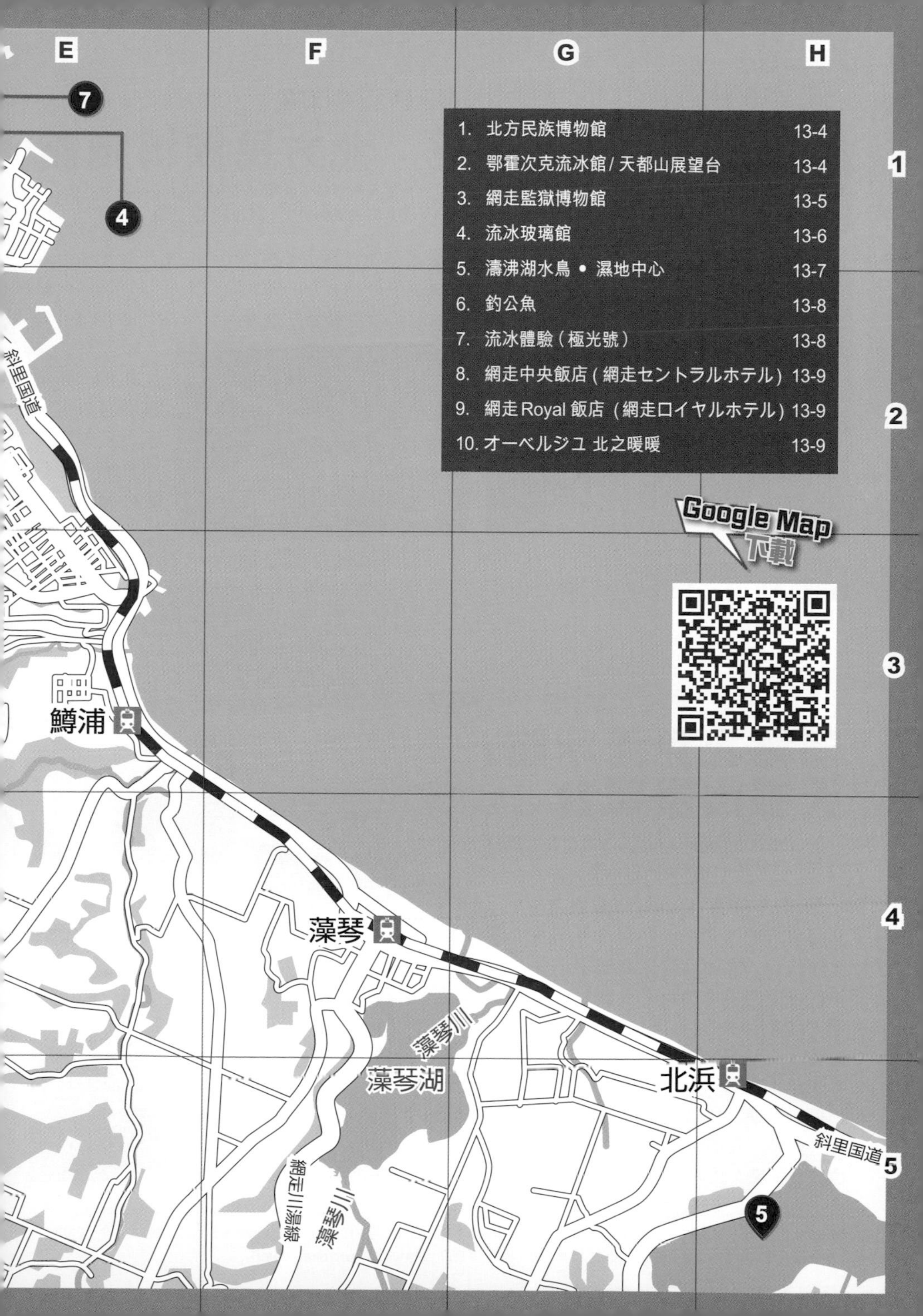
E
F
G
H
1. 北方民族博物館 13-4
2. 鄂霍次克流冰館 / 天都山展望台 13-4
3. 網走監獄博物館 13-5
4. 流冰玻璃館 13-6
5. 濤沸湖水鳥 • 濕地中心 13-7
6. 釣公魚 13-8
7. 流冰體驗（極光號） 13-8
8. 網走中央飯店 (網走セントラルホテル) 13-9
9. 網走 Royal 飯店 (網走ロイヤルホテル) 13-9
10. オーベルジユ 北之暖暖 13-9
Google Map
下載
1
2
3
4
5
7
4
斜里国道
鱒浦
藻琴
藻琴川
藻琴湖
北浜
網走川湯線
藻琴川
斜里国道
5

網走

釧路及阿寒湖

帶廣

MAP 13-2/ **C2**　　　　人定勝天

① **北方民族博物館**

由網走駅搭乘往天都山的巴士或「定期觀光バス」
至北方民族博物館，車程約 10 分鐘

分不同主題展示有關曾生活在格陵蘭島和斯堪的納維亞半島一帶，屬於歐亞大陸北方氣候較嚴峻地區民族的特色及珍藏品，包括愛努 (Ainu) 民族和鄂霍次克的文化。除解說服務外，還展售只有該館才有的特色商品。

INFO

🏠 網走市潮見 309-1 | 📞 0152-45-3888 | 🕐 9:30am-4:30pm（10 月 -6 月），9:00am-5:00pm（7 月 -9 月）| 💲 成人 ￥550，學生 ￥200 | 🌐 hoppohm.org/

遇見冰天使　**MAP** 13-2/ **C2**

鄂霍次克流冰館 /
天都山展望台　②

由網走駅搭乘往天都山的巴士或「定期觀光バス」
至天都山，車程約 10 分鐘

鄂霍次克海 (Okhotsk) 與日本的北海道接壤，在冬季時常會見到由北極飄來的流冰。在流冰館裡，遊客則可隨時接觸摸真正的流冰，還可以親眼目睹濕毛巾結冰的「冰凍實驗」。但流冰館真正的主角，肯定是生活在冰凍海水中的 Clione。這種海洋生物因為外形似天使，所以被稱為流冰天使，別處難得一見。此外，在從旁邊的天都山展望台，可以全方位欣賞鄂霍次克海的雄偉景色。

INFO

🏠 網走市天都山 244-3 | 📞 152-43-5951 | 🕐 8:30am-6:00pm（5 月 -10 月），9:00am-4:30（11 月 -4 月）10:00am-3:00pm（12 月 29 日 -1 月 5 日）| 💲 成人 ￥770，學生 ￥550 | 🌐 www.ryuhyokan.com/

無端端坐監 MAP 13-2/B2
網走監獄博物館 ③

由網走駅搭乘往天都山的巴士或「定期觀光バス」
至網走監獄博物館，車程約 10 分鐘

　　1890年，日本政府為了防範鄰國俄羅斯的侵略，決定修築由北海道東西部的「中央道路」。而為了節省開支，政府特別把囚犯當作廉價勞工日以繼夜地工作，而網走監獄就是安置他們的地方。可惜因為工作環境太惡劣，工程展開不久便有超過2百名囚犯喪生......

　　今時今日，遊客除了可以參觀這些超過百年歷史的刑房，還可以試穿昔日囚犯的囚衣，體驗他們的工作，甚至一嘗「皇家飯」，令你進一步加深對網走監獄歷史的瞭解。

改良版的「皇家飯」，有菜有魚，一客￥900。

🏠 網走市字呼人 1-1 | 📞 152-45-2411 | 🕘 9:00am-5:00pm
| 💲 成人￥1,500，大學生￥1,000，小中學生￥750 |
www.kangoku.jp/

MAP 13-2/ D1　精緻又環保
(04)　流冰玻璃館

🚕 由 JR 桂台駅步行約 11 分鐘

　　北海道除了小樽，網走的流冰玻璃館也相當有名，這裡貫徹環保精神，主要製作、展示和販售以作廢的螢光燈為原料的玻璃工藝品，值得一讚。除了購物，遊客也可預約體驗吹玻璃和製作玻璃球。館內設有咖啡廳，還可以邊欣賞鄂霍次克海的美景和製作玻璃的情形，邊享用簡餐。

INFO

🏠 網走市南 4 條東 6 丁目 2-1 | 📞 152-43-3480 | ⏰ 10:00am-5:00pm(周三 休息) | 🌐 www.ryuhyo-glass. com/

MAP 13-2/ **H5** ⑤ 　觀鳥勝地

濤沸湖水鳥 ● 濕地中心

🚕 從 JR 網走駅乘火車至 JR 北濱駅（約 18 分鐘），再徒步約 10 分鐘；或由 JR 網走駅乘網走巴士（小清水、斜里線）至白鳥公園入口下車（約 30 分鐘），再徒步約 4 分鐘

　　濤沸湖 (Tofutsu-ko) 是愛努族 (Ainu) 方言，是湖口的意思。濤沸湖長 27.3 公里，佔地 900 公頃，由湖水與海水匯集而成。這裡是鄂霍次克地帶白天鵝等候鳥橫渡遷移時的重要中繼站，並被指定為網走國定公園以及鳥獸保護區。濤沸湖不但有許多美麗的原生花朵，並可觀看到約二百多種類的野鳥，是日本珍貴的保育地。

🏠 網走市字北濱 203 番 3 地先（白鳥公園）| 📞 0152-46-2400 | 🕐 9:00am-5:00pm(周一休息) | 💲 免費 | 🌐 https://www.city.abashiri.hokkaido.jp/230boen_kankyou/tofutsu-ko/index.html

網走

釧路及阿寒湖

帶廣

別開生面
釣公魚
⑥
MAP 13-2/ **B3**

🚕 從 JR 網走駅乘坐「美幌線」、或「女滿別機場線」巴士，至「網走湖莊前」，約 10 分鐘

冬季到網走，一定不可錯過在冰湖釣魚這活動。當地人在結冰的網走湖雪白大地上，挖個洞釣魚，這是北海道冬季特有的釣魚之樂。釣上來的公魚肉質紮實，無論是烤著吃還是做成天婦羅都堪稱一絕。

INFO

🏠 網走湖上 | ⏰ 12 月下旬 -3 月中旬，8:30am-4:00pm(每年時期略有差異，詳情請瀏覽官網) | 💲 遊釣費 成人 ¥800，兒童 ¥400，出租魚竿 ¥200，出租椅子 ¥100，釣魚裝置 ¥250，魚餌 ¥200，鑽孔器 ¥300；出租炸天婦羅套裝 ¥1000，可自行即場調理並品嘗釣到的魚 | 🌐 https://visit-abashiri.jp/zh-CHS/event/745fa09082f50a7dcfa0df15e250ecab01f5d3ae.html

---

MAP 13-2/ **D1** **⑦** 乘風破冰
流冰體驗（極光號）

🚕 從 JR 網走駅乘的士約 8 分鐘

冬季網走觀光不可不提的是流冰觀光！乘坐極光號可以盡情體驗流冰的樂趣。在大片的流冰上激昂前進的流冰周遊船。在大約1個小時的航行過程中，有可能看到海豹和白尾鷲的蹤跡，陸地上的動物北狐和蝦夷鹿也不時會出沒。

INFO

🏠 北海道網走市南 3 条東 4 丁目 5 之 1 道之站（流冰街道） | 📞 152-43-6000 | ⏰ 每年約 1 月 20 日至 3 月末，航班時間亦有所不同，出發前參閱官網 | 💲 成人 ¥4,000，小童 ¥2,000 | 🌐 ms-aurora.com/abashiri/

【網走住宿】

網走中央飯店 ⑧ MAP 13-2/ D1
(網走セントラルホテル)

 網走巴士總站下車步行 3 分鐘。從 JR 網走駅乘坐的士約 5 分鐘（步行 11 分鐘）

INFO
🏠 網走市南 2 西 3 | 📞 152-44-5151 | 💲 雙床房 ￥14,000 起 | 🌐 www.abashirich.com/

MAP 13-2/ C1 網走 Royal 飯店
⑨ (網走ロイヤルホテル)

🚕 從 JR 網走駅步行 5 分鐘，附設大浴場

INFO
🏠 網走市北 6 西 7 | 📞 152-43-1888 | 💲 雙床房 ￥10,500 起 | 🌐 abashiri-royal.jp/

オーベルジュ ⑩
北之暖暖 MAP 13-2/ B2

🚕 從 JR 網走駅乘的士約 5 分鐘，環境古雅，設露天風呂，貴一些也值

INFO
🏠 網走市大曲 39-17 | 📞 152-45-5963 | 💲 雙床房 ￥28,888(一泊二食) | 🌐 http://kitanodandan.com/

阿寒湖
Akan
丹頂鶴天堂

屈斜路湖

中標津町

弟子屈町

陸別町

阿寒湖

別海町

標茶町

Map 14-0
釧路及阿寒湖廣域

浜中町

釧路市

厚岸町

白糠町

釧路市

阿寒湖 Akan

　　道東三湖包括了摩周湖、屈斜路湖和阿寒湖,當中阿寒湖因為電影《非誠勿擾》而為亞洲人所熟悉。阿寒湖其實是個火山口湖,是7-8千年前因為火山的劇烈活動地層陷落後所形成的。阿寒湖被雄阿寒岳和雌阿寒岳所環抱,在湖內有獨有的綠球藻生長,所以又稱為神秘之湖。阿寒湖在12月-4月都會低於零下20度,湖面會結冰,遊人可以在冰上舉行如垂釣、滑冰等活動,而夏天的溫度在23-24度左右,是很受歡迎的避暑勝地。

對外交通

札幌、釧路至阿寒湖

　　由札幌乘JR至釧路,車程約3小時40分鐘,再由釧路駅轉乘巴士至「阿寒湖溫泉」站下車,車程約2小時,車費￥2,750。另釧路空港有2班車往阿寒湖溫泉,車程約1小時15分鐘,車費￥2,190。

車號/班次	空港1號	#103	#105	空港3號	#107	#109
釧路駅前	-	10:10	11:45	-	14:50	17:15
たんちょ釧路空港	10:00	10:57	12:32	14:45	15:37	18:02
鶴公園	↓	11:05	12:35 12:50	↓	15:45	18:10
阿寒町	↓	11:17	13:02	↓	15:57	18:22
阿寒丹頂之里	10:17	11:22	13:07	15:02	16:02	18:27
阿寒湖溫泉	11:15	12:10	13:50	16:00	16:50	19:15

＊紅字為7-10月加開班次　＊部分車站從略
＊年末年初(12/31-1/3)期間,109號普通巴士停運。

觀光巴士

　　乘觀光巴士「ピリカ号(Pirika)」於釧路駅前上車,途中可於摩周湖、屈斜路湖和硫磺山下車遊覽,全程約9小時。參加者可中途於「阿寒湖溫泉」下車自費午膳及觀光,巴士最終回釧路駅前,如選擇於阿寒湖溫泉或釧路空港為尾站,車費參考右表:

上車處	下車處	1月-3月	4月-11月
釧路駅前	釧路駅前	￥6,000	￥4,600
	釧路空港	￥5,700	￥4,300
	阿寒湖溫泉	￥4,700	￥3,290

(以上資料隨時更改,出發前請查閱阿寒巴士網站確認)

阿寒巴士網頁:http://www.akanbus.co.jp
阿寒湖觀光協會:http://www.lake-akan.com/access

Map 14-2
弟子屈町

阿寒湖

阿寒湖

Google Map 下載

釧路

音羽橋 14-5

鶴見台
14-5

阿寒國際觀鶴中心
14-4

濕原展望台
14-5

釧路機場

釧路市

釧路駅　　釧路町

北

Map 14-2 / **B4** 濃厚民族風情
01 阿寒湖溫泉街

🚗 JR 釧路駅前乘巴士前往「阿寒湖溫泉」下車，車程約 2 小時

阿寒湖除了有美景，還是個著名的溫泉區，所以在湖畔兩旁有很多溫泉旅館。有旅館自然便有溫泉街。這裡跟一般的溫泉街不同，因為有愛努 (Ainu) 的人在此居住，所以在溫泉街有很多愛努人開設的手工藝店，他們賣的手工藝在別處不會買到，而且富有民族特色，店舖亦裝飾得很有民族色彩。此外，在 9 月及 10 月期間，愛努人會在溫泉街舉行傳統的「火祭」，每晚會拿著火把在溫泉街上遊行至愛努村莊。

INFO

🏠 釧路市阿寒湖 | **MAPCODE** 739 342 701

吉卜力迷注意 **02** **Map** 14-2 /**B4**
阿寒湖どんぐりの森

店前的樹枝拱門，令人想起小梅追著龍貓進入森林。

🚗 JR 釧路駅前乘巴士前往「阿寒湖溫泉」下車

來到阿寒湖泡溫泉的話，可以順道去阿寒湖吉卜力專門店—どんぐりの森。這家店店面雖然比較小，但商品數量卻是壓倒性的多，除了滿滿吉卜力公仔之外，還有廚具、文具和嬰兒用品等等周邊商品。基本上店內所有東西在販售，就連店前櫥窗的超大龍貓都可以買！不過有些產品可能會因季節原因暫停供應，所以看中什麼東西就不要猶豫，立即買下來吧！

INFO

🏠 釧路市阿寒町阿寒湖溫泉 4-3-19 | 📞 134-27-3371
| 🕐 夏季 9:00am-10:00pm 冬季 9:00am-9:00pm

網走

釧路及阿寒湖

帶廣

遇上稀有丹頂鶴 **Map** 14-2 /**C4**

釧路濕原國立公園 ⑬

🚕 於 JR 釧路駅乘觀光巴士ピリカ号於鶴見台下車；乘阿寒巴士，在「濕原展望台」下車，車程約 30 分鐘

釧路濕原是日本最大的濕原，佔地 19.290公頃，1987年獲指定為國立公園。這裡還是丹頂鶴的棲息地，是天然紀念物。這裡有很多小池塘和沼澤，也有據說是日本最大的淡水魚「夢幻之魚」的稀有魚類。濕原因為受到保護，所以一般人不能入內，只可在展望台眺望，或者在遊步道上散步。

釧路濕原觀鶴地點： **Map** 14-2 / **A4**

阿寒國際觀鶴中心(阿寒国際ツルセンター【グルス】)

🚕 於 JR 釧路駅乘阿寒巴士，在「丹頂の里」下車，步行 5 分鐘即達

這裡是丹頂鶴博物館及繁殖中心，裡面存放了大量相關丹頂鶴的資料，也是全年觀鶴的好地方。

INFO

🏠釧路市阿寒町上阿寒 23 線 40 番地 | 📞0154-66-4011 | 🕐 9:00am-5:00pm(全年無休) | 💲 成人 ￥480，小童 250 | 🌐 https://aiccgrus. wixsite.com/aiccgrus

釧路市濕原展望台

於 JR 釧路駅乘阿寒巴士，在「濕原展望台」下車即達

展望台的周圍有木板鋪成的步行徑與其他展望台和廣場相連，除了觀鶴，這裡也展示濕原的詳細資料。

INFO

🏠 釧路市北斗 6-11 | 📞 0154-56-2424 | ⏰ 8:30am-6:00（11 月至 4 月 9:00am-5:00pm）| 💲 大人 ￥480、高中生 ￥250、中小學生 ￥120 | 🌐 www.kushiro-kankou.or.jp/tenboudai/

Map 14-2 / B5

鶴見台 Map 14-2 / B4

🚕 於 JR 釧路駅乘觀光巴士ピリカ号，其中一站是「鶴見台」，乘客可下車停留

鶴見台位於 53 號公路旁。這裡沒有任何設施，只有一個大到足以容納幾台旅遊車的停車場。

INFO

🏠 阿寒郡鶴居村雪裡原野北 4 線東 | ⏰ 全日 | 💲 免費 | **MAPCODE** 556 353 173

Map 14-2 / B4 音羽橋

🚕 沒有巴士可達，可自駕或乘的士前往

因為這條河提供了相對安全和溫暖的環境，所以在冬季丹頂鶴都會來到這裡棲息。它們通常會在白天覓食，所以最適合看丹頂鶴的時間也是清晨。

INFO

🏠 阿寒郡鶴居村下雪裡第三地區 | ⏰ 全日 | 💲 免費 | **MAPCODE** 149 451 049

露天風呂付客室，付有展望廳，全部房間均在湖邊，每房￥35,200起。

以阿寒原始森林為題的RERA洋室，還有RERA之館專用足湯。每房￥27,200起。

Map 14-2 / B4　蔡 San 都 LIKE
④ 阿寒遊久之里 鶴雅

🚕 酒店有提供免費穿梭巴士從釧路、帶廣、北見及根室出發，但不是全年運行，訂房時先向酒店查詢

鶴雅的名氣非常大，在阿寒湖算是最有名氣的人家溫泉旅館，連蔡瀾先生都大讚，有些人更鶴雅評為「一生人也要住一次」的旅館。這裡最注目的是可以邊泡邊欣賞無敵湖景的露天溫泉，無論是八樓的「天女之湯」還是一樓的「鹿泉之湯」都一定要泡個夠。

八樓天女之湯。

INFO

🏠 釧路市阿寒湖溫泉4丁目6番10号 | 📞 0154-67-4000 | 💲 ￥24,200 起 | 🌐 http://www.tsuruga-g.com/traditional/01tsuruga（中文）；http://www.tsuruga.com（日文）

勇闖神秘之境
摩周湖　⑤　Map 14-2 /D2

🚕 於 JR 釧路駅乘觀光巴士ピリカ号途中可於摩周湖下車遊覽；乘阿寒巴士，在「摩周湖第1展望台」下車，車程約25分鐘

摩周湖又稱為「神秘之湖」，因為很多時都給霧包圍，要窺探它的真面目的日子並不多，因此得名。摩周湖在7000年因為火山噴火而形成，是個破火山口湖，愛努語稱為「神之山」的摩周岳便在湖畔旁聳立著。整個湖的範圍為20公里，面積達1,966平方公頃，最深達212米。因為這裡沒有水流流出流入，所以湖面平靜如鏡，好天的時候可以看到摩周岳的倒影。

INFO

🏠 川上郡弟子屈町 | **MAPCODE** 613 781 345

Map 14-2 / **C2**
⑥

人間地獄
硫磺山

🚕 JR 川湯溫泉乘的士前往，車程約 8 分鐘；JR 釧路駅乘觀光巴士ピリカ号於硫磺山下車

硫磺山是屈斜路湖和摩周湖附近地帶的一座活火山，所以遊客可以在此近距離觀看火山口的活動。這裡瀰漫著一股硫磺的氣味，四圍都是白煙，附近也寸草不生，場面非常震撼。整個地區沒有作刻意的修整道路，遊客可感受原始大自然的氣氛。這裡劃分了幾條小徑，其中一條2.5公里長，可通往川湯溫泉。

🏠 川上郡弟子屈町跡佐登 | **MAPCODE** 731 713 552

日本最大的火山湖口 **Map** 14-2 / **B2**
屈斜路湖 砂湯 ⑦

🚕 JR 川湯溫泉駅乘前往「砂湯」下車，車程約 40 分鐘

道東一帶有很多湖泊，而三湖之一的屈斜路湖是日本最大的破火山湖口，面積達80平方公里。這裡周邊都有很多溫泉，就在湖邊挖一下都會有溫泉湧出，稱為「砂湯」。屈斜路湖的透明度為20米，最深達118米，湖水呈青色，陽光映照下非常漂亮。這裡還可以看到一種獨特的自然現象，日本人稱為「御神渡」。這是由於湖面上結了冰，冰塊互相擠壓產生直線隆起的現象，在形成期間還會發出巨大的聲響。

🏠 弟子屈町屈斜路 | **MAPCODE** 638 148 257

帶廣
Obihiro
紅豆之鄉

国鉄広尾線
愛国駅

帶廣 Obihiro

　　帶廣位於北海道的東南部、十勝川中游的十勝平原中部，是北海道第6大城市，以豚丼和甜品最具人氣，而且名揚全日本。十勝出產的紅豆更馳名國際，很多餐廳均以用十勝紅豆作甜品材料而自豪。除了食物，十勝帶廣更有廣闊的平原，有很多牧場，所以出產的奶類產品也十分受歡迎。

　　帶廣的日夜溫差非常大，冬天可低至零下20度，而夏天則會上升到攝氏30度，降雪量比日本東北地區更多。

對外交通

札幌至帶廣

　　從札幌乘JR特急列車往帶廣車程約2.5小時，每天由早上6時48分至晚上9時06分有十多班由札幌開出，途徑清水、芽室、十勝バス本社、帶廣駅等十多個站，車程約3小時，車費￥4,840，指定席特急票另加￥2,950。

網頁：

https://jrhokkaidonorikae.com/vtime/vtime.php?s=130

對內交通

　　十勝帶廣地區行經各景點的巴士不多，遊覽時自駕或乘的士較易計劃時間及行程。每年7-9月，當地巴士公司會設有觀光巴士線「夏の定期観光巴士」，行經幸福車站等景點。

十勝巴士： www.tokachibus.jp

MAP 15-2

帶廣廣域

A B C D

帶広市

室町

幕別町

Google Map 下載

とかち帯広空港

帶廣市

帯広川

帯広停車場線

広小路

5、7

帯広

八千代帯広線

北

死而復生
幸福駅

MAP 15-2/ **B3**

⑴

🚕 由帶廣巴士總站，乘往廣尾方向的 60 號巴士，車程約 50 分鐘。在幸福站下車步行 5 分鐘

單看名字，或者以為是個虛構車站。原來幸福站確曾存在過，是已經廢線的廣尾線其中一個車站。廢線後，帶廣的居民極力爭取保留車站，最後成功保留並且成為個熱門景點。這裡很受情侶歡迎，很多人都喜歡到這裡拍婚紗照，日本人甚至在這裡舉行婚禮。於 2008 年，這裡更獲選為「恋人の聖地プロジエクト」(Project for 戀人的聖地) 的其中一個戀人聖地。

INFO

🏠帶広市幸福町東 1 線 | 🕐 全日 | 🌐 www.city.obi-hiro.hokkaido.jp/ | **MAPCODE** 333 210 338

⑵

最緊要 SWEET
愛國駅

MAP 15-2/**C2**

🚕 由帶廣巴士總站，乘往廣尾方向的 60 號巴士，車程約 30 分鐘。在愛国站下車步行 5 分鐘

除了幸福站，廣尾線還有一個愛國站。愛國站並非解作愛國家的意思，而是代表「愛的國度」。也因此，北海道人把幸福站和愛國站連繫上，寓意「從愛的國度走向幸福」(愛の国から幸福へ)。

帶廣市把愛國站包裝成為一個類似小型博物館的地方。

INFO

🏠帶広市愛国町基線 39-40 | 🕐 09:00am-5:00pm（3 月 -11 月每日開館，12 月 -2 月僅周日開館）| 🌐 www.city.obihiro.hokkaido.jp/ | **MAPCODE** 124 323 103

【旅遊達人 獨家紀念品

這裡賣的紀念車票和刻有幸福的產品，很受情侶歡迎，特別是明信片。而在愛國站附近 3 分鐘步程，便有郵局可以把明信片即時寄出。

道東

農耕馬大比拼
帶廣馬場

03

MAP 15-2/**A4**

🚗 從 JR 帶廣駅乘的士約 7 分鐘

逢周六、日，帶廣馬場都會推出輓曳賽馬。賽馬參賽的都是「非一般」的跑手，牠們是體重隨時達 1 噸的農耕馬。牠們的體重比普通的賽馬重兩倍，而比賽則是要牠們拉著接近約 1 噸重的鐵橇跑上兩個小山坡及全長 200 米的競跑。由於觀眾可以近距離觀看賽事，箇中的震撼場面，絕對令人難忘。

INFO

🏠 帶広市西 13 條南 9 | 📞 0155-34-0825 | 🕐 逢周六、日及公眾假期 | 💲 ￥100 | 🌐 www.banei-keiba.or.jp/

MAP 15-2/**D1**

04

鵬程萬里
晨早熱氣球體驗

🚗 從 JR 帶廣駅乘坐巴士約 30 分鐘，或乘的士約 25 分鐘

十勝一帶多平原，甚適合舉行熱氣球活動。在十勝川温泉區的十勝自然中心裡，遊客可坐上熱氣球升上 30 米的高空，居高臨下遠望無邊際的十勝平野和宏偉的大雪山。假如你嫌垂直升降的熱氣球未夠刺激，只要多花費二萬日圓，便可在 20 分鐘內真正坐熱氣球翱翔，盡覽十勝景色。

INFO

🏠 北海道河東郡音更町十勝川温泉北 15-4（十勝之丘公園 HANAKKU 廣場） | 📞 0155-32-6116 | 🕐 4 月至 6 月及 9 月，6:30am-7:30am；7 月、8 月份 6:00am-7:30am;10 月 -12 月僅周六、周日、節假日舉辦 | 💲 1 人 ￥2,300（無需予約） | 🌐 www.nature-tokachi.co.jp/ | ⚠ 3 歲以下小童或懷孕期間的女士不可參加

掃貨有難度
とちか 物產センター ⑤

MAP 15-2/**D5**

🚕 JR 帶廣駅內

要買到帶廣出產的各種土產絕非難事！因為帶廣物產協會在 JR 帶廣車站的 ESTA 東館，設立了物產中心，搜羅了帶廣所有的土產在店內售賣，包括各個品牌的豚丼汁、十勝紅豆、奶類製品和農產品等。很多地道的產品在北海道其他地方都很難買到，價錢公道合理，絕對是個值得一到的地方。

豚丼汁和大勝紅豆絕對是必買人信。

INFO

🏠 帶広市西 2 条南 12 丁目（JR 帶広駅 ESTA 東館 2 階） | 📞 0155-22-7666 | 🕐 9:00am-6:00pm | 🌐 obihiro-bussan.jp

---

⑥

MAP 15-2/**D4**

馳名年輪蛋糕
柳月

🚕 JR 帶廣駅步行 12 分鐘

數到帶廣的甜品，還有另一家老字號柳月。柳月由田村英也在 1947 年創立，以獨家創作的「三方六」蛋糕最為出名，曾獲博覽會中的金獎及本農林水產大臣獎。這款蛋糕是改良版的年輪蛋糕，在 30 層的蛋糕外包上一層薄薄的朱古力，做成白樺樹的模樣。而名稱「三方六」的由來，是因為用上好像把木劈成柴的模樣的切割方法。

三方六是柳月名物，也有迷你版出售。

INFO

🏠 帶広市大通南 8 丁目 15 | 📞 0155-23-2101 | 🕐 8:30am-7:30pm | 🌐 www.ryugetsu.co.jp/

MAP 15-2/**D5**

後起之秀

⑦ 豚丼のぶたはげ

🚕 JR 帶廣駅內

在帶廣內有很多有名的豚丼店，數較為有人氣的是帶廣車站附近的兩間，一間是老字號的元祖豚丼，另一間是新冒起的豚丼のぶたはげ。這裡店內裝潢都比較年輕，但對於豚丼的製作方法，與老字號同樣一絲不苟。他們會用攝氏850度高溫烤豬肉，每一件都由師傅親手烤製，配上自家製醬汁，香味四溢。店舖每天都大排長龍，採訪當日並不是午餐時間也要等15

INFO

🏠 帶広市西 2 条南 12 丁目 9 JR 帶広駅 Esta 帶広西館 | 📞 0155-24-9822 | 🕐 9:00am-7:40pm（L.O. 7:15pm） | 🌐 www.butahage.com/

七十年老店

元祖 豚丼のぱんちょう

MAP 15-2/**D5**

⑧

🚕 JR 帶廣駅步行 3 分鐘

能稱得上元祖，歷史當然悠久，這裡1933年已開業，就只賣豚丼，七十年來店外仍然每天都大排長龍。這裡每片豬肉都烤成金黃色，片片都烤得焦香，而且配上獨家的醬汁，在外面也吃不到這種味道。這裡的豚丼分成「松」、「竹」、「梅」、「華」 四種，最小份的是「松」，分量很適合女生。

INFO

🏠 帶広市西 1 条南 11 丁目 19 | 📞 0155-22-1974 | 🕐 11:00am-7:00pm，周一、第 1、3 個周二休息

09

MAP 15-2/**D4**

北海道人氣甜品
六花亭

🚕 JR 帶廣駅步行 7 分鐘

朱古力士多啤梨很受歡迎，新千歲機場也有發售。

六花亭是帶廣的名物，也是來到北海道不可不買的手信之一。六花亭於1933年在帶廣創立，現在於北海道已廣開分店。帶廣店跟函館店一樣設有喫茶室，如果沒有時間坐下來，也可以在地下的小食店買到這裡限定的甜點。這間總店限定的奶油卷酥，在其他分店並沒有出售，日文名字叫「サクサクベイ」，「サクサク」意思指「咬下去好脆的聲音」的意思，就算放在雪櫃裡還是很鬆脆。

精選小包內有六花亭人氣的甜品，用來做手信最適合。

【三 大 人 氣 甜 品】

這個用朱古力餅夾上香濃芝士雪糕。

這款則是用朱古力餅配上香滑軟雪糕。

酥脆的「サクサクベイ」是本店限定甜品。

🏠 帶広市西 2 条南 9 丁目 6 | 📞 0155-24-6666 | 🕐 9:00am-6:30pm | 💲 ￥500 起 | 🌐 www.rokkatei.co.jp

日式大牌檔
北の屋台

MAP 15-2/**D5**

10

🚕 JR 帶廣駅北口步行 5 分鐘

北の屋台離帶廣車站不遠，大概7-8分鐘的步程。每間屋台同時可容納6-8人，一般6點後才開始營業，8點便會開始人多，大多都是下班後去光顧。這裡以帶廣地道食材居多，有些也會賣馬肉和鹿肉刺身，是體驗地道生活的好地方。

每家店的範圍不大，坐得不算舒服，但相當有地道氣氛。

🏠 帶広市西 1 條南 10 丁目 7 番地 | 📞 0155-23-8197 | 🕐 一般 5:00pm 後營業 | 💲 ￥1,200 起 | 🌐 www.kitanoyatai.com/

1) 簽證

香港特區護照及BNO持有人

由2004年4月1日開始，凡持有**香港特區護照或英國（海外）公民護照(BNO)**前往日本，均可享有免簽證入境、逗留當地90天的待遇。另於2005年3月25日起，凡持**澳門特區護照**者亦可享有免簽證入境、逗留當地90天的待遇。

其他旅遊證件持有人

若未持有香港/澳門特區護照或BNO之人士，欲前往日本旅遊、探親或公幹，需到日本簽證申請中心辦理簽證手續。辦理簽證申請約需兩個工作天。

日本簽證申請中心

地址：香港北角電氣道148號16樓3室
申請時間：周一至五8:30am-3:00pm
領證時間：周一至五8:30am-4:45pm
預約網址：https://www.vfsglobal.com/Japan/Hongkong/
簽證申請書下載：https://www.mofa.go.jp/mofaj/toko/visa/pdfs/application1_c2.pdf

---

2) 貨幣

流通貨幣為日圓YEN，￥100兌約HK$5.8（截至2023年5月）。港元可在日本兌換成日圓。關西機場兌換中心從6:00am開始營業，直至最後一班航班抵達。大阪的銀行由周一至周五9:00am-3:00pm營業，遊客亦可在郵局的辦公時間（9:00am-4:00pm）兌換日圓。雖然在大阪兌換兌換日圓甚方便，但編輯部建議讀者最好在香港先兌換，而且匯價較佳兼手續快捷。

提款卡海外提款

由2013年3月1日開始，所有信用卡/提款卡的海外自動櫃員機（ATM）每日提款限額（包括現金透支）及每日轉賬額將應**香港金管局要求被設定為港幣0元！**

旅客若打算在海外自動櫃員機進行提款，**應於出發前向有關發卡銀行進行啟動／激活。**

3) Visit Japan Web

網站： https://vjw-lp.digital.go.jp/zh-hant/

2022年11月14日起，入境日本的旅客必須使用Visit Japan Web預先登記才可以入境。旅客可以在電腦或手機上填寫個人及同行者（嬰幼兒或無法自行辦理入境手續之人士）資料，包括檢疫（針紙）及海關申報資料，便會獲得入境審查、檢疫及海關的QR碼，旅客可憑此入境及離開日本之用。

首次登記過程會較複雜，但坊間有不少視頻詳細教授整個過程，只要按指示便能順利完成。

另外由2023年5月8日開始，日本政府將會撤銷入境時出示3劑疫苗接種證明或PCR檢測陰性證明，旅客未打針及檢測也可進入日本。

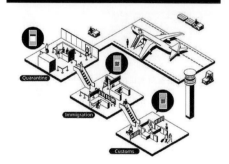

4）時差

時差方面，日本全國各地使用統一時間。時差比香港快1小時（＋1小時），如日本是8:30am，香港時間則為7:30am。請讀者緊記到埗後自行調校手錶、手機及手機的時間，以免稍後出現「瞓過龍」、「送車尾」，甚至「送飛機尾」等烏龍事。

5）氣象預測

出門前需留意當地的天氣。最快最直接的方面，就是上網查閱日本氣象廳的四日天氣預報！就連地震預警、海嘯預警都有齊！

日本氣象廳
https://www.jma.go.jp/jma/index.html

除了官方的氣象預報外，日本亦有一所民營的天文台，其準確程度不遜於日本氣象廳。

除了提供天氣預報外，用家更可以直接查閱主要大區的詳細天氣情況，細緻如早午晚時段的氣溫、降雨量、降雨機會率都有提供，最令人激賞的就是網頁更提供現場即時影像LiveCam，天晴還是下大雨一目了然。

日本Weathernews網頁
http://weathernews.jp

櫻花花期預測

若你想得到當地最近的資料，可以到日本很有名的旅遊雜誌RuRu-Bu的網頁查看他們的報導。網頁內除了提供開花／紅葉的預測期、各地賞櫻／紅葉的熱門地方詳盡介紹外，更有讀者每週提供的現場照片，讓旅客可以做足心理準備，預算賞櫻／紅葉的最佳時間。

RuRuBu——櫻花最前線報導
http://www.rurubu.com/season/spring/sakura
RuRuBu——紅葉最前線報導
http://www.rurubu.com/season/autumn/koyo

6）電壓及電話

日本的電壓是100V，頻率是50Hz。電插座是兩腳扁插頭。由香港帶來的電器，若是110V-240V的插頭，當然沒問題，假如是220V便不能直接使用，需準備220V轉100V的變壓器。

日本的電話號碼由3部分組成，由香港致電札幌，可撥81（日本國碼）-11（札幌當地的電話-個人電話號碼。若於札幌致電當地的電話，就不用加上區域碼，例子如下：

香港至札幌：XXXX-81-11-271-2256
"11"為札幌區碼

札幌區內：271-2256

小樽至札幌：011-271-2256
（日本國內跨區致電，需在區碼前加上"0"）

北海道道內主要區碼

道央		道北	
札幌、定山溪	11	旭川、美瑛	
小樽	134	富良野	
登別	143	**道南**	
二世古	136	函館	

7）4G日本無限數據卡

　　同Wi-Fi蛋比較起來，數據卡最大好處是便宜、慳電，可以每人一張卡。Docomo在日本的4G覆蓋度很高，但Softbank的覆蓋範圍也達到99%，在主要大城市兩者網絡訊號接收度，差別不大。中國聯通的8天4G無限數據卡，參考價只是HK$70，比其他品牌數據卡抵用，缺點是數據用量達4GB後有限速（不低於128kbps）。如果一定想用Docomo，可以考慮3HK日本4G 7日7GB無限數據卡，使用超過7GB會降速至256kbps，參考價為HK$80。(資料截至2023年5月)

售賣地點：鴨寮街、各電訊公司

8）免費Wifi

　　日本流動網絡商SoftBank於2015年開始向遊客提供Wifi免費熱點服務。SoftBank的Wifi熱點主要分布在鐵路車站、高速公路休息處、便利店等地方。用戶必需利用非日本SIM卡，才可使用免費Wifi。每次登記後可連續使用2星期，最多可供5部裝置使用，到期後可重複登記一次。

登記方法：
1) 用手機撥打免費電話
　（英語：*8180
　　中文：*8181）
2) 取得Wifi密碼
3) 開啟手機Wifi，
　用戶名為「852」加
　「手機電話號碼」，輸入密碼後即可啟用。
https://www.softbank.jp/en/mobile/special/freewifi/zh-tw/

FREE Wi-Fi PASSPORT

11）有用電話

警局	110（日語）
	35010110（英語）
火警及救護	119
24小時求助熱線	0120-461-997
東京成田機場	0476-34-500
東京羽田機場	03-5757-8111
札幌新千歲機場	0123-23-0111
中國駐札幌大使館	011-563-5563
香港入境事務處	852-1868
日本航空熱線(須付費)	0570-025-031
全日空熱線(須付費)	0570-029-333
國泰航空免費熱線	0120-46-3838
樂桃航空熱線(須付費)	0570-001-292

12）日本節日

1月1日	新年
1月的第2個星期一	成人節
2月11日	國慶節
2月23日	天皇誕生日
3月20日或21日	春分
4月29日	昭和日
5月3日	憲法紀念日
5月4日	綠之日
5月5日	兒童節
7月20日	大海之日
9月15日	敬老日
9月23日	秋分
10月第2個星期一	健康體育日
11月3日	文化節
11月23日	勞動感謝日

最新日本退税

海外旅客在貼有「**免稅標誌**」的商店或百貨購物**滿 ¥5,000 至 ¥50萬（未含稅）**，結帳時只要出示有效護照，即可享免 8% 消費稅優惠。退稅有兩種方式：

1. 店鋪結賬時，直接收取免稅價。
   （五大藥妝店均如此，由專屬免稅櫃檯辦理）
2. 店鋪先以含稅價格付款，之後顧客憑收據到退稅櫃檯領取現金。
   （百貨公司及 Outlet 的辦理方法，一般會收取1.1%手續費）

由2023年4月1日起，登記 Visit Japan Web 時，增設了「建立免稅 QR 碼」。到商店進行退稅時，只要出示「免稅 QR 碼」給店家掃瞄即完成登記，不用再出示護照，令退稅過程更快捷。此外，免稅手續已全面電子化，不再提供紙本收據，毋須在護照上釘夾免稅單，也不需要在離境時把單據交回海關櫃台。

雖然不用再把單據在出境時交給海關，但海關會在大家離境前設置櫃檯，要求每位旅客出示護照，馬上查閱所購的免稅品。記者於離境時給抽查，要求出示紀錄中的退稅商品，部份因為已托運無法出示，海關仍要求出示當時帶在身上的部份免稅品，並就已托運的退稅品進行問話（如：買了甚麼），只要如實回答即可。

※ 如購買的退稅品已在日本境內寄回所住的地方，請於郵寄時保留單據，離境時跟海關出示即可。

退稅退足13% ??

目前不少信用卡都與日本商戶有合作推出優惠，於指定商店或百貨公司用特定信用卡簽賬，即享額外5%-6% 折扣，優惠雖不算太多，但連同8% 免稅就有13% 折扣。由於店舖眾多，未能盡錄，以下為銀聯卡之退稅優惠連結：

http://www.unionpayintl.com/cardholderServ/serviceCenter/merchant?language=en

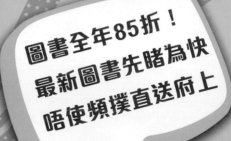

《北海道王》

出版經理：馮家偉

執行編輯：Gary、Winnie

美術設計：Windy

電話：5116 9640

傳真：3020 9564

出版：經緯文化出版有限公司

電子郵件：iglobe.book@gmail.com

網站：www.iglobe.hk

港澳發行：聯合新零售(香港)有限公司

電話：852-2963-5300

台灣發行：大風文創股份有限公司

電話：886-2-2218-0701

國際書號：978-988-76581-9-1

初版：2008年　第42版：2023年6月

定價：港幣128元　　台幣499元

iGLOBE PUBLISHING LTD.

Rm 25, 8/F, Blk A, Hoi Luen Industrial Ctr,55 Hoi Yuen Rd, Kwun Tong, KLN